은혜의 왕 노릇

Copyright ⓒ 새세대 2016

초판발행   2016년 10월 1일
지 은 이   곽 요 셉

디 자 인   표지 designsweater | 내지 표소영
펴 낸 곳   도서출판 새세대
홈페이지   www.newgen.co.kr
이 메 일   churchgrowth@hanmail.net
출판등록   2009년 12월 18일 제20009-000055호
주   소   경기도 성남시 분당구 정자동 210-1
전   화   031)761-0338 팩스 031)761-1340

ISBN 978-89-967016-9-9 (03230)
책값은 뒤표지에 있습니다.

은혜의 왕 노릇

곽요셉 지음

Reign of Grace

도서 출판 **새세대**

그리스도인은 은혜의 사람입니다. 이것은 결코 추상적인 말이 아니라, 성경적 선언입니다. 하나님의 은혜가 없다면 우리는 죄사함을 받을 수도 없고, 구원을 받을 수도 없으며, 천국에 갈 수도 없습니다. 그러므로 그리스도인은 은혜 중심의 삶을 살아야 합니다. 그리고 교회는 은혜 공동체이어야 합니다.

그러나 오늘날의 한국교회와 그리스도인은 값싼 은혜로 인해 위기에 처해 있습니다. 부와 건강, 번영의 복음을 따라갑니다. 은혜를 좋아한다고 말하지만 십자가를 떠난 은혜입니다. 구원받았다고 확신하지만 거듭남 없는 구원이며 그저 종교생활을 할 뿐입니다. 항상 사랑과 용서만 이야기할 뿐, 죄사함을 받는 회개에 이르지 못합니다.

하나님의 자녀다운 삶은 하나님의 은혜에 달려 있습니다. 그것이 복음적 그리스도인의 삶을 가늠하는 시금석입니다. 은혜가 왕 노릇해서 내 지각을 깨울 때 우리는 창조주 하나님을 믿고 경외하게 됩니다. 천국 중심의 참된 영적인 삶을 살게 됩니다. 예전에 없던 죄의식 앞에서 감당할 수 없는 은혜를 깨닫고 작아지고 겸손해집니다. 하나님의 은혜가 내 안에서 역사하는 것입니다.

하나님의 은혜는 오직 회개와 믿음 안에서 나타납니다. 그런데 돌이켜보면 회개할 수 있는 것조차도 은혜이고 믿을 수 있는 것도 하나님의 은혜입니다. 그래서 하나님의 은혜는 오직 복음입니다. 이렇게 하나님의 은혜의 왕 노릇 속에 순종할 때 영생에 이르는 삶을 살게 됩니다. 여기 하나님의 은혜를 깊이 체험한 사도 바울의 고백이 있습니다. "내가 나 된 것은 하나님의 은혜로 된 것이니 … 내가 한 것이 아니요 오직 나와 함께 하신 하나님의 은혜로라"(고전 15:10).

본서는 복음을 바르게 이해할 뿐 아니라, 일상의 삶에 적용함으로 복음적인 삶을 살려는 그리스도인을 위해서 설교한 것입니다. 복음 안에 하나님의 지혜와 능력과 은혜와 사랑이 충만히 나타나기 때문입니다. 이 책을 통해 하나님의 은혜를 바르게 알고 그 은혜가 삶을 통해 왕 노릇함으로써 은혜의 증인으로 거듭나는 체험을 하시기 바랍니다.

목차

3부 | 아멘의 신앙

4부 | 그리스도의 몸을 세우는 일

만, 약점이 없고 연약함이 없는 인간은 없습니다. 없다고 하는 것은 위선입니다. 그런데 성령께서 그 인간을 아시고 그 연약함 속에서 역사하십니다.

한번 생각해 보십시오. 신앙인으로서 하나님의 자녀답게 살기를 원하지만 실패합니다. 잘못된 기도, 잘못된 소원, 잘못된 열심, 잘못된 신앙생활, 그 모든 원인이 어디에 있다고 생각하십니까? 성경에서 답을 주십니다. 바로 연약함에 있습니다. 나의 연약함 때문에 자꾸 쓰러지고 무너집니다. 이 말씀 하나만으로도 큰 은혜가 됩니다. 왜냐하면 우리가 구원받은 자녀이기 때문에 약함이라고 말하는 것이지, 구원받지 못했으면 죄요 악이기 때문입니다. 그러나 아버지가 자녀를 긍휼히 여기듯이, 하나님 아버지께서 아무리 큰 잘못을 해도 연약함으로 보시는 그 은총을 기억해야 합니다. 결국은 연약함 때문에 무너지거든요. 그런데 그 연약함을 통해서 성령께서 도와주십니다.

오래 전의 기억입니다마는, 신앙생활 참 잘하시고 많은 본을 보인 한 권사님이 계셨습니다. 제가 오랫동안 지켜봤거든요. 그런데 뜻하지 않게 암에 걸려서 불치병으로 투병생활을 하다가 돌아가셨습니다. 그런데 그분이 마지막에 투병생활을 할 때를 보면서 깜짝 놀랐습니다. 항상 그 사건이 기억나는데 그분이 아무래도 신앙이 없는 것 같았습니다. 이럴 수가 없습니다. 얼마나 원망하고 불평하는지요. 몇 가지 근본적인 질문을 합니다. '왜 내게 암이 있느냐' 이것입니다. 신앙생활 잘못하고 엉터리로 하는 다른 사람도 많은데, 왜 나에게 이런 일이 있느냐는 것입니다. 정말 신앙생활을 잘하셨거든요. 그런데 왜 내게 암이 생겨서 이렇게 죽게 되느냐는 것입니다. 이것을 받아들이지 못합니다. 더 나아가서는 그렇다면 왜 고쳐 주시지 않느냐는 것이지요. 그런 생각 속에서 계속 불평하며 스스로를 이겨나가지 못합니다. 주변 사람에게 짜증을 냅니다.

그러나 저는 이 성경 말씀을 통해 그분을 충분히 이해하고 위해서 기도하게 됐습니다. 연약해서 그렇습니다. 연약해서 믿음이 흔들리는 것입니다. 이것은 우리 모두에게 실존해 있는 사실입니다. 연약함입니다. 그런데 연약함은 죄가 아닙니다. 절대 죄가 아닙니다. 문제는 연약함이 죄를 짓도록 만드는 것입니다. 실패할 수도, 질병이 올 수도 있습니다. 고통이 있습니다. 열악한 환경에 있습니다. 이런 많은 연약함, 그 자체는 죄가 아닙니다. 그런데 그 연약함 속에서 죄를 짓게 되는 것, 이것이 죄입니다. 원망하고 불평하며 정죄하고 비난합니다. 결국은 자기 인생은 망가지고, 남을 해치며 자살까지도 합니다. 이건 죄입니다. 그러나 연약함 자체는 죄가 아닙니다.

왜 우리 인간에게, 나에게 이런 연약함이 있는 것입니까? 성경이 이렇게 답합니다. 타락의 결과입니다. 하나님으로부터 멀어진, 하나님과 함께하는 삶을 살지 못하는 인간 타락의 결과가 연약함입니다. 로마서 7장 24절에 보면 사도 바울의 유명한 신앙고백이 있습니다. "오호라 나는 곤고한 사람이로다 이 사망의 몸에서 누가 나를 건져내랴."

위대한 사도 바울의 고백입니다. 실존의식입니다. 왜냐하면 연약한 모습이 자신에게 있음을 깨달았기 때문입니다. '내 안에 악한 법이 나를 사로잡는 것을 보는도다.' 하나님의 법을 따르고자 하는 내게 악한 법이 연약함으로 인해서 자꾸 나를 끌어갑니다. '누가 나를 사망의 몸에서 건져내랴.' 성도 여러분, 우리 모든 신앙인에게 이 연약함으로 인한 탄식이 있습니다. 그러고 보면 시편 전체 150편 가운데 반 이상이 탄식입니다. 왜냐하면 다 연약함에서 오는 것입니다.

연약함의 종류

이 연약함을 한 세 가지로 분류해 볼 수 있습니다. 먼저 육체적 연약함이지요. 인간의 육체가 동물과 비교하면 굉장히 연약합니다. 특히 나이가 들면서 고장 난 부분을 고쳐 쓰는 것입니다. 그런데 그 연약함 속에서 약해지거든요. 또한 그 육신 안에 가장 무서운 것이 육신의 욕망입니다. 몸의 욕망, 이것을 다스릴 사람이 거의 없습니다. 스스로 이기지 못합니다. 몸이 편안해야 하고, 기뻐해야 되고, 몸이 건강해야 됩니다. 오래 살아야 됩니다. 여기서 다 무너집니다. 그 연약을 인정해야 됩니다.

그리고 정신적 연약함이 있습니다. 이건 조금 더 차원이 높은 것이지요. 먼저는 불완전한 지식과 판단을 갖고 우리는 살아갑니다. 그 자체가 문제입니다. 그래서 완전한 지혜, 능력을 보지 못합니다. 불신이 있습니다. 그리고 이기적인 탐심이 있습니다. 정욕이 있습니다. 염려가 있습니다. 두려움이 있습니다. 낙심이 있습니다. 이 자체가 우리로 하여금 죄를 짓도록 만듭니다. 불신앙의 삶으로 인도합니다.

가장 무서운 것은 영적 연약함입니다. 하나님의 뜻을 분별하지 못합니다. 아니 분별하고자 하는 갈망도 없습니다. 하나님을 아는 지식이 없습니다. 온전한 믿음도 없습니다. 하나님과 동행하는 삶을 동경하지도 않습니다.

성도 여러분은 이러한 상태에 있는 인류입니다. 더욱이 이런 상태에 있는 그리스도인의 삶 속에 주어진 복음이 있습니다. 바로 성령께서 도우신다는 것입니다. 성령께서 우리의 연약함을 도우신다는 것, 이것이 복음입니다. 이것을 믿고 정말 성령의 도우심을 받아야 됩니다. 성경 말씀입니다. 성령께서 도우십니다. 어디서 도우십니까? 우리의 연약함 속에서 도우십니다. 우리 연약함 속에서 성령께서 도우십니다. 인격적 역사입니다.

성령의 역사_연약함을 넘어 은혜의 자리로

이러한 신앙고백을 성령 안에서 성경 말씀이 되게 한 사도 바울, 그의 삶의 간증이 있습니다. 고린도후서 12장에 보면 사도 바울은 육체의 가시를 가졌습니다. 성경은 '사탄의 가시'라고 합니다. 역사적으로 보면 심각한 간질이나 안질 병, 이런 것입니다. 교인에게 덕도 안 되고, 도대체가 이것이 말이 안 됩니다. 남은 고쳐주는데 자신은 질병 속에 살아가니 말입니다. 이것을 놓고 세 번 하나님께 심각한 기도를 했습니다. 그러고는 하지 않았습니다. 그리고 응답을 받습니다.

생각해 보십시오. 그 심각한 연약함 속에서 하나님께 탄식한 것입니다. 그게 없으면 우리는 그렇게 간절히 기도하지 않습니다. 그런데 성령의 도우심으로 더 큰 은혜를 받습니다. 하나님께서 말씀해 주십니다. '내 은혜가 네게 족하다. 내 능력이 약한 데서 온전하여짐이라. 너를 자고하지 않게 하시려고, 하나님께서 은혜 충만함을 누리게 하시려고 주신 것이니 족한 줄 알아라.' 그래서 그는 '아멘' 하고는 그 문제로는 다시 기도하지 않습니다. 약함은 계속 갖고 있습니다. 그러나 승리했습니다. 오히려 그것으로 하나님께 더 가까워지고, 더 큰 신앙의 증인으로 살아가게 됩니다.

성도 여러분, 연약함의 결과를 대충 생각하면 안 됩니다. 오늘 성경 말씀에 그대로 기록됩니다. "우리는 마땅히 기도해야 할 바를 알지 못하나." 여기서도 계속해서 그리스도인을 대상으로 말씀합니다. 그리스도인이 되었고 구원받는데도 하나님께 기도할 바를 알지 못합니다. 이 얼마나 심각한 것입니까? 이 모두가 연약함으로 인한 결과입니다. 이것을 벗어나야 됩니다. 생각해 보십시오. 성령이 아니시면 인간은 아무리 구원받은 하나님의 자녀라 해도 자기 문제에만 집착해서 그것을 해결해 달라고만 하다가 불신앙의 사람이 되어버리고 맙니다. 지금 하나님의 크신 역사를 바라봐야 되는데, 나를 도우시고 인도하시는 성령의 그 손길을 느끼고 의탁해야 되는데, 이 믿음이 없는 것입니다.

어느 주일학교에서 선생님이 누가복음 16장에 기록된 부자와 나사로 이야기를 해줬다고 합니다. "부자는 살아생전에 엄청나게 화려한 집에서 부유하게 살았으나 죽어서 지옥 갔고, 나사로는 비참할 정도로 가난하게 살았으나 죽어서 천당 갔다." 그러면서 아이들에게 "너희는 이 둘 중에 어떤 사람이 되고 싶으냐?" 했더니 한 아이가 이렇게 대답했습니다. "저는 살아서는 부자처럼, 죽어서는 나사로처럼 되고 싶어요."

이게 연약함입니다. 육체적인, 정신적인, 영적인 연약함 때문에 지금 자기가 뭘 원하는지도 모릅니다. 그럼에도 그게 옳다고 생각합니다. 빌 바를 알지 못합니다. 이 모든 것을 아시고 성령께서 하나님의 자녀를 도우십니다. 그래서 오늘 성경에 위대한 선포가 기록되어 있습니다. "성령이 우리를 위하여 친히 간구하심이라. 성령 하나님께서 그리스도 안에 계셔서 도우시고 친히 기도하게 하시느니라." 또 반복합니다. "성령이 성도를 위하여 간구하시니라."

계속적으로 성령 하나님의 인격적 역사가 우리 안에 계시고, 우리를 도우시고, 함께하심을 선포합니다. 주의 길로 인도하시는 성령 하나님을 선포합니다. 이것이 복음입니다. 기쁜 소식입니다. 무엇과도 바꿀 수 없는 성령이 아니면 그리스도인이란 존재가 없습니다. 절대 그리스도인답게 한 시간도 살아가지 못합니다. 이 놀라운 신비가 그리스도인에게 허락되었습니다. 약속되었습니다. 믿는 자로 누리게 하신다고 말입니다. 이건 실제적 사건입니다.

성령의 역사_하나님이 뜻 가운데 온전한 믿음으로

성도 여러분, 성령께서 우리의 연약함을 통해서 우리를 도우시고 위하여 친히 간구하십니다. 이 사실을 믿으십니까? 매일 매일 믿고 살아가야 됩니다. 아무리 그가 목회자든, 선교사든, 누구든, 성령 하나님에 대한 이 역사를 모르면 이건 아주 갈길 먼 사람입니다. 성령의 역사에 민감하고 성령께 삶을 의탁하는 하나님의 자녀로 살아야 됩니다. 왜냐하면 성령의 도우심이 필요하기 때문입니다. 내가 나를 이기지 못합니다. 내게 세상을 이길 능력이 없습니다. 성령이 도우셔야 합니다. 성령께서 함께하시고 나를 위해 기도해 주십니다. 오직 그리스도인에게만 허락된 은총입니다.

성령 하나님께서는 자기 마음대로 행하지 않으십니다. 오늘 성경 말씀에 선포됩니다. 하나님의 뜻대로 성도를 위하여 간구하십니다. 이것이 성령의 역사입니다. 그냥 내 소원 도와주고, 우리의 소원 들어주는 그런 하나님이 아니십니다. 하나님의 뜻대로 역사하십니다. 실제로 우리가 성령과 깊이 교제하고, 말씀 안에서 묵상하고, 성령의 은총으로 기쁨이 회복되면 성령 께서는 항상 마음에 예수 그리스도가 보이게 하십니다. 그 말씀이 자꾸 기억나고 생각나게 하십니다. 십자가와 부활, 승천, 영광, 초점이 예수 그리스도를 향하게 됩니다. 그리고 그 예수 그리스도 안에서 이제 하나님이 보입니다. 예수님이 아니고서는 하나님을 만날 수가 없습니다. 놀라운 영적 신비가 우리 삶의 신앙고백에서 체험되고 깨달아지며 나타나게 됩니다.

성령께서 연약한 그리스도인을 도우셔서 온전한 믿음의 사람이 되게 하십니다. 오늘도 온전한 기도의 사람이 되게 역사하십니다. 그러니까 성령의 사람이 아니면 오랜 기도생활을 했다고 해도 그건 중언부언하는 것입니다. 잘못된 것을 구하는 것입니다. 그 구하는 것을 보면 알거든요. 온전한 기도의 사람이 되지 못합니다. 성령 하나님만이 하나님의 뜻대로 우리로 하나님의 뜻을 분별하고 갈망하며 하나님의 뜻을 이루는 기도의 사람이 되게 하십니다.

미국을 떠들썩하게 만들었던 유명한 보석도둑인 아더 벨(Arthur Bell)이라는 사람이 있었습니다. 오래 전의 일입니다. 이 사람은 좌우지간 마음만 먹으면 어떤 보석이라도 훔칠 만한 놀라운, 탁월한 능력을 가졌습니다. 그러다가 어느 날 실수로 총 세 발을 맞고 잡힙니다. 그리고 감옥에 갇히게 되는데, 18년 동안 수감생활을 합니다. 그리고 수감생활을 마치고 나와서는 새 사람이 되었습니다. 자기 고향으로 가서 사람들을 섬기면서 이웃과 화평하게 지냈습니다. 선행을 많이 베풀다가 그 지역의 연합회장까지 되었습니다. 그럴 때 신문기자가 와서 묻습니다. "당신은 과거 뉴욕의 유명한 보석강도였는데, 그때 누구의 것을 가장 많이 훔쳤습니까?" 이 사람은 한참을 깊이 생각했답니다. 그리고 이렇게 말했다고 합니다. "가장 많이 도난당한 사람은 바로 나 자신입니다. 나는 내 능력, 내 노력, 내게 주어진 소중한 시간 열정, 모든 것을 허무하게 낭비했습니다."

성령의 존재와 능력 안의 삶

성도 여러분, 예수 그리스도에 대해서 한번 생각해 보십시오. 성령이 안계시면 다 낭비한 것입니다. 착한 일도 하고, 봉사도 하고, 하나님의 일을 한다고 했지만, 결국 생각해 보십시오. 정말 그런 아름다운 영적 열매를 맺었나요? 다 낭비한 것입니다. 허비한 것입니다. 성령 하나님 안에서만, 성령이 도우셔야만 의미 있는 삶, 가치 있는 삶을 살 수 있습니다. 실제로 성령은 진리의 영으로 이 땅에 오셨다고 성경이 말씀합니다. 그래서 성령 안에서 내가 누구인지 압니다. 나의 가치를 알고, 능력을 알고, 존재를 알고, 미래를 압니다. 얼마나 굉장한 것입니까! 보이지 않는 미래적 사건이지만, 믿음으로 성령 안에서 받아들이는 것입니다. 그리고 새 사람의 삶을 살아가게 됩니다.

성령의 존재와 능력 없이는 기독교란 존재하지 않습니다. 교회도 없습니다. 그리스도인도 헛것입니다. 단지 종교기관이고 종교일 뿐이지, 아무 것도 없습니다. 사도행전이 그걸 말씀해 줍니다. 그래서 '성령행전'이라고 합니다. 그게 기독교요, 교회요, 그리스도인입니다. 오직 성령 안에서 이루어진 역사적인 사실입니다. 특히 로마서 8장을 꼭 읽어보시기 바랍니다. 이 8장 한 장을 '성령장'이라고 합니다. 처음부터 계속해서 성령의 역사, 가장 중요한 인격적 역사를 계시하고 있습니다.

예수님의 제자 사도 베드로를 기억해 보십시오. 예수님과 3년 동안 함께 생활합니다. 일주일에 한번 예배드리고 말씀 듣는 것이 아니라, 3년을 함께 먹고 자며 활동했습니다. 얼마나 많은 하나님의 말씀을 들었고, 하나님의 이적을 보았고, 능력을 경험했겠습니까? 이 세상 어느 목회자가 그런걸 보여 줄 수 있다는 말입니까? 그런데 십자가 사건 앞에 초라하게 무너집니다. 도망갑니다. 부인합니다. 저주합니다. 왜냐하면 연약함 때문입니다. 우리도 그 현장에 있으면 다 그렇게 됩니다. 그러나 그 연약함 속에서 성령께서 역사하십니다.

연약함은 계속 갖고 있는 것입니다. 그러나 사도행전 2장에서와 같이 성령께서 함께하시고 충만하게 하시니, 완전히 다른 사람이 되는 것입니다. 예수님을 죽인 그 법정을 향해서도 '하나님의 뜻을 따르는 것이 옳지 않느냐!'라며 예수님의 주님이심, 살아 계신 그리스도이심을 선포합니다. 담대한 증인으로 변합니다. 연약함 속에서 도우시는 성령의 역사로 위대한 사도의 삶을 살아가게 되는 것입니다.

이것은 모든 그리스도인에게 허락된 하나님의 은총의 선물입니다. 베드로에게만 주신 것도 아니요, 사도 바울에게만 주신 것도 아닙니다. 모든 구원받은 하나님의 자녀에게 주신 큰 선물입니다. 우리는 성령 안에서만 승리할 수 있습니다. 성령께서 오늘도 하나님의 자녀와 함께하셔서 마음을 새롭게 하십니다. 새 마음을 주시고 날마다 새롭게 하십니다. 진리의 영으로 말씀을 보여 주십니다. 깨우쳐 주십니다. 주의 길로 인도하십니다. 하나님의 뜻대로 기도하게 만드십니다.

성도 여러분, 마음의 소원을 바꾸십시오. 성령께서 이 험악한 세상에 복음의 증인으로 살게 하십니다. 그리고 우리는 날마다 고백할 것입니다. 나의 연약함을 도우시는 성령님, 나의 연약함 속에서 하나님의 은혜를 넘치게 나타내게 하신 성령님, 친히 나를 위해서 간구하시며 하나님의 자녀됨을 증거하시는 성령님, 그 신앙고백 위에 하나님께서 주신 약속의 삶, 복된 삶이 이루어지는 것입니다.

기 도

전지전능하신 하나님 아버지, 우리에게 하나님의 복음을 믿음으로 구원에 이르게 하시고, 성령 하나님을 이 땅에 보내시어 성령의 사람으로 성령의 증인되게 하심을 진심으로 감사드립니다. 그러나 이성의 능력을 과대, 과소평가하고 개인적인 경험의 판단에 이끌려 성령 하나님을 믿음으로 영접하지 못하고, 성령의 도우심을 맛보지 못하고, 성령의 역사에 대하여 증인으로 살지 못하는 불신앙의 삶을 불쌍히 여겨 주시옵소서. 주여, 우리 모두에게 이 약속을 믿는 온전한 신앙생활을 허락하시어 성령의 도우심을 받아 담대한 증인으로 믿음의 선진과 같은 주의 은혜와 진리를 충만히 누리고 주께서 주시는 기쁨을 누리며 증거하는 모두가 될 수 있도록 늘 함께하여 주시옵소서. 우리 주 예수 그리스도의 이름으로 간절히 기도드리옵나이다. 아멘.

5장

바울의 최종 결심

형제들아 내가 너희에게 나아가 하나님의 증거를 전할 때에 말과 지혜의 아름다운 것으로 아니하였나니 내가 너희 중에서 예수 그리스도와 그가 십자가에 못 박히신 것 외에는 아무 것도 알지 아니하기로 작정하였음이라 내가 너희 가운데 거할 때에 약하고 두려워하고 심히 떨었노라 내 말과 내 전도함이 설득력 있는 지혜의 말로 하지 아니하고 다만 성령의 나타나심과 능력으로 하여 너희 믿음이 사람의 지혜에 있지 아니하고 다만 하나님의 능력에 있게 하려 하였노라(고전 2:1-5).

영국의 제5대 수상 데이비드 조지(David George)라는 사람이 있었는데, 그는 항상 자신의 뒤에 있는 문을 닫는 습관을 가지고 살았다고 합니다. 하루는 그의 친구와 함께 거닐다가 평상시처럼 계속 지나가는 문마다 문을 닫고 앞으로 나아가는 것입니다. 그래서 친구가 물었습니다. "여보게, 왜 이렇게 뒷문을 항상 닫고 다니나? 이거 꼭 해야 되나?" 그는 미소를 띠며 이렇게 대답했다고 합니다.

"물론이지. 나는 이것을 꼭 해야만 하는 일이라고 생각하네. 그동안 쭉 이렇게 내 뒤의 문을 닫으면서 살아왔지. 왜냐, 문을 닫는 것은 과거의 모든 것을 뒤쪽에 두고 오겠다는 나의 결심이기 때문이야. 보게나, 대단한 성취든 끔찍한 실수든 모두 과거가 되지 않았나? 덕분에 나는 다시 시작할 수 있는 거라네."

인생의 기원과 목적

세계적인 문호 괴테(Goethe)가 결단에 대한 귀중한 지혜를 우리에게 주고 있습니다. "인간의 생활과 인생의 운명은 한순간에 의해 결정된다. 오랜 시간을 끈다고 해도 결정은 한순간에 내리게 된다. 오직 분별력 있는 사람만이 바른 결정을 내릴 수 있다."

성도 여러분, 예수 그리스도 안에서 바른 분별력을 가지고 바른 결단 속에 오늘을 살아가고 계십니까? 인생과 운명, 자신의 삶에 대해서 인간은 스스로 책임져야 합니다. 결국 자신의 결심과 결단에 의해 인생의 삶과 운명이 결정됩니다. 너무나 분명한 일 아니겠습니까? 그러나 대부분의 사람은 구체적인 결단을 내리고 살아가지 못합니다. 거대한 세상 풍조에 그냥 휩쓸려서 살아갑니다. 마치 거대한 강물의 흐름 속에 빠져 있는 것처럼 바쁘게 허우적거리며 살아갑니다. 그건 쓸려가는 것입니다. 그래서 불안하고 항상 만족이 없습니다. 때로는 큰 풍랑이 있거나 많은 사건을 만나면 깜짝깜짝 놀라면서 삽니다. 이런 과정을 거치기에 평강이 없습니다. 지혜가 없습니다. 두려움과 낙심과 절망 중에 살아가게 됩니다.

인생의 기원과 목적에 대해서 분명히 알며 살아가야 합니다. 한 번밖에 없는 짧은 인생인데, 도대체 역사 속에서 나의 삶이란 무엇인가를 묻고 답을 내리며 살아가야 합니다. 또 죽음이란 누구에게든, 언제나 오는 것이거든요. 그런데 죽지 않을 것처럼 사는 것, 이처럼 미련한 것이 없습니다. 죽음 이후로는 어떻습니까? 영원한 삶이 있다고 하는데 아무 생각이 없습니다. 또한 자신의 삶의 가치를 알지 못합니다. 왜냐하면 사명이 없기 때문입니다. 내 가치가 낮아지는 것은 사명에 이끌리지 않았기 때문입니다.

새해가 되어 세상 속에서 보면 담배 끊는 것이 아주 큰일입니다. 최근에는 담뱃값도 크게 올라서 난리더라고요. 담배 끊는 것이 정말 힘듭니다. 어떤 사람이 담배를 끊기로 새해 결심을 하고 친구한테 선언까지 했습니다. 그런데 그 다음날 친구를 만났는데, 담배 하나를 달라고 하는 겁니다. 그래서 "무슨 말이냐? 너 새해에 금연하겠다고 했잖아?"라고 했더니, 그렇다고 대답합니다. 그러면서 하는 말이 이것이 1단계라고 합니다. "1단계가 뭔데?"라고 물었더니 이렇게 대답했다고 합니다. "내 돈으로 담배 사지 않는 것." 이렇게 우물쭈물하다가는 절대 못 끊습니다.

그리스도인의 바른 결단

성도 여러분, 그리스도인은 하나님 앞에서 바른 결심과 결단의 연속으로 오늘을 살아가는 것입니다. 그리스도인은 예수 그리스도 안에서 책임 있는 성도로 오늘을 살아갑니다. 더 이상 누구 때문에 내 인생이 이렇게 되었다거나, 무엇 때문에 이 모양이 되었다고 후회하는 사람이 아닙니다. 그것으로 인해 절망하고 비난하며 정죄하는 것도 아닙니다. 그러한 삶에는 미래가 없습니다. 모든 그리스도인은 예수 그리스도 안에서 두 가지 결단을 해야 합니다. 예외가 없습니다.

그 첫 번째는 예수님을 따를 것인지 말 것인지를 결단해야 합니다. 성경 어디에 예수님을 말로만 고백하고 정작 스스로는 따라가는 삶을 살지 않는 사람을 그리스도인이라고 하는 경우가 있습니까? 결국 예수님을 믿고 구원받았다는 것은 예수님을 따르느냐 따르지 않느냐에 달린 문제입니다. 예수님께서 말씀하십니다. "나를 따르라!" 그 말씀에 "아멘!"으로 응답하는 사람이 그리스도인입니다. 그가 주와 함께하는 복된 삶을 살아갈 것입니다.

우리는 종종 '깨끗한 마음을 주십시오' 또 '총명을 주세요. 지혜를 주세요'라고 기도합니다. 그러나 아무리 울부짖어 봐야 예수님을 따르지 않으면 얻지 못합니다. 소용없습니다. 예수 그리스도께 집중하고 헌신할 때, 그것은 저절로 주어지는 선물입니다. 마음이 깨끗해집니다. 순결해집니다. 지혜가 생깁니다. 말씀을 통해서 하나님의 음성을 듣습니다. 그 외에 다른 길이 없습니다.

두 번째 결단은 어떻게 따를 것이냐는 구체적인 내용입니다. 말만으로는 안 됩니다. 생각만 해서는 아무 소용이 없습니다. 하나님의 뜻대로 되기를 새해부터 기원한다고 하지만 아무 실천이 없으면 매년 반복될 뿐입니다. 우물쭈물하다가 이대로 끝납니다. 시간, 재능, 물질을 내게 주시는 은사를 통해 구체적으로 어떻게 할 것인가를 결단해야 합니다. 그리고 이 두 가지는 공개적으로 되어야 됩니다. 교회 앞에서, 성도 앞에서 되어야 함께 기도하며 위로하고 격려해서 그 결단을 이루어나가게 됩니다. 그렇지 않으면

다 실패하고 맙니다. 나 홀로의 결단 속에서 은밀하게 하겠다는 것은 천만의 말씀입니다. 다 실패하고 맙니다.

그리고 이 결단은 오늘이 되어야 합니다. 내일로 미루어도 안 됩니다. 흔히 그런 생각을 합니다. '아, 이 일만 잘되면. 이 일만 끝나면.' 더 이상 자기를 속이지 마십시오. 하나님은 기억력이 좋으십니다. 그런 생각이나 말은 거짓으로, 내게 주신 분복을 못 누립니다. 어느 날 시간도 없고, 건강도 잃고, 물질도 다 엉뚱한 데 빼앗기고 나서 후회합니다. 그러나 그때도 늦지 않습니다. 지금 결단해야 합니다.

프랑스의 위대한 화가 밀레를 한번 생각해 보십시오. 그는 원래 누드화가로 인기 있는 화가였습니다. 그런데 어느 날, 한 전시회에 자기 그림을 걸었는데 젊은 사람들이 그 그림을 보면서 음담패설을 하고 조롱을 하는 것입니다. 그는 깜짝 놀라 생각합니다. '이건 아니다. 사람들의 마음을 청결하게 하고 생각을 깨끗하게 하는 그런 그림을 그리고 내 인생을 마쳐야지, 이건 아니다.' 이렇게 큰 결심을 합니다. 그때부터 자연을, 그리고 소박한 농부의 모습을 그립니다. 그러다가 '만종'을 그리게 됩니다. 그 결심, 그 결단으로 인생이 바뀝니다. 한순간입니다. 그 결단이 없었다면 오늘 우리가 기억하는 밀레는 없는 것입니다.

예수님으로부터 멀어지는 사람들

성도 여러분, 오늘 성경 말씀에 위대한 사도 바울의 최중 결심이 기록되어 있습니다. 최중(最重), '가장 중요한 결심'이 성령 안에서 성경으로 기록되어 있습니다. 그게 오늘 본문 2절 말씀입니다. "내가 너희 중에서 예수 그리스도와 그가 십자가에 못 박히신 것 외에는 아무 것도 알지 아니하기로 작정하였음이라."

사도 바울은 이미 구원받은 사람이요, 사도입니다. 많은 성령의 능력을 나타냈습니다. 그리고 지금 이 편지를 쓸 때도 세계 선교를 위해서 열정을 바치며 일하고 있는 중입니다. 한참 일하는 때에 사도 바울은 예수 그리스도와 십자가만을 기억하며 그 도에 집중하겠다고, 그것만을 전하겠다고 선포하고 있습니다. 이것이 무엇을 의미합니까? 뭔가 빗나갔기에 다시 초심으로 돌아가겠다는 것입니다. 예수 그리스도와 십자가, 그 은혜로, 그 지혜로 내가 구원받았는데, 지금 돌아보니 너무 멀어졌던 것입니다.

성도 여러분, 모든 그리스도인은 예수님의 십자가의 은혜, 사랑, 지혜, 능력, 그 안에 나타난 약속을 믿음으로 구원받습니다. 그런데 세상 삶 가운데 시간이 지나면 지날수록 점점 예수님의 십자가에서 멀어집니다. 점점 이 십자가가 불편합니다. 멀어지는 것입니다. 삶의 목적도, 동기도, 열정도, 방법도, 십자가의 길이 아닙니다. 십자가의 도가 아닙니다. 그것과 무관합니다. 그러다 보니 부지불식간에 나 중심의 삶을 살아가게 됩니다. 세상 중심에 빠져 있습니다. 너무 멀리 가 있습니다.

그런가 하면 어떤 분들은 교회생활을 열심히 합니다. 기도도 하고, 봉사도 하고, 헌금도 하고, 남을 돕고, 참으로 좋은 신앙생활을 합니다. 그런데 시간이 지나면 지날수록 더 예수님께 가까이 가고 십자가의 은혜 밑으로 점점 나아가야 되는데, 잠시잠깐 사이에 멀어집니다. 칭찬받기를 좋아하고, 인정해 줘야 되고, 이만큼 봉사했으면 더 큰 보상이 와야 되고, 뭔가 셈이 복잡합니다. 어느덧 자기부인이 없습니다. 결국 그런 보상이 없으면 열심히 하지 않게 됩니다. 십자가에서 멀어졌습니다. 예수님께로부터 멀어졌습니다. 신앙생활을 하면할수록 성령 가운데 점점 예수님께로 가까이 가야 되는데, 오히려 멀어졌습니다. 깊이 생각해야 합니다.

사도 바울의 최중 결심

사도 바울은 세계 전도를 위하여 온 생을 바친 사람입니다. 우리가 다 아는 사실입니다. 열정을 가지고 희생한 정말 역사상 가장 위대한 인물입니다. 그는 환경을 두려워하지도 않았습니다. 위협도 두려워하지 않았습니다. 죽음을 두려워하지 않았습니다. 도무지 두려워하지 않았습니다. 성경은 그것을 우리에게 보여 줍니다. 더욱이 자신의 명예, 권력, 성공, 영광을 조금도 바라지 않았습니다. 그런데 그는 지금 큰 영적 위기, 침체에 있습니다. 그래서 오늘 본문 3절에서 말씀합니다. "내가 너희 가운데 거할 때에 약하고 두려워하고 심히 떨었노라."

누가 죽이려고 해도 전혀 두려워하지 않던 사람인데, 또 그렇게 복음을 전했는데 지금 고린도에 와서는 아주 나약해진 것입니다. 지금 왕성하게 하나님의 일을 하면서도 마음에 평강이 없습니다. 왜 이런 일을 경험하는 것입니까? 이런 일은 누구에게나 올 수 있습니다. 여기서 사도 바울의 문제는 고린도 지역에서의 사역 바로 직전, 사도행전 17장에서 보듯 아덴이라는 곳에서의 사역으로부터 비롯됩니다.

아덴이라는 곳은 아테네를 가리키는 것으로, 세계 최고의 지성의 도시입니다. 철학의 도시이고 학문의 도시입니다. 헬레니즘을 끌어가는 정신적인 도시입니다. 가본 분들의 얘기에 의하면, 또 그곳과 관련된 사진 같은 것을 보면 도서관이나 엄청난 시설들이 거기 있습니다. 그런 곳입니다. 세계적인 철학자가 다 거기서 나왔습니다. 바울이 그곳에 전도하러 갔을 때, 그는 '다른 도시와는 다르겠지. 그래도 뭐 지성적 호소가 통하고 대화가 되겠지'라는 마음이었던 것 같습니다. 좀 더 큰 기대를 가졌던 것 같습니다. 자기도 당대 최고의 지식인이거든요.

그런데 보니까 성경에 기록된 바에 의하면 우상이 가득한 것입니다. 머리가 좋으니까 더 많습니다. 더 많은 신이 몰려 있는 것입니다. 성경은 이렇게 말씀합니다. "분노하였다." 거룩한 분노지요. 그런데 여기서 마음을 추슬러야 되는데 그러질 못했습니다. 성경을 보면 만나는 사람마다 논쟁하고 어떻게 해서든지 설득해서 회개시키려고 열정을 가지고 하나님 말씀을 전합니다. 하지만 더 큰 함정에 빠집니다.

그래서 이제 그에게 설교할 기회가 주어졌으나 그는 잘못된 설교를 하게 됩니다. 철학적 지식에 호소를 하는 것입니다. 그가 본 수많은 제단 위에 신상들이 있었는데, 다 이름이 적혀 있었지만 하나에는 "To an Unknown God"이라고 적혀 있는 것입니다. 그것을 보고 사도 바울은 나름대로 철학적 지혜로 이제 복음을 전해야겠다고 말합니다. "저 이름 모를 신을 내가 가르쳐 주마." 이러고 설교를 하게 됩니다.

그런데 이것이 말이 됩니까? 어떻게 수많은 이단 중 하나, 우상 중 하나로 하나님을 설명할 수 있겠습니까? '창조주 하나님 말고 나머지는 다 가짜다, 거짓이다'라고 해야 하는데, 인간적 지혜로 잘못된 방식의 설교를 하게 됩니다. 그리고 연약해집니다. 거기서는 핍박이 없었습니다. 죽이고자 하는 사람이 없습니다. 다른 도시에서는 그를 죽이려고 돌을 던지는데, 여기는 그런 일이 없습니다. 하지만 그는 즉시 떠나버립니다. 왜 그랬는지를 바로 고린도 사역에 대한 편지에서 볼 수 있습니다. 오늘날 문화전도, 문화선교 이런 것이 기독교를 망칩니다. 그런 것은 없습니다. 복음은 문화를 깨뜨리는 것이지, 그 속에서 뭐 좀 대화가 된다고 웃고 즐거워하는 것이 아닙니다. 그런다고 복음이 전해지는 것이 아닙니다.

말과 아름다운 것_잘못된 결단

한 성공한 실업가가 자신의 성공 요인에 대한 질문을 받게 되었습니다. "어떻게 성공을 하셨습니까?" 그 질문에 그가 지혜롭게 대답합니다. "잘된 결정 때문입니다." 그러자 그가 다시 묻습니다. "어떻게 해서 잘된 결정을 내릴 수 있었습니까?" "아, 그거야 내 경험을 통해서이지요." "그렇다면 그 경험은 어떻게 해서 얻을 수 있습니까?" 그 질문에 이런 대답을 남깁니다. "잘못된 결정 때문입니다."

인간은 끝없이 잘못된 결정과 결심을 하는 삶 속에서 지혜를 얻습니다. 사도 바울은 자신의 잘못된 결심과 잘못된 열정으로 인한 사역을 통해서 큰 지혜를 얻습니다. 부끄러워하지 않고 그대로 성경에 남기며 말합니다.

"나는 이제부터는 죽을 때까지 예수와 십자가 외에는 도무지 전하지도 않고 알기를 희망하지 않는다." 이처럼 최중 결단을 내리므로 위대한 사도의 인생을 갖게 됩니다. 그러면서 첫 시작, 1절이 이렇습니다. "형제들아 내가 너희에게 나아가 하나님의 증거를 전할 때에(설교할 때) 말과 지혜의 아름다운 것으로 아니하였나니."

말과 아름다운 것으로 하지 아니하였다고 합니다. 아덴에서는 그랬거든요. 자신의 경험과 철학적 지혜를 통해서, 문화적 요소를 통해서 전해 보려고 했었거든요. 그러나 그것은 아닙니다. 그래서 그것을 회개하는 것입니다.

오늘날 기독교의 가장 큰 문제가 여기에 있습니다. 먼저는 설교입니다. 저는 최근 6개월 동안 주일마다 두세 군데씩 많은 교회를 다녀봤는데, 정말 절망적입니다. 이유는 간단합니다. 너무나 말과 아름다운 것으로 하려고 합니다. 너무나 훌륭한 언변과 화려한 동작과 감동을 주는 표정으로 하려고 합니다. 그러다 보니 자꾸 인간으로부터, 세상으로부터 어떤 요소를 뽑아 옵니다. 그렇게 해서 좀 대화가 된다 한들, 복음이 전해지는 것이 아닙니다. 그것뿐입니까? 성공을 약속하고, 질병이 없어진다고 하고, 모든 것의 결국으로 해피엔딩을 말합니다. 그러나 어느 기독교 역사가, 성경 역사가 그렇게 해피엔딩으로 끝난단 말입니까? 이것은 거짓입니다.

성도 여러분, 기독교 진리는 하나님께로부터 오는 것입니다. 인간으로부터, 세상으로부터 오는 것이 아닙니다. 인간의 지혜와 아름다운 것으로 포장되는 것, 그런 것이 아닙니다. 이것을 지금 선언하고 있습니다.

예수 그리스도_성육신하신 하나님

요즘은 크리스마스를 지낼 때마다 경험하게 되는데, 다들 아시겠지만 불교에서 아기 예수 오신 것을 축하한다고 합니다. 방송을 통해서도 들어보셨을 것입니다. 그러면서 기뻐하는데 여러분은 어떻게 생각하십니까? 이건 분노해야 됩니다. 그건 예수님이 아닙니다. 정말 예수님을 축하하면 회개하고 예수 믿고 구원받았다는 그런 방송이 나와야 합니다. 부처님과 예수님은 같은 분이고 같이 진리를 추구하신 분이며 온 인류를 위해 희생하시고 헌신하신 위대한 분이라고 하는데, 말로만 보면 맞습니다. 그러나 아닙니다. 거짓입니다.

한술 더 뜨는 분이 있습니다. 얼마 전 일입니다마는, 제가 잘 아는 어떤 존경받는 훌륭한 정치인으로 높은 직위에 있었습니다. 교회 장로입니다. 그런데 방송에서 이렇게 말하더라고요. "예수님과 부처 빼고는 다 죄인입니다." 이 사람은 신앙인이 아닙니다. 이건 사탄의 지혜입니다. 성도 여러분, 예수님은 성육신하신 하나님이십니다. 우리 인간과 같은 존재가 아닙니다. 하나님이 인간이 되셨다는 것이 복음입니다. 그런데 나머지를 다 그럴싸하게 말하고 이것을 흔들어버립니다. 석가모니나 어떤 종교 창시자가 아무리 훌륭한들 하나님은 아니지 않습니까? 자기들도 알지 않습니까?

더욱이 예수님은 하나님께서 보내신 분입니다. 계시자로, 유일한 계시자로 보내신 분입니다. 성경 어디에 하나님께서 석가모니를 보내셨다는 말씀이 있습니까? 어느 종교 창시자를 보내셨습니까? 그것이 아닙니다. 더욱이 예수님은 십자가에 죽으신 분입니다. 오직 그분만이 그렇게 하셨습니다. 그것은 본인의 소원이 아닙니다. 겟세마네 동산에서 기도하시지 않습니까? "이 잔을 내게서 피해 주소서. 그러나 아버지의 뜻대로 하옵소서."

예수님은 하나님의 뜻대로 죽으신 분입니다. 순종하셨습니다. 세상의 어느 종교 창시자가, 지혜자가 하나님의 뜻대로 죽었단 말입니까? 전혀 아닙니다. 그런데도 비슷하게 생각하는 것은 십자가에서 너무 멀리 떨어졌기 때문입니다. 예수님께로부터 너무 멀어진 신앙생활을 하기 때문입니다.

예수 그리스도_십자가

성도 여러분, 예수님은 누구시냐는 질문은 성경에서 그 답을 찾아야 합니다. 그러나 성경에 나타난 예수님의 생애를 통해서 보면 안 됩니다. 부분부분은 알 수 있습니다. 말구유에 나시고, 좋은 말씀을 하시고, 죽은 자를 살리신 것과 같은 것은 부분적으로 예수님을 알 수 있는 것이지 온전한 예수님을 알 수는 없습니다. 예수님은 오직 십자가에서만 완전히 이해되시는 분입니다. 그래서 성경은 말씀합니다. '십자가만이 하나님의 지혜와 능력이다.' 완전한 하나님의 계시, 지혜와 능력, 그것이 바로 십자가입니다. 이건 절대로 양보해서는 안 될 그리스도인의 믿음입니다. 이것을 가감하면 안 됩니다. 그 십자가를 통해서 부활 영생하는 것입니다. 십자가의 길이 아니면 부활 영생은 없습니다. 그것이 하나님의 뜻입니다.

그런고로 예수님과 십자가는 하나입니다. 사도들은 이 진리를 붙들었습니다. 다시 한 번 신약성경을 쭉 읽어보십시오. 특히 사도행전을 보면 사도들이 온 세상을 다니면서 전한 복음은 예수님의 십자가, 그것뿐입니다. 죽으셨으나 부활하셨다는 그 메시지입니다. 십자가와 부활, 그 안에 무궁무진한 지혜와 하나님의 은혜, 그리고 하나님의 사랑과 계시가 있기 때문입니다. 종교개혁자들도 오직 십자가의 도만 전합니다. 이것이 참 기독교입니다.

예수님의 십자가는 수치나 형벌, 고통이나 부끄러움이 아닙니다. 우리 마음에 십자가가 자꾸 걸림돌이 되면 지금 마음이 깨끗하지 못한 것입니다. 옛 사람의 본성으로 가 있는 것입니다. 우리가 구원받은 감격, 그 믿음으로 세례 받을 때는 그런 것이 아니었거든요. 오직 예수 그리스도, 그 십자가에 감격한 것입니다. 그 믿음으로 우리는 하나님의 자녀가 됩니다. 분명 예수님의 십자가는 지혜요, 능력이요, 승리입니다.

하나님의 관점에서 생각해 보십시오. 하나님께서 온 세상을 아십니다. 구약과 신약으로부터 종말 때까지, 전지전능하신 하나님은 모든 것을 아십니다. 우리는 그런 하나님을 믿음으로 고백합니다. 성경은 하나님을 그런 분이라고 계시하고 있습니다. 바로 그분이 세상을 구원하기로 하셨습니다. 세상을 새롭게 하시기로 작정하시고 은혜를 베푸십니다. 그게 십자가입니다. 세상의 유일한 해결책이 예수님의 십자가입니다. 그런데 신앙생활을 하면 할수록 그 십자가가 점점 가까워져야 되는데, 점점 예수께 속한 사람으로 살아야 되는데 오히려 점점 더 멀어집니다. 몸은 교회에 있는데, 기도는 하는데, 봉사는 하는데 점점 예수님의 십자가에서 멀어지는 것입니다. 다시 결단해야 합니다.

예수님의 십자가는 죄에 대한 승리요, 유일한 길이요, 세상에 대한 승리요, 유일한 해결책입니다. 육신인 나에 대한 승리의 길은 예수님의 십자가 밖에 없습니다. 죽음에 대한 승리, 천당, 그것은 바로 예수님의 십자가입니다. 사탄에 대한 승리, 이것도 예수님의 십자가입니다.

마틴 루터(Martin Luther)는 원래 사제, 천주교 신부였습니다. 그러다가 수도원을 뛰쳐나옵니다. 성경 말씀을 보니, 아니거든요. 그럴듯한데, 가짜거든요. 그는 오직 예수 그리스도의 십자가, 하나님 나라의 복음에 하나님의 은혜와 지혜와 능력이 있음을 믿고 그것을 선포하게 됩니다. 그래서 박해받고 핍박받다가 그런 가운데 하나님의 은혜로 종교개혁이라는 일을 이루게 됩니다. 이것이 개신교입니다. 그래서 그의 모든 신학을 한마디로 '십자가의 신학'이라고 말합니다.

스데반은 예수님을 죽인 그 산헤드린, 그 엄청나게 무서운 권세 앞에서도 끄떡하지 않습니다. 왜냐하면 그 마음에 예수님이 있었기 때문입니다. 십자가가 있었습니다. 담대하게 복음을 전했습니다. 오늘도 복음을 전할 때 내 안에 정말 예수님과 십자가가 있다면 거침이 없습니다. 그런데 예수님의 십자가보다 멀어질수록 이 생각 저 생각이 나를 약하게 만듭니다. 담대함이 없습니다. 그러다 보면 하나님의 은혜가 없습니다. 평강이 없습니다. 하나님의 지혜가 없습니다. 점점 멀어져가는 악순환입니다.

성도 여러분, 모든 그리스도인은 예수 그리스도 안에서 최종, 가장 중요한 결단을 내리고 오늘을 살아야 합니다. 오늘로부터 주께서 부르시는 그 날까지, 그 결단에 대한 믿음으로, 순종으로 이 시대를 살 때 성령께서 담대함을 주십니다. 평강을 주십니다. 오직 예수님과 십자가, 그 은혜의 빛으로, 진리의 빛으로 가까이 가야 합니다. 여기에 하나님의 지혜와 능력이 나타납니다. 또한 이 일은 매일매일 기억되고, 찬송되고, 묵상되고, 스스로에게 고백되어야 합니다. 주께서 그와 함께하십니다. 그 믿음의 사람을 통해서 하나님의 뜻을 이루시며 하나님께 영광 돌리는 길로 인도하실 것입니다.

기 도

전지전능하신 하나님 아버지, 이 험악하고 험악한 세상에 예수 그리스도를 보내시어 평강의 길, 은혜의 길, 지혜의 길을 나타내셨건만, 세상 풍조에 휩쓸리어 어느덧 자기를 부인하지 못하고, 나 중심의 이기적인 생각에 매여서 평강이 없는 삶을 살고, 지혜가 없는 삶을 살며, 하나님께 영광 돌리는 삶에 걸림돌이 되는 죄인을 주여 불쌍히 여겨 주시옵소서. 잠시잠깐이면 떠나야 하는 세상이요, 한 번뿐인 인생입니다. 주의 뜻에 이끌리어 이 시대를 살며, 사도 바울과 같이 주 안에서 최중 결단을 내림으로 예수 그리스도의 사람으로, 성령의 사람으로, 말씀의 사람으로 새롭게 약속된 미래를 향하여 나아갈 수 있는 모든 주의 자녀되게 복을 내려 주시옵소서. 우리 주 예수 그리스도의 이름으로 간절히 기도드리옵나이다. 아멘.

6장

오직 믿음의 법

그런즉 자랑할 데가 어디냐 있을 수가 없느니라 무슨 법으로냐 행위로냐 아니라 오직 믿음의 법으로니라 그러므로 사람이 의롭다 하심을 얻는 것은 율법의 행위에 있지 않고 믿음으로 되는 줄 우리가 인정하노라 하나님은 다만 유대인의 하나님이시냐 또한 이방인의 하나님은 아니시냐 진실로 이방인의 하나님도 되시느니라 할례자도 믿음으로 말미암아 또한 무할례자도 믿음으로 말미암아 의롭다 하실 하나님은 한 분이시니라 그런즉 우리가 믿음으로 말미암아 율법을 파기하느냐 그럴 수 없느니라 도리어 율법을 굳게 세우느니라(롬 3:27-31).

16세기에 나타난 종교개혁 신앙은 오늘의 기독교와 절대적 관계가 있습니다. 그 종교개혁 운동 위에 기독교가 시작되었고 계속 진행 중이라는 것을 우리는 항상 기억해야 합니다. 종교개혁자들은 다섯 개의 'Sola' 가르침을 선포하고 증거했습니다. 이 Sola는 라틴어로 '오직'이라는 말입니다. 다시 말해서 '오직' 다섯 개의 신앙을 고백하고 선포했습니다.

첫째가 'Sola Scriptura: 오직 성경'입니다. 둘째가 'Solus Christus: 오직 그리스도'입니다. 셋째가 'Sola Gratia: 오직 은혜'입니다. 넷째가 'Sola

Fide: 오직 믿음'입니다. 다섯째가 'Soli Deo Gloria: 오직 하나님께 영광'입니다. 성도 여러분, 여기에 기독교가 있습니다. 이것이 교회요, 이것이 그리스도인의 신앙고백입니다. 항상 기억해야 합니다.

'오직'의 신앙

그런데 이 다섯 개의 신앙, '오직'이 의미상으로는 오직 하나입니다. 하나의 '오직'이 다른 네 가지의 '오직'과 같이 연결되어 있습니다. 예를 들어 '오직 그리스도'라고 신앙고백을 하는데, 이것은 '오직 성경', '오직 은혜', '오직 믿음', '오직 하나님께 영광'을 의미합니다. 이것이 별개로 논다면 신앙고백 자체가, 해석이 잘못된 것입니다.

예를 들어 '오직 그리스도'를 말하는데, 도무지 은혜가 없고 믿음도 없다면 이것은 잘못된 신앙생활입니다. '오직 성경'이라는 말도 같은 것입니다. 다른 네 개와 연결되어 있습니다. '오직 성경'이라고 하면서 다른 것과 연결되지 않으면 잘못된 구호일 뿐입니다.

가톨릭교회가 기독교가 아닌 것이 바로 여기 있습니다. 그들도 오직 성경을 말합니다. 정말 그렇거든요. 그런데 성경과 같은 권위로 세우는 것이 있습니다. 교회의 권위입니다. 교회 전통의 권위, 이것이 성경과 똑같다는 것이지요. 그래서 교황제도가 아니면 교회가 아닌 것입니다. 벗어났습니다. 또한 오직 그리스도 역시 얘기합니다. 그러나 잘 아시는 대로 오직 성모 마리아, 성모 마리아를 믿지 않으면 아무 소용없다고 합니다. 성자들의 공덕을 얻어야 구원받는다고 합니다. 이것이 가짜라는 것입니다. 참 진리를, '오직'을 가감하는 것입니다. 변질시킨 것입니다.

하나님의 말씀_절대 진리로서의 성경

우리 자신의 기독교를 바라보십시오. 우리도 마찬가지로 멀리 떠나 있습니다. 점점 성경으로부터 떠나가고, 참된 신앙고백으로부터 떠나갑니다. 가장 주의할 것은 교회 안에서, 기독교 안에서 잘못된 신앙입니다. 이것은 성경에 있는 이단과 같습니다. 우리가 적그리스도라고, 반기독교라고 하지만 그건 교회 밖에 있는 것이 아니라 교회 안에 있는 것입니다. 교회 밖은 'non' 기독교입니다. 비기독교입니다. 정말 적그리스도는 교회 안에 있습니다. 성경이 그것을 우리에게 말씀해 주고 있습니다.

성도 여러분, 성경은 하나님의 말씀입니다. 그래서 모든 하나님의 사람은 오직 성경, 오직 성경이라고 신앙고백을 하는 것입니다. 왜냐하면 성령께서 말씀하시고 하나님께서 직접 말씀하시지만, 기록된 계시의 말씀은 오직 성경뿐이기 때문입니다. 그래서 성경을 'return rebuild world'라고 하는 것입니다. 우리가 성경을 영어로 bible이라고 하는데, 그것은 'the book'이라는 말입니다. 유일한 책, 유일하게 기록된 계시의 말씀, 그래서 성경입니다.

그런고로 그리스도인은 성경의 권위를 하나님의 권위와 동일시합니다. 성경을 경외해야 됩니다. 내가 정말 하나님을 경외하듯이 성경을 경외해야 성경 안에서 하나님의 말씀을 들을 수 있습니다. 그래서 성경은 말씀합니다. "여호와를 경외하는 것이 지식의 근본이거늘." 많은 지식이나 자신의 인격을 갖고 되는 것이 아닙니다. 하나님을 경외하는 자에게 하나님께서 말씀을 주십니다.

또한 성경은 하나님의 말씀인고로 절대 진리입니다. 최종 결론입니다. 이것을 갖고 변론할 생각은 하지 마십시오. 그것은 불신앙의 사람입니다. 이것을 가감하지 마십시오. 참으로 무서운 일입니다. 그런데 이런 일이 오늘날 계속 진행되고 있습니다. 그리스도인은 성경 말씀을 놓고 하나님의 말씀에 대하여 '아멘'합니다. 아멘이란, 'truly'라는 뜻입니다. 진실로 그것은 진리요, 하나님의 말씀입니다. 최종 결론입니다. 이 고백입니다. 이해되어서가 아닙니다. 믿어서입니다. 그리고 그 말씀을 묵상하는 것입니다. 이해될 때까지, 실천될 때까지 말입니다. 그것이 그리스도인의 삶입니다.

그러므로 성경 안에서 하나님의 말씀을 들어야 합니다. 이것을 다른 표현으로 하면 깨달아야 한다는 것입니다. 적극적인 표현으로 하면, 성경 말씀을 바르게 해석할 수 있어야 됩니다. 그렇지 못하면 성경을 아무리 외우고 성경을 연구해도 하나님의 말씀을 듣지 못합니다. 여기에 문제가 있습니다.

그래서 예수님께서는 누가복음 10장에서 선한 사마리아인의 비유를 말씀하십니다. 당시의 율법사는 오늘날로 따지면 구약성경학자, 또는 성경신학자입니다. 그에게 예수님께서 말씀하십니다. "네가 성경을 어떻게 읽느냐?" 왜 예수님은 날마다 성경을 읽고 그것을 정성을 다해 가르치고 있는 사람에게 그런 질문을 하신 것입니까? "네가 성경을 어떻게 읽고 있느냐?"

아주 본질적인 질문을 하십니다.

그 이유는 해석이 잘못되었기 때문입니다. 성경을 외우고 항상 묵상하며 가르친다고 하지만, 실천한다고 하지만 메시지가 잘못됐습니다. 결국 유대 종교지도자들이 예수님을 십자가에 못박아 죽이지 않습니까? 보십시오. 정말 하나님의 말씀을 바로 들어야 됩니다. 바르게 해석되지 않으면 아무 의미가 없습니다.

성경을 통해 하나님의 말씀을 들어야

바울은 신약성경에 가장 많은 성경 기록을 남긴 사도입니다. 예수 믿기 전 그의 이름은 사울이었습니다. 그러나 이제 구원받아 바울이라는 이름을 갖습니다. 사울일 때 그는 바리새인 중의 바리새인이었습니다. 성경학자입니다. 정말 성경을 통하여 '오직 성경', '오직 하나님께 영광'을 말한 사람입니다. 그런데 교회를 핍박하고 예수 믿는 사람을 죽였습니다. 무엇이 잘못된 것입니까? 메시지가 잘못된 것입니다.

그러나 바울이 된 다음에는 똑같은 성경을 놓고 정반대의 해석을 합니다. "오직 은혜! 오직 믿음! 오직 예수 그리스도!" 자기가 핍박하던 교회에 헌신하게 됩니다. 같은 성경을 놓고 말이죠. 그래서 성경을 통하여 우리는 하나님의 말씀을 들을 수 있어야 합니다.

오늘날 기독교의 문제가 여기에 있습니다. 교회 안의 문제가 여기에 있습니다. 오직 성경을 말하지만, '오직 예수 그리스도', '오직 하나님께 영광'

은 점점 멀어져가고 있습니다. 오직 성경을 말하지만, '오직 은혜', '오직 믿음'은 점점 삶에서 멀어져가고 있습니다. 결국 율법주의자가 됩니다. 한낱 종교인이 되어버렸습니다. 이것을 우리는 회개해야 합니다.

하나님 말씀의 두 차원_복음과 율법

성경 안에 두 가지 차원의 하나님 말씀이 기록되어 있습니다. 이것을 항상 기억하시기 바랍니다. 이는 성경 그 자체가 말씀해 주는 것이기 때문입니다. 첫째는 율법이요, 둘째는 복음입니다. 율법은 십계명입니다. 모세를 통해 주셨습니다. 나머지는 그것을 설교한 것이고, 해석한 것입니다. 그리고 복음은 예수 그리스도를 통해 주셨습니다. 나머지는 다 그것을 설교한 것이고, 해석한 것입니다. 율법과 복음, 그것이 성경의 핵심입니다.

그런데 사울 당시는 신약성경이 기록되지 않았고 구약성경밖에 없었습니다. 그는 구약성경을 깊이 묵상하고 연구했는데, 성경을 통해서 무엇을 발견했습니까? 율법을 발견합니다. 그래서 율법주의자가 되고 맙니다. 오직 하나님께 영광, 오직 성경을 외치면서도 그리스도인을 죽이게 됩니다. 잘못 믿은 것입니다. 잘못된 해석입니다.

이렇게 생각해 보십시오. 일곱 글자가 있습니다. '사랑해. 보고 싶어.' 어떻게 들리십니까? 어떻게 해석하십니까? 적어도 두 가지 해석이 있습니다. 첫째는 '사랑해 보고 싶어.' 둘째는 '사랑해. 보고 싶어.' 이건 정반대입니다. 예수 그리스도를 놓고 말하면, 예수님과 사랑해 보고 싶은 사람은 아직 그리스도인이 아닙니다. 그러나 예수님을 사랑해서 보고 싶은 사람이 그리스도인입니다. 이만큼 해석에 의해서 완전히 다른 메시지가 나타납니다.

그런데 사울이 부활하신 예수 그리스도를 만나고 복음을 믿음으로 완전히 새 사람 되었습니다. 이제 바울이라는 이름을 씁니다. 똑같은 성경을 보면서 이제 그는 오직 성경, 오직 하나님께 영광에 그치는 것이 아닙니다. 이전에 없던 것을 말합니다. 오직 은혜, 오직 믿음, 오직 예수 그리스도가 그것입니다. 똑같은 성경을 놓고 하나님의 말씀을 이제 바로 듣게 된 것입니다. 다시 말해서 성경을 바르게 해석하게 된 것입니다. 이 사람이 그리스도인입니다.

그래서 성령께서 그를 통해 오늘 성경 27절에 있는 말씀처럼 "오직 믿음의 법으로니라"라고 선포하게 합니다. 오직 믿음의 법입니다. 예전에 사울일 때는 오직 율법이었습니다. 오직 율법, 오직 십계명을 외치고 다녔는데 이제는 싹 사라졌습니다. "오직 믿음의 법으로니라." 왜냐하면 내가 구원받은 것은 오직 믿음으로 받은 것이거든요. 복음을 믿음으로 받은 것입니다. 내가 어떻게 하나님과 바른 관계가 됐습니까? 하나님의 의를 얻었습니까? 오직 믿음으로 얻었거든요. 어떻게 내가 하나님의 신령한 복을 다 받았고 하나님의 뜻을 알게 됐습니까? 오직 믿음으로 된 것입니다. 더 이상 율법을 지켜서 내 인격으로, 내 지식으로, 내 열심으로, 내 공로로가 아니더라는 것입니다. 철저하게 아니지요. 구약성경을 통해서 하나님의 말씀을 듣고 발견한 것입니다. 성경이 다시 해석됐습니다.

그러고 나서는 이 고백과 함께 4장 전체에서 아브라함 이야기를 합니다. 이것이 사실임을 증명하려고 그렇게 한 것입니다. 예전에는 '아브라함이 우리 믿음의 조상이다, 아브라함의 자손만 참 자손이다, 나머지는 다 지옥 간다'고 떠들던 사람이, 이제는 동일한 아브라함을 얘기하면서 '아브라함이 믿음의 조상이다. 아브라함이 어떻게 해서 복을 받았느냐? 믿음으로 받았다'고 합니다. 같은 인물을 보면서도 해석이 달라집니다. 성도 여러분, 이것이 성령의 역사입니다.

율법의 목적과 기능

율법은 하나님께서 주신 좋은 것이지만, 그 목적과 기능이 정해져 있습니다. 율법은 먼저 우리로 하여금 죄를 깨닫게 해줍니다. 항상 그렇습니다. 율법을 모르면 우리는 회개하지 않습니다. 십계명을 앎으로 회개할 수 있습니다. 또한 율법은 우리로 하여금 자신이 누군지를 알게 합니다. 한심한 죄인입니다. 세상이 보는 나, 또는 내가 보는 나는 좀 우쭐하고 괜찮은 사람인 것 같지만 십계명 앞에서는 철저한 죄인입니다. 하나님의 말씀을 어길 수밖에 없는 사람입니다. 그걸 깨닫게 해줍니다. 그러면서 율법은 하나님의 뜻을 명료하게 알려 줍니다. 모호하지 않습니다. 십계명을 통해서 '오직 하나님을 사랑하라', '네 이웃을 네 몸과 같이 사랑하라' 말씀합니다. 이건 변함없는 진리입니다. 하나님이 원하시는 그리스도인의 삶을 명백하게 보여 줍니다.

또한 율법은 우리로 하여금 회개하게 합니다. 왜냐하면 지킬 수 없으니까요. 지키기는 지키는데, 어쩌다 지키는 것이지 항상 지킬 수는 없습니다.

성경은 말씀합니다. "의인은 없나니 하나도 없으며." 그게 진리 자체입니다. 그래서 하나님의 긍휼을 구합니다. 회개하는 것입니다. "하나님, 나를 불쌍히 여기소서." 이것이 율법의 기능이요, 목적입니다. 율법은 구원의 능력도 없고 우리에게 신령한 복을 주지 못합니다. 하나님과 바른 관계를 맺게 하지 못합니다. 절대 못합니다.

그러나 믿음은 차원이 다릅니다. 믿음은 구원의 능력이 있고, 하나님과 함께하고, 하나님과 교제합니다. 믿음은 하나님의 은총을 깨닫게 하고, 새로운 차원의 영적 안목을 갖고 살아가게 합니다. 그래서 오늘 본문 바로 직전에 그는 복음의 진수를 선포하게 됩니다. "그리스도 예수 안에 있는 속량으로 말미암아 하나님의 은혜로 값없이 의롭다 하심을 얻은 자 되었느니라"(롬 3:24).

이게 복음의 진수입니다. 무엇을 말합니까? 구약성경을 보면서 오직 예수 그리스도, 오직 은혜, 오직 믿음이 명백히 보입니다. 이전에 이것이 안 보였습니다. 그냥 율법을 지켜야, 선해야, 착해야 복을 받는다고 생각했습니다. 그러나 아닌 것입니다. 오직 은혜, 오직 믿음으로 우리는 하나님의 자녀가 되고 복을 받습니다. 이것이 종교개혁 신앙입니다. 누군가가 깨달아서 나타난 것이 아니라, 성경 안에서 발견된 하나님의 말씀입니다. 그것을 정의로 내린 것입니다.

성경 안에서 만난 복음_소망과 은혜

성도 여러분, 사도들은 예수님의 제자일 뿐만 아니라 우리의 신앙 모델입니다. 감히 예수님을 모델로 잡지 마십시오. 예수님은 하나님이십니다. 그러나 사도들은 좀 만만하잖아요? 죄인이 아닌 사람이 어디 있어요? 다 죄인입니다. 저럴 수가 없습니다. 저렇게 나쁜 짓을 할 수가 없습니다. 예수님을 팔아넘기지 않나, 믿는 자를 죽이려고 들지 않나, 3년 동안 예수님과 같이 지내놓고 예수님이 십자가를 지시니까 다 도망가지를 않나, 다 나약한 죄인입니다. 구제 불능한 우리 같은 죄인입니다.

그런데 그들이 달라졌습니다. 완전히 달라졌습니다. 왜요? 성경 안에서 복음을 만났습니다. 성경을 다르게 해석하기 시작했습니다. 그것을 종교개혁자들이 발견했습니다. 신약성경은 구약성경을 재해석한 것입니다. 한마디로 그들은 복음과 율법의 구별을 갖게 됐습니다. 둘 다 하나님이 주신 말씀이지만, 율법으로는 구원받을 사람이 아무도 없습니다. 오직 복음뿐입니다. 둘 다 고귀한 것으로 꼭 필요하지만, 우리에게 절실하게 필요한 것은 복음입니다. 이것을 구별하는 능력이 생겼습니다. 더 이상 이것을 합치지 않습니다. 이것은 목적이 다릅니다. 기능이 다르다는 말입니다.

이런 우화가 있습니다. 사냥개가 산토끼를 잡아서 바닥에 내려놓고 자꾸 그 얼굴을 혀로 핥기 시작합니다. 그래서 산토끼가 너무 짜증나 한 마디 했답니다. "야, 제발 나를 물어죽이거나 키스하거나 둘 중 하나만 해라. 그래야 네가 내 친구인지 적인지 내가 알 것 아니냐?" 그랬더니 사냥개가 이렇게 말하더랍니다. "그거야 내가 배고프면 먹이가 되는 것이고, 내가 배부르면 친구가 되는 거야.”

율법이 이와 같습니다. 우리가 정말 율법의 십계명을 바로 지키고 순종하면 귀하고 고귀한 하나님의 말씀이지만, 이것을 지키지 못하면 저주가 됩니다. 우리를 정죄합니다. 심판하는 것이 율법입니다. 정말 율법을 통해서 죄를 깨닫지만 율법을 지키지 못하고 순종하지 못하면 율법은 우리에게 저주요, 심판이요, 사망입니다. 그래서 성경은 ‘율법의 저주’라고 말씀합니다. 왜냐하면 모두가 다 죄인이기 때문에 율법의 심판을 받을 것입니다. 성경은 말씀합니다. ‘하나님의 말씀에 불순종하면 다 죽으리라.’ 지옥 간다는 말입니다. 그대로 될 것입니다. 그러나 복음은 어떻습니까? 믿는 자에게 항상 소망을 줍니다. 은혜를 줍니다. 사랑을 줍니다. 약속을 줍니다. 기쁨을 줍니다. 만족을 줍니다. 행복을 줍니다.

베드로가 예수님을 부인하고 저주하며 도망가다가 아주 절망감에 빠집니다. 아무리 성경 말씀을 붙들어봐야 죄인 중의 죄인입니다. 죄인이지요. 고향으로 가고 맙니다. 그러나 다시 그 안에서 복음이 살아납니다. 오직 복음, 오직 복음이 아니면 살아날 수가 없음을 깨닫고 복음을 꽉 붙들고 믿음으로 위대한 사도의 삶을 삽니다.

사도 바울, 예수님을 믿는 자를 잡아 죽이던 자입니다. 율법 아래서, 율법으로 ‘하나님께 영광’, ‘오직 성경’ 하면서 이런 짓을 했습니다. 그런데 복음을 믿고 나서는 오직 은혜, 오직 사랑, 오직 긍휼로 변화됩니다. 정말 믿음의 사람으로 승리하게 됩니다. 모든 그리스도인들도 이와 똑같습니다.

성도 여러분, 그런고로 성경 안에서 복음을 발견해야 합니다. 복음과 율법을 구별할 수 있어야 됩니다. 그리고 모든 말씀을 복음적으로 해석할 수 있어야 합니다. 이것이 성령의 역사입니다. 복음이란 무엇입니까? '은혜의 복음'이라는 단어를 기억하십시오. 은혜 자체입니다. 하나님이 행하신 것입니다. 하나님이 약속하신 것입니다. 인간의 계획이나 열심 또는 공로나 선행, 이런 것이 아닙니다. 하나님이 하나님 차원에서 약속하신 것을 복음이라고 합니다. 그것이 은혜입니다.

복 있는 사람_복음의 말씀을 경외하는 사람

시편 1편 1절과 2절의 말씀은 기독교인들은 다 기억하고 또 믿지 않는 사람도 많이 아는 말씀입니다. 이것은 시편 전체의 주제이며, 구약 전체의 주제이기도 합니다. "복 있는 사람은 악인들의 꾀를 따르지 아니하며 죄인들의 길에 서지 아니하며 오만한 자들의 자리에 앉지 아니하고 오직 여호와의 율법을 즐거워하여 그의 율법을 주야로 묵상하는도다."

이 말씀 앞에서 말씀을 경외하며 다시 한 번 생각해 보십시오. 정말 그렇습니까? 당연히 그렇지요. 그런데 이 말씀대로라면 아무도 복을 받지 못합니다. 죄와 상관이 없어야 되기 때문입니다. 거기다가 하나님 사랑, 이웃 사랑을 항상 하는 사람이어야 됩니다. 그런 사람이 있으면 단 한 사람이라도 이름을 대보십시오. 없습니다. 성경은 없다고 말씀하지 않습니까? 그러므로 이 말씀을 보면서 회개해야 되는 것입니다.

그런데 이 말씀을 보면서 '아! 좋은 말씀, 감사한 말씀'으로 받아들인다면 너무나도 멀었습니다. 그러면서도 이웃 사랑을 하지도 않습니다. 항상 다른 사람을 비난하고 시기하면서 말로만 '아, 귀한 말씀'이라고 하는 것을 위선입니다. 그래서 예수님께서 바리새인들에게, 종교지도자들에게 말씀하십니다. "위선자들아, 독사의 자식들아!" 도무지 하나님의 말씀을 경외하지 않습니다. 한 번이라도 이 말씀을 실천해 보면 이것은 인간이 할 수 있는 것이 아님을 알 수 있습니다. 인간의 힘으로는 불가능합니다. 이런 사람이 없습니다. 다들 하는 척하는 것입니다. 그러면서도 '아, 나는 하나님의 사람이고, 복 있는 사람이다'라고 하고 있으니 말이 됩니까? 이것이 종교라는 것입니다.

오늘날도 보십시오. 개신교라는 이름으로, 가톨릭의 이름으로 사랑만 얘기합니다. 이웃 사랑, 종교화합을 말합니다. 그러나 누구도 할 수 없는, 한 사람도 안 되는 것을 자꾸 하자니 결국 가식이 됩니다. 위선입니다. 위선자 노릇합니다. 하나님의 율법 앞에 죄를 깨달아야 됩니다. 해석을 다시 하십시오. 이것은 죄를 회개하는 것입니다.

그리고 복음적으로 해석하면, 복음을 믿는 사람이 복된 사람입니다. 오직 믿음으로 복 있는 자가 되는 것입니다. 믿음으로 충만하고 은혜로 충만하면 죄의 길을 떠납니다. 죄를 짓지만 항상 회개합니다. 그리고 정말 감당할 수 없는 이웃 사랑을 하고 싶어지는 사람으로 자꾸 마음이 변합니다. 그런 기도의 사람으로 나타납니다. 이것이 진실이고 정직입니다. 그래서 오늘 성경은 말씀합니다. "그런즉 자랑할 데가 어디냐?"

성도 여러분, 무엇을 자랑하십니까? 하나님, 예수님을 말하면서 무엇을 자랑하십니까? 오직 복음, 오직 예수 그리스도, 오직 은혜, 오직 믿음을 자랑해야 합니다. 그래서 오직 성경, 오직 하나님께 영광을 고백할 수 있어야 합니다. 인간의 행위도 아니요, 율법을 지킨 나의 선행도 아니요, 봉사나 이런 것도 아닙니다.

이솝우화에 '늑대와 그림자'라는 교훈적인 이야기가 있습니다. 어느 날 저녁에 늑대가 어슬렁어슬렁 걸어 다니다가 어떤 모습을 보고 깜짝 놀랍니다. 길에 비친 자신의 그림자가 대단히 컸기 때문에 놀란 것입니다. 그런데 해가 서쪽으로 기울수록 이 그림자가 점점 길어집니다. 더 커집니다. 더욱더 놀라게 됩니다. 그런데 어리석게도 늑대는 이것을 자신의 모습이라고 생각하고는 이렇게 말했답니다. "내가 이렇게 컸구나. 나는 이제 사자나 호랑이도 무섭지 않다. 사자야, 호랑이야, 나와라!" 마침 사자가 옆에서 그 말을 듣고 있다가 나와서 한 대 때려 결국 늑대는 죽고 맙니다.

그리스도인으로서 복음 외에, 믿음 외에, 은혜 외에, 그리스도 외에 그 어떤 것이라도 자랑하는 순간 시험에 빠집니다. 율법주의에 빠집니다. 아니 하나님의 말씀을 지금 경홀히 여기는 것입니다. 회개하지 않았다는 것입니다.

오직 믿음의 법

성도 여러분, 오직 성경, 오직 은혜, 오직 믿음, 오직 하나님께 영광, 오직 예수 그리스도가 내 안에서 정말 왕 노릇하면 마음과 생각과 소원이 변화되기 시작합니다. 그리고 지킬 수 없는, 감당할 수 없는 하나님 사랑, 이웃 사랑이 기도제목으로 나타나기 시작합니다. 그렇게 하나씩 시작되는 것입니다. 이 복음의 지혜와 능력으로, 믿음으로 변화됩니다. 그래서 오늘 성경은 결론적으로 31절에 이렇게 말씀합니다. 말씀 그대로 될 것입니다. "그런즉 우리가 믿음으로 말미암아 율법을 파기하느냐 그럴 수 없느니라 도리어 율법을 굳게 세우느니라."

믿음의 조상 아브라함을 보십시오. 율법을 알지 못했습니다. 율법 이전의 인물입니다. 그러나 그는 복을 받았습니다. 믿음으로 복 받았습니다. 성경을 이렇게 해석해야 됩니다. 창세기 12장에 보면 그는 하나님께서 고향을 떠나라고 하시니까 떠납니다. 떠났기 때문에 복 받았다면, 그것은 행위로 비롯된 것이 아닙니까?

그러나 그렇지 않습니다. 아무나 떠날 수 없습니다. 상상하지 마십시오. 이런 상황이 벌어지면 대부분 못 떠납니다. 그런데 어떻게 떠난 것입니까? 성경에 기록은 없습니다. 그래서 그것을 해석하는 것입니다. 하나님을 믿었으므로 떠난 것입니다. 그렇잖아요? 정말 하나님을 믿었으니까 떠날 수 있는 것입니다. 믿음으로 복 받은 것입니다. 그래서 믿음의 조상이 되는 것입니다.

그리고 창세기 22장에 보면 아브라함이 이삭을 바칩니다. 많은 분들이 이렇게 설교합니다. '이삭을 바치고 헌신했으니까 하나님께서 복을 주셨다.' 말은 되지만, 이것은 종교입니다. 그게 다가 아닙니다. 그 사건 속에서 아브라함의 마음은 하나님에 대한 전적인 믿음입니다. 그래서 신약성경은 말씀합니다. '믿음으로' 아브라함은 복을 받았음을 말입니다.

다윗, 그가 얼마나 많은 죄를 지었습니까? 율법으로 따지면 정죄받고 심판받아 죽어야 됩니다. 그러나 그는 하나님을 믿었습니다. 정말 믿었습니다. 믿음으로 회개했습니다. 성경을 보면서 항상 회개했습니다. 왜냐하면 율법을 지킬 수 없으니까요. 그리고 하나님의 은혜로 다시 회복했습니다. 하나님과 함께하는 삶의 기쁨을 누렸습니다. 그리고 하나님께서 주신 복이 그 삶에 성취되기 시작합니다. 믿음으로 되는 것입니다.

성도 여러분, 모든 그리스도인은 성경의 사람입니다. 성경을 통하여 하나님의 말씀을 들을 수 있어야 됩니다. 그리고 종교개혁자들과 같이, 사도들과 같이 '오직 성경, 오직 그리스도, 오직 은혜, 오직 믿음, 오직 하나님께 영광' 이것이 우리의 신앙고백이 되어야 합니다. 그 비결은 성경을 믿어야 됩니다. 경외해야 됩니다. 그리고 성령께 기도하며 복음적 해석을 할 수 있는 하나님의 사람이 되어야 합니다. 그럴 때 복음이 나를 사로잡습니다. 주의 은혜가 나를 사로잡습니다. 주의 말씀이 나를 사로잡습니다. 그리고 복음의 증인으로 하나님께 영광 돌리는 삶을 살아갈 수 있게 되는 것입니다.

기 도

전지전능하신 하나님 아버지, 우리에게 하나님의 말씀인 성경을 선물로 주심을 진심으로 감사드립니다. 그러나 불신앙 가운데에 잘못된 신앙생활을 하여 믿음을 떠나 살고, 성경을 읽으나 하나님의 말씀을 들을 수 없었고, 성경을 묵상하고 오직 성경을 외치나 성경을 경외하지 않았으며, 오직 믿음으로 성경을 대하지 못한 죄인을 불쌍히 여겨 주시옵소서. 진실로 사도들과 같이, 참된 신앙을 가진 분들과 같이 복음 안에서 성경을 통해 하나님의 말씀을 듣고, 성경의 권위를 높이며, 성경의 지혜와 능력에 따라 형통한 삶을 고백하는 모든 주의 사람이 되게 지켜 주시고 복을 내려 주옵소서. 우리 주 예수 그리스도 이름으로 간절히 기도드리옵나이다. 아멘.

2부

날 계수함의 지혜

7장

날 계수함의 지혜

주여 주는 대대에 우리의 거처가 되셨나이다 산이 생기기 전, 땅과 세계도 주께서 조성하시기 전 곧 영원부터 영원까지 주는 하나님이시니이다 주께서 사람을 티끌로 돌아가게 하시고 말씀하시기를 너희 인생들은 돌아가라 하셨사오니 주의 목전에는 천 년이 지나간 어제 같으며 밤의 한 순간 같을 뿐임이니이다 주께서 그들을 홍수처럼 쓸어가시나이다 그들은 잠깐 자는 것 같으며 아침에 돋는 풀 같으니이다 풀은 아침에 꽃이 피어 자라다가 저녁에는 시들어 마르나이다 우리는 주의 노에 소멸되며 주의 분내심에 놀라나이다 주께서 우리의 죄악을 주의 앞에 놓으시며 우리의 은밀한 죄를 주의 얼굴 빛 가운데에 두셨사오니 우리의 모든 날이 주의 분노 중에 지나가며 우리의 평생이 순식간에 다하였나이다 우리의 연수가 칠십이요 강건하면 팔십이라도 그 연수의 자랑은 수고와 슬픔뿐이요 신속히 가니 우리가 날아가나이다 누가 주의 노여움의 능력을 알며 누가 주의 진노의 두려움을 알리이까 우리에게 우리 날 계수함을 가르치사 지혜로운 마음을 얻게 하소서(시 90:1-12).

이애란 씨가 부른 '백 세 인생'이라는 노래를 들어보셨습니까? 요즘 큰 화제인데, 이 노래 가사가 아주 재미있습니다. 일부를 소개하겠습니다.

"육십 세에 저 세상에서 날 데리러 오거든 아직은 젊어서 못 간다고 전해라.

칠십 세에 저 세상에서 날 데리러 오거든 할 일이 아직 많아 못 간다고 전해라.

팔십 세에 저 세상에서 날 데리러 오거든 아직은 쓸 만해서 못 간다고 전해라.

구십 세에 저 세상에서 날 데리러 오거든 알아서 갈 테니 재촉 말라 전해라.

백 세에 저 세상에서 날 데리러 오거든 좋은 날 좋은 시에 간다고 전해라."

고령화 시대_오늘을 사는 지혜

성도 여러분, 백 세 인생, 더 이상 꿈이 아닙니다. 이것은 실제입니다. 21세기는 분명 백 세 인생이 펼쳐지고 있습니다. 보고서에 의하면 58년생을 기준으로 그분들의 50%가 백 세를 산다고 합니다. 그 이후에 출생한 사람들은 더 많이 백 세를 살겠지요. 이미 고령화 시대는 시작되었습니다. 핵심은 이것입니다. 이런 시대, 한 번도 만나보지 않은 이 시대에 어떻게 살 것인지, 어떻게 이런 시대를 준비할 것인지가 큰 문제입니다.

고령화 사회를 살아가기 위해서 최소한 몇 가지를 알아야 합니다. 먼저 홀로 사는 것을 준비해야 합니다. 태어나서부터는 부모와 사랑하는 사람과 같이 자라났지만, 이제 늙어 죽음을 향해 갈 때는 홀로 가는 것입니다. 사랑하는 사람들이 떠납니다. 홀로 살아가야 함을 알고 미리 준비해야지, 그 사실이 내게 왔다고 놀라거나 절망해서는 안 됩니다. 그리고 육십 세를 기준으로 볼 때 현역 때만큼의 시간이 앞으로 있습니다. 느낌상으로는 두 배 이상이라고 합니다. 한마디로 은퇴 이전보다 그 후에 더 엄청난 시간을 살게 됩니다. 이 시간을 어떻게 살아갈 것인가가 핵심입니다.

그런고로 준비를 해야 하는데, 가장 좋은 대비책은 평생 현역으로 산다는 의식을 갖고 살아가는 것입니다. 취업을 하든, 봉사를 하든, 무슨 일을 하든, 그것을 평생 현역이라는 의식으로 오늘을 살아가야 합니다. 만일 그러지 못하고, '나는 나이가 많고 은퇴했으니까'라는 태도로는 불과 몇 년이 지나지 않아서 인생무상을 외치고 말 것입니다. 무엇보다도 크리스천에게는 영적 성숙과 성장이 이루어지는 때임을 기억하시기 바랍니다.

미국의 저명한 목회자인 고든 맥도날드(Gordon MacDonald) 목사의 「내면 세계의 질서와 영적 성장」(Ordering Your Private World)이라는 저서가 있습니다. 이 책에서 그는 인생에서 방치된 시간들이 있다고 말합니다. 실제로 그런 시간들이 우리에게 많이 있지 않습니까? 이것을 연구한 결과, 네 가지 법칙이 발견됐답니다. 함께 생각해 보십시오.

첫째, 방치된 시간은 내 약점을 향해 흐른다고 합니다. 내가 탁월하게 잘할 수 있는 일을 제쳐놓고 잘하지 못하는 일에 많은 시간을 허비하고 무절제하게 사용합니다. 둘째, 자신의 세계에서 지배적인 위치에 있는 사람의 영향력에 의해 좌우된다고 합니다. 내 시간을 내가 관리해야 하는데, 그 주도권을 갖지 못하고 결국 후회한다는 말입니다. 셋째, 온갖 급한 일에 소모됩니다. 급한 일의 횡포에 지배당하게 됩니다. 그냥 바쁘게 살다보니 인생이 다 지나갔습니다. 넷째, 대중의 갈채를 받는 일에 쓰이게 됩니다. 사람들이 좋아하는 일을 하는 데 시간을 쓸지, 아니면 소명과 우선순위의 일에 시간을 사용할지 결정해야 하는데, 그러지 못했다는 것을 의미합니다. 이런 방치된 시간이 계속해서 반복되어서는 안 됩니다. 멈춰야 됩니다.

노벨문학상을 받은 영국의 극작가 버나드 쇼(George Shaw)에게 어떤 사람들이 물었습니다. "당신이 죽으면 당신의 묘비명에 무엇이라고 기록되길 바랍니까?" 그가 워낙 많은 업적을 남겼기에 그 가운데서 특별히 어떤 업적이 기억될 것인가 하는 것이 질문의 요지였는데, 그는 아주 의외의 대답을 했습니다. "아마 이렇게 쓰이겠지요. '우물쭈물하다가 내 이럴 줄 알았다'라고요." 정말 인생이라는 것이 이렇게 지나갑니다. 우리 과거의 인생을 생각해 보십시오. 정말 우물쭈물하다가 이 나이가 되는 것입니다.

성도 여러분, 산업화시대에는 성공을 위해서 가장 가치 있는 지혜가 노하우(Know-How)였습니다. 어떻게 해야 하는지를 아는 것이 가장 중요했습니다. 그것은 지금까지도 중요한 덕목입니다. 하지만 지금과 같은 지식정보시대에는 노웨어(Know-Where)가 더 중요합니다. 지금은 지식홍수의 시대입니다. 내게 필요한 지식이 어디 있느냐를 알면 됩니다. 가져다쓰면 되니까요. 또한 노후(Know-Who)가 중요합니다. 누가 이 일을 잘하는지를 알면 내가 가서 의논하거나 그와 함께 일하면 됩니다. 그런데 더 나아가 후기정보시대인 최근에는 노와이(Know-Why)가 가장 중요합니다. 끊임없이 질문해야 합니다. 내가 왜 이 일을 해야 하는지, 인생이 무엇인지 끊임없는 질문을 통해서 분명한 가치관과 인생철학을 세워야 합니다. 그래야 후회 없는 인생을 살 수 있습니다.

모세의 일생

오늘 본문인 시편 90편은 기록된 대로 하나님의 사람 모세의 기도입니다. 중보기도입니다. 이 기도를 통해서 하나님께서 우리에게 인생의 큰 지혜를 주십니다. 생각해 보십시오. 모세, 그는 너무나 유명한 인물 아닙니까? 모세의 인생은 한마디로 파란만장했습니다. 출생 때부터 남달랐습니다. 애굽 왕의 학대 속에 태어났습니다. 이스라엘 자손으로 태어난 그는 갓 태어난 남자아이들을 다 죽이라는 왕명에 따라 당연히 죽어야 했습니다. 하지만 차마 아들을 죽게 내버려 둘 수 없었던 부모의 손에 의해 강물에 버려집니다. 그 상황에서도 아들이 어떻게든 살아날 수 있는 길을 마련하려는 노력으로 갈대상자에 넣어서 아들을 어디론가 떠내려가게 합니다. 그래서 모세는 출생 때부터 부모를 떠나야 했습니다. 아주 어두운 세상에 태어난 것입니다.

그런데 하나님의 은혜 가운데 애굽 공주에게 발견됩니다. 드라마틱하지요. 그렇게 공주의 손에 보호를 받으며 성장합니다. 자기 출생을 알 수 없으니 그는 스스로 왕자인 줄 압니다. 정말 왕자라고 생각하고 40년을 삽니다. 한창 나이가 되어서 비로소 자신의 정체성을 알게 됩니다. 깊은 고뇌 끝에 어느 날, 민족을 박해하는 애굽 병사 둘을 때려죽이고 무서워서 도망칩니다. 이제 그의 광야생활이 시작됩니다. 미디안 광야에서 목자로 40년을 삽니다. 오랜 시간, 하루하루 생각했을 것입니다. '인생이 무엇인가? 여기서 벗어날 수 없는가?' 참 고통스러운 시간들이었을 것입니다. 이제 아무 힘과 능력 없이 늙어갑니다. 한마디로 인생무상을 깨닫는 80세가 되었습니다.

그때 하나님께 소명을 받습니다. 하나님의 부르심을 받습니다. 그 사건 속에서 그는 새로운 인생을 살아갑니다. 이전과는 전혀 다른 위대한 인생을 살기 시작합니다. 이스라엘 지도자로 선택받아서 출애굽 사건을 일으키는 하나님의 사람이 됩니다. 그래서 정말 하나님의 이적 가운데 출애굽하는 엄청난 사건의 주인공이 됐지만, 그것도 잠시입니다. 한 달도 되지 못해서 광야의 백성들은 하나님께 불순종하며 비난하고 원망합니다. 그 죄로 인해서 40년을 광야에서 살아야 했습니다. 황량한 광야에서의 원치 않는 삶을 살게 된 것입니다. 모세도 그들과 40년을 함께 삽니다. 이제 120세가 됐습니다. 이제 가나안 땅을 향해 들어가려는 즈음에 그는 분노의 죄를 짓습니다. 그래서 아직은 건강한데도 그 땅에 들어가지 못합니다.

이제 모세가 120년의 삶을 회고하면서 삶을 통해서 깨달은 큰 지혜를 토대로 이스라엘 민족을 위하여 하나님께 중보기도를 합니다. 이 기도 속에 하나님이 우리에게 주시는 메시지가 들어 있습니다. 그것이 12절입니다. "우리에게 우리 날 계수함을 가르치사 지혜로운 마음을 얻게 하소서."

항상 이 말씀을 묵상하며 살아가시기 바랍니다. 지금 하나님의 사람 모세는 하나님께 질문하고 있습니다. 이것이 그리스도인의 삶입니다. 하나님을 추상적으로 생각하지 마십시오. 하나님께 질문하고 하나님의 답을 들어야 합니다. 인생의 지혜를, 바른 가치관을 세상에 묻지 마십시오. 그 사람이 내 인생을 책임지는 것이 아닙니다. 괜히 잘못된 스승을 좇다가 인생 망치고 맙니다. 한 번뿐인 인생입니다. 하나님께 질문해야 합니다. 여기에 그리스도인의 삶이 있습니다. 그는 지금 인생의 의미와 가치를 묻고 있습니다. 분명한 생의 철학과 확실한 가치관이 꼭 필요하기에 이스라엘 백성을 위하여 지금 질문하며 기도합니다. 그것이 12절 말씀입니다. "날 계수함을 가르치사." 이것이 무슨 말씀입니까? 인생의 시간을 말하는 것입니다. 인생의 날을 말하는 것입니다. 인생의 시간과 날을 아는 지혜를 달라는 기도입니다.

시간_인간 실존의 핵심

성도 여러분, 시간은 실존의 핵심입니다. 이것을 항상 기억하십시오. 많은 인류가 이것을 모릅니다. 공간이 인생의 핵심이라고 생각합니다. 환경이 핵심이라고 생각합니다. 이러한 인생관이 인생을 망칩니다. 분명히 인생관은 시간에 있습니다. 우리는 시간을 살아가는 존재입니다. 그러나 이것을 모르고 공간과 환경을 산다고 생각하면, 그 자체가 불행과 비극입니다. 이들에게 성공이라는 것이 무엇입니까? 좋은 환경, 좋은 공간을 확보하자는 것입니다. 그러나 이것으로는 인생을 망칩니다. 그러면 하나님의 백성은 항상 다 성공해야 됩니다. 그런데 성경은 그렇게 말씀하고 있지 않습니다.

오늘날 과학기술문명이 인간에게 큰 유익을 줍니다. 그런데 과학기술문명으로 도대체 무엇을 하자는 것입니까? 공간을 말하는 것입니다. 좋은 환경을 말합니다. 환경을 지배하겠다는 것입니다. 그래서 인간에게 유익을 주겠다는 것입니다. 그것뿐입니다. 오늘날 모든 종교가 하나님은 어디 계시는지를 묻습니다. 심지어 그리스도인도 그것을 묻습니다. 그런데 '우주에 있다. 광활한 우주 어딘가에 있다. 우리 마음에 있다'고 생각하다가 범신론에 빠지고 맙니다. 답이 없는 잘못된 질문에서 인생이 잘못되는 것입니다.

성경은 그것을 말씀하지 않습니다. 성경 전체는 시간을 말씀합니다. 시간 속의 하나님을 우리에게 계시하고 있습니다. 역사 속의 하나님을 계시합니다. 아무리 좋은 공간을 찾아다녀봐야 하나님을 못 만납니다. 중요한 것은 시간입니다. 하나님과 내가 만나는 시간 속에 이루어집니다. 그 시간 속의 거룩함, 그곳에서 하나님과 교제하며 하나님을 묵상하고 하나님의 말씀을 들으며 하나님의 일에 집중하게 됩니다. 그 일을 위하여 공간이 필요한 것이지, 공간 자체는 비본질적입니다. 그래서 모세는 기도합니다. "날 계수함의 지혜를 가르치사 지혜로운 마음을 얻게 하소서." 즉 이 시간의 의미와 가치를 아는 마음을 달라고 합니다. 이것이 지혜이기 때문입니다. 이것은 오직 하나님만이 줄 수 있습니다. 하나님이 선물로 주십니다.

성경을 보면 안식일이라는 것이 있습니다. 십계명의 율법으로 기록되지만, 그 이전에 창세기부터 나옵니다. 창세기 2장부터 안식일을 의미하는 단어가 나옵니다. "하나님이 그 일곱째 날을 복되게 하사 거룩하게 하셨으니"(창 2:3).

하나님이 복을 주시고 거룩하게 하신 것은 시간입니다. 공간이 아닙니다. 시간 속의 거룩함을 통해서 하나님을 만납니다. 하나님과 함께합니다. 그날이 안식일이요, 주일입니다.

주일예배라는 것이 무엇입니까? 눈으로 보이기에는 교회라는 건물 안에서 함께 예배드리는 것 같지만, 이것은 비본질적입니다. 핵심은 시간입니다. 내가 얼마나 하나님과 거룩한 시간을 갖느냐 하는 것이 결정적인 것입니다. 이 시간의 거룩함 속에서 하나님을 체험하게 됩니다. 하나님과 함께하고, 하나님을 인식하고, 하나님을 만나고, 하나님의 말씀을 듣고, 그리고 이 시간이 일상에서 확대되어 나가는 것입니다. 이것은 또한 그리스도인의 삶입니다.

그래서 그리스도인은 경건한 마음과 태도를 가집니다. 이 시간이 거룩한 시간이 되어야 되기 때문입니다. 하나님과의 만남의 시간이라고 고백했기 때문에 경건한 시간을 추구하는 것입니다. 그러나 불신앙의 사람들은 어떻습니까? 이 시간이 낭비입니다. 일요일에는 쉬어야지, 그 아까운 시간을 거기 가서 그렇게 낭비한다고 말합니다. 그러나 거듭난 그리스도인에게는 고귀한 시간입니다. 이 시간 속에서 나는 삶의 지혜를 얻습니다. 시간을 통해 역사하시는 하나님을 고백하고, 일상적 시간에서 하나님과의 관계를 회복하는 것입니다. 그래서 하나님의 사람 모세는 이것을 체험했습니다. 삶을 통해서 깨닫고 유언과 같은 기도를 합니다.

시간 속의 고백_하나님과 인간

먼저 시간 속에 하나님을 고백하게 됩니다. 시간 속에 실존하시는 하나님, 그분은 영원하신 하나님이십니다. 그래서 1절과 2절에 이렇게 고백합니다. "주여, 주는 대대에 우리의 거처가 되셨나이다 산이 생기기 전, 땅과 세계도 주께서 조성하시기 전 곧 영원부터 영원까지 주는 하나님이시니이다."

하나님은 시간 속에 역사하시는 분입니다. 추상적인 분이 아닙니다. 영원부터 영원까지 존재하시는 분은 오직 하나님 한 분입니다. 여호와 한 분입니다. 성도 여러분, 시간 속에서의 창조주 하나님을 생각해 보십시오. '영원하신 하나님' 그 고백뿐입니다. 그분이 인간을 만드시고 세상을 창조하셨습니다. 그분이 아브라함, 이삭, 야곱의 하나님이십니다. 모두가 죽었지만, 그분은 계속 영원하신 하나님으로 역사하십니다. 아브라함, 이삭, 야곱의 하나님은 모세에게도 출애굽 사건을 체험케 하십니다. 모세는 그 사건 속에서, 그 시간 속에서 하나님을 만났습니다. 그리고 광야 40년을 함께했습니다. 그 시간에 하나님이 함께하셨습니다. 만나를 내려 주시고 광야에서 물을 내어 주셨습니다.

그리고 모세는 이제 저 가나안 땅을 보며 생각합니다. 자신도 죽고, 출애굽한 백성도 다 죽었습니다. 그러나 영원히 계신 분은 오직 하나님뿐이십니다. 그 영원하신 하나님 앞에 이스라엘 백성이 살아가야 되는 것입니다. 이 신앙고백 속에 일상에서 하나님을 체험할 수 있는 것입니다.

그리고 그는 시간 속의 인간을 생각합니다. 막연하게 철학적으로, 종교적으로 인간은 무엇인지에 대한 얘기가 아닙니다. 시간 속에서의 인간, 특별히 영원하신 하나님 앞에서 주어진 시간을 사는 인간을 생각합니다. 그리고 고백합니다. 그야말로 티끌 같은 존재인 것이지요. 3절과 4절에 고백합니다. "주께서 사람을 티끌로 돌아가게 하시고 말씀하시기를 너희 인생들은 돌아가라 하셨사오니 주의 목전에는 천 년이 지나간 어제 같으며 밤의 한 순간 같을 뿐임이니이다."

하나님 앞에서 인생의 시간을 생각해 보니 티끌과 같습니다. 인생의 존재가 그렇습니다. 그것을 비유로 설명합니다. "천 년이 지나간 어제 같으며 밤의 한 순간 같을 뿐임이니이다." 그럴 것 아닙니까? 들에 핀 풀의 꽃과 같습니다. 아침에 피고 저녁에 지는 것과 같습니다. 이것이 인생입니다.

성도 여러분, 지금 인생의 무상함을 말합니다. 인생의 나약함을 말합니다. 인생의 연약함을 말합니다. 인생의 유한성을 말합니다. 한마디로 인생무상을 말합니다. 허무합니다. 지나간 세월을 보십시오. 그런데 여기에 지혜가 있습니다. 이것을 알고 살아가야 지혜로운 마음으로 참된 인생을 적극적으로 살아가게 됩니다.

불교는 가장 높은 도덕적 수준을 가진 종교인데, 깨달음의 결론이 무엇입니까? 석가모니가 뭘 깨달은 것입니까? 인생무상입니다. 이 진리를 깨달아야 사람답게 살 수 있습니다. 인간들은 무지해서 마치 죽지 않을 것처럼 생각하고 살아갑니다. 그러한 세계관으로 살면 짐승처럼 살게 됩니다. 나만을 위한 삶을 살게 됩니다. 인생의 지혜를 모르면, 인생의 무상함의 실존을 모르면 가장 어리석은 자가 됩니다.

예수님도 어리석은 부자의 비유를 통해서 이 말씀을 하셨습니다. 천국 진리를 말씀하셨습니다. 한 부자가 평생에 큰 부를 이루었습니다. 그러고 나서 자신에게 말합니다. "이제는 나는 쉬고 먹고 마시고 즐기며 살 거다." 하나님께서 말씀하십니다. "오늘밤 네 생명을 취하면 그 소유가 뉘 것이 되겠느냐, 이 어리석은 자여." 끝을 모르고, 시간의 제한성을 모르고 살아가는 것처럼 허무한 것이 없습니다. 시간이 삶의 핵심인데, 자꾸 공간을 생각하고 환경을 생각합니다. 이것은 사람을 어리석게 만듭니다.

하나님의 은총_참된 인생

세계 정복자로 잘 아는 알렉산더 대왕(Alexander the Great), 그에게 참 지혜가 있었습니다. 그래서 자신의 신하에게 매일 아침마다 자신을 향하여 이렇게 인사말을 하도록 시켰다고 합니다. "왕이시여, 왕은 반드시 죽는다는 사실을 기억하십시오."

아무리 지식이 없고 미련해도 이 사실 하나만 매일 깨닫고 살아가면 중대한 결단을 내리고 살아갈 수 있습니다. 흐지부지 살지 않습니다. 내가 죽을 수 있다는 사실을 아는 순간 그 사람은 가장 중요한 우선순위를 결정하고 결단하며 살아갈 것입니다. 그런데 그 사실을 모르기 때문에 바른 결정을 내리지 못합니다.

무엇보다도 모세는 시간 속에 하나님의 은총을 간구하게 됩니다. 그것이 16절과 17절입니다. "주께서 행하신 일을 주의 종들에게 나타내시며 주의 영광을 그들의 자손에게 나타내소서 주 우리 하나님의 은총을 우리에게 내리게 하사 우리의 손이 행한 일을 우리에게 견고하게 하소서 우리의 손이 행한 일을 견고하게 하소서."

아무리 열심히 일하고 노력하며 전심으로 살아도 하나님의 은총이 없으면 다 사라집니다. 눈 깜짝할 사이에 없어집니다. 하나님의 은총이 우리에게 있어야만 참 인생을 살 수 있음을 모세는 깨달았습니다. 그리고 그 은총을 이 백성에게 나타내 주시기를 기도합니다.

성도 여러분, 모든 그리스도인의 바른 신앙고백이 여기 있습니다. 하나님의 은총이 내게 임해야만 우리는 참 인생을 살아갈 수 있습니다. 두려워하지 않고 담대하게 살아갈 수 있습니다. 하나님의 은총이라는 것이 무엇입니까? 성경에서 말씀하는 하나님의 은총은 하나님의 은혜가 구체적으로 내게 실현되는 것입니다. 추상적인 것이 아닙니다. 가시화되고 실제화되는 것이 하나님의 은총입니다. "하나님의 은총이 우리에게 임하게 하여주옵소서."

시간을 통해서 경험하는 것입니다. '시간마다 하나님의 은총 속에 살게 해주세요.' 모세는 80세의 고령의 나이에 하나님의 소명을 받습니다. 하나님의 부르심을 받았습니다. 그때에 깨닫습니다. 하나님의 은총 속에 내가 살았음을 말입니다. 지난 80년 동안은 잘 몰랐습니다. 그러나 그 모든 것이 하나님의 은총 속에 이루어진 인생이었음을 깨닫습니다. 이전까지는 몰랐지만, 그 은총을 붙들고 구하며 이제는 완전히 다른 인생을 살아갑니다. 하나님의 사람, 모세의 인생을 살아갑니다. 그것이 성경에 자세히 기록되어 있습니다. '시간 속에 하나님의 은총이 우리에게 임하게 하여주시옵소서.' 이것이 모든 그리스도인의 기도요, 간구가 되어야 합니다.

하나님 앞에서 새롭게 사는 인생

오래 전에 알던 한 사업가가 있었습니다. 평생을 사업에 매진하여 큰돈을 벌었습니다. 정말 막대한 부를 이루었는데, 70세 전까지는 교회 문턱에도 가보지 않은 분입니다. 정말 열심히 지혜롭게 해서 큰 부자가 됐습니다. 그런데 70이 넘어서 어떤 사건이 있었는지 몰라도 예수를 믿고 구원을 받게 됩니다. 이후 완전히 다른 인생을 살아갑니다. 그의 고백입니다. "지금까지 나는 무엇을 위해서 살았는지 모르겠어요. 이제 잠시 후면 인생을 마쳐야 되는데, 지금까지 헛살았어요." 그리고 그의 인생을 다시 계획합니다.

그래서 예전에는 매일매일 사업을 위해서 하루 평균 30명 정도의 사람을 만났답니다. 그리고 사람을 설득하고, 내 사람을 만들고, 일을 지시하고 했답니다. 그러나 이제는 최소한 하루에 세 사람을 만나야겠다는 생각을 하고 그동안 만났던 사람을 다시 찾아간다고 합니다. 이런 결심을 하고 말입니다. '하루 세 사람에게 어떻든 간에 복음을 전해야 되겠다. 그것이 나의 소명이다.' 그리고 한 10년 그렇게 하시다가 임종해서 천국에 가셨습니다. 하나님의 은총 속에 새로운 인생을 살아갑니다. 끝이 없습니다. 하나님이 부르시는 그날이 끝입니다. 하나님 앞에 새로운 인생을 살아가게 되는 것입니다.

미국 역사상 최고의 부자로 불린 존 록펠러(John Rockefeller)를 알 것입니다. 그에 대한 유명한 일화가 있습니다. 그는 53세에 세계 최고의 부자가 됩니다. 그런 부를 이루기 위하여 잘못한 일도 많이 했습니다. 그런데 바로 그때 죽음의 질병을 얻습니다. 알로페시아(Alopecia)라는 희귀한 질병에 걸렸고 의사는 앞으로 1년밖에 살지 못한다고 말했습니다. 현대 의학으로도 고치지 못합니다. 사형선고를 받은 것입니다. 그렇게 점점 나약해져 가며 죽을 날만 기다리던 어느 날, 그는 창가에서 성경을 읽던 중 하나님을 만납니다. 큰 깨달음을 받습니다. "사람이 만일 온 천하를 얻고도 제 목숨을 잃으면 무엇이 유익하리요 사람이 무엇을 주고 제 목숨을 바꾸겠느냐." 예수님께서 마태복음 16장 26절에 하신 말씀, 이 말씀 속에서 예수님을 만납니다.

그리고 이제 다른 계획을 세웁니다. 앞으로 남은 삶은 1년도 채 안 됩니다. 지난 세월 세계 최고의 부자라고 했지만, 그 모든 것이 다 허망하고 허무한 것입니다. '이제 남은 삶을 다시 살아야겠다.' 그래서 구체적인 계획을 세웁니다. 하나님의 일을 하게 됩니다. 그러는 중에 44년을 더 살아 98세까지 삽니다. 그 기간 동안 그가 한 일이 엄청납니다. 1년을 생각했지만, 살아 있는 동안 그는 평생에 쌓은 재산으로 4,928개의 교회를 세웁니다. 또한 24개의 대학을 세웁니다. 수많은 의학 연구소를 세우고 구호사업을 벌입니다. 54세에 죽을 것으로 알았던 그가, 생의 마지막이라는 사실 앞에 중대한 결정을 내리며 새로운 인생을 살게 되는데 하나님께서 복을 주셔서 44년의 삶이 더 주어진 것입니다.

성도 여러분, 하나님 없는 인생은 그야말로 허무하고 무상합니다. 얼마를 살았든 지난 세월을 생각해 보십시오. 아니면 올 한 해를 생각해 보십시오. 허망합니다. 고통이요, 슬픔이요, 고뇌요, 절망이요, 낙심이요, 두려움입니다. 그런 시간이 더 많습니다. 그러나 예수 믿는 사람은 다릅니다. 정말 예수 그리스도 안에서 예수 그리스도와 연합한 사람, 하나님의 사람은 하나님의 은총으로 삽니다. 하나님의 은총 속에 보낸 시간이 기억납니다. 어떤 일이냐의 문제가 아닙니다. 본질은 시간입니다. 얼마나 하나님 앞에서 경건한 시간을 보냈습니까? 하나님과 그 시간 속에서 교제하며, 하나님을 찬미하며, 하나님의 일을 생각했습니까? 거기에 새로운 인생이 약속되어 있는 것입니다.

사람들은 연말이 되면 지나간 한 해를 돌아보곤 합니다. 더 나아가서는 지나간 인생을 생각하게 됩니다. 무엇을 생각하고, 무엇을 회고하고, 무엇을 계획하십니까? 인생이라는 시간의 의미와 가치를 알아야 합니다. 분명한 인생철학을 가지고 오늘을 살아야 합니다. 모세와 같이 주어진 시간의 한계와 의미를 하나님의 은총 속에서 다시 깨달아야 합니다. 그리고 하나님의 은총 속에서 시간의 거룩함을 통하여 하나님을 고백하고, 하나님을 묵상하고, 하나님을 기뻐하고, 하나님의 말씀에 순종하는 귀한 삶을 살아야 할 것입니다.

기 도

전지전능하신 하나님 아버지, 우리를 이처럼 사랑하시사 주의 복음을 듣게 하시고, 오늘도 성경 말씀을 통해서 하나님의 뜻을 분별하며 주의 말씀을 듣게 하심을 감사드립니다. 진실로 인생의 허망함과 무상함을 기억하며, 시간 속에서의 인생이란 티끌과 같은 존재임을 역사를 통해서, 성경을 통해서 받아들이며 깨달아 오직 하나님의 은총 안의 시간만을 기억하며 소망하게 하여주시옵소서. 시간의 거룩함을 통해서 하루하루, 매시간 하나님과 함께하는 삶을 지향하며, 하나님을 찬미하며, 주의 은혜와 진리가 우리 삶을 주장하여 하나님의 뜻을 이루며 복음의 증인으로 담대하고 권세 있는 삶을 살아갈 수 있도록 우리를 붙들어 주시옵소서. 우리 주 예수 그리스도 이름으로 간절히 기도드리옵나이다. 아멘.

8장

구원과 심판

하나님이 그 아들을 세상에 보내신 것은 세상을 심판하려 하심이 아니요 그로 말미암아 세상이 구원을 받게 하려 하심이라 그를 믿는 자는 심판을 받지 아니하는 것이요 믿지 아니하는 자는 하나님의 독생자의 이름을 믿지 아니하므로 벌써 심판을 받은 것이니라 그 정죄는 이것이니 곧 빛이 세상에 왔으되 사람들이 자기 행위가 악하므로 빛보다 어둠을 더 사랑한 것이니라 악을 행하는 자마다 빛을 미워하여 빛으로 오지 아니하나니 이는 그 행위가 드러날까 함이요 진리를 따르는 자는 빛으로 오나니 이는 그 행위가 하나님 안에서 행한 것임을 나타내려 함이라 하시니라(요 3:17-21).

오래 전 인도에서 있었던 일입니다. 선교사의 전도를 받고 예수님을 믿어 구원받은 한 인도인이 있었습니다. 선교사가 그에게 예수님을 어떻게 생각하느냐고 물었습니다. 그때 이 인도인이 아주 이상한 방법으로 자신의 생각을 표현했습니다. 그 사건이 자기 마음에서 떠나지 않았던 선교사는 그것을 글로 남겼습니다.

그 인도 사람은 땅에 구부리고 앉았습니다. 그리고 주변의 마른 나뭇잎을 모아서 동그랗게 해놓고 벌레 하나를 잡아다가 그 속에다 놓았습니다.

그리고 그 나뭇잎에 불을 지폈습니다. 그러자 불이 훨훨 타오릅니다. 그 속에서 벌레는 큰 위기를 느끼고 살아나오려고 발버둥을 치지만 이것이 다 헛수고였습니다. 아무리 노력해봐야 나올 수 없음을 깨달았는지 그냥 가만히 죽은 듯이 있더랍니다. 그때 이 인도인이 그 벌레를 집어 들어서 바깥으로 꺼내 안전한 땅에다가 놓았습니다. 그러고는 이렇게 말하더랍니다. "예수님이 저를 위하여 이렇게 하셨습니다." 이 사건을 깊이 생각해 보시기 바랍니다.

성경의 주제_하나님의 구원과 심판

성도 여러분, 성경 전체에서 말하는 가장 큰 주제가 무엇입니까? 그것은 바로 하나님의 구원과 심판입니다. 창세기부터 요한계시록까지 그 내용이 가득 차 있습니다. 아니 모든 사건이 구원과 심판에 관한 사건입니다. 성도 여러분, 하나님의 구원과 심판을 진실로 믿으며 오늘을 살아가십니까? 분명한 것은 거듭난 그리스도인은 이 진리를 믿고, 이 진리를 인식하고, 이 진리에 대한 응답의 삶을 살아갑니다.

예수님께서 이 땅에 오신 목적은 하나님의 심판으로부터 인류를 구원하시기 위해서입니다. 그래서 우리는 이렇게 말합니다. '예수 구원, 예수 천당, 예수 소망.' 교회의 존재 이유가 여기에 있습니다. 교회 다니는 이유가 무엇입니까? 예배드리러 오는 목적이 무엇입니까? 예수 구원, 이 구원 외에 다른 동기가 있다면 하나님의 말씀을 듣지 못합니다. 성경을 펴도, 내가 듣고 싶고 좋아하는 말씀만 뽑아 봅니다. 바른 신앙생활을 할 수 없습니다.

한번 생각해 보십시오. 온 인류가 하나님의 구원과 심판, 이 사실만이라도 바르게 인식했다면 정말 좋은 세상이 되었을 것입니다. 오늘처럼 이렇게 깜깜한 세상도 하나님의 구원과 심판, 이 사건에 대한 인식만 바르게 있으면 완전히 다른 세상으로 변할 것입니다. 아니 어떤 범죄자가, 어떤 행악자가 심판이 있다는데 그 따위 짓을 하겠습니까? 구원과 심판이 없다면 저 역시도 목사가 되지 않았을 것입니다. 설교할 내용이 하나도 없습니다. 설교하지도 않았을 것입니다. 예수님이 이 땅에 오시지도 않았을 것이고, 십자가도 무의미합니다. 이 사실을 항상 기억해야 합니다.

오늘날 기독교 안에서 보면 아주 흥미로운 사건이 하나 있습니다. 구원에 대해서는 기뻐합니다. '예수 구원'이라고 하면서 구원을 정말 찬송하는 듯합니다. 그런데 모순이 뭐냐 하면 심판을 싫어합니다. 심판에 대해서 애매합니다. 불확실성을 얘기합니다. 의심이 있습니다. 그러나 심판이 없다면 구원도 없습니다.

사전을 한번 찾아보십시오. 어떤 위협이나 재앙으로부터 벗어나는 것이 구원입니다. 의미 그대로입니다. 성경도 재앙으로부터 벗어나는 것을 구원이라고 표현합니다. 그런데 재앙도 없고, 위협도 없고, 재난도 없는데 무슨 구원이 있겠습니까? 심판이 없는데 왜 구원받습니까? 도대체 심판을 믿지 않는데 그 구원의 의식은 어디서 나온 것입니까? 있을 수가 없습니다.

성경은 명백히 심판을 계시합니다. 훨씬 더 많은 지면을 통해서 말합니다. 에덴동산에서 죄를 짓고 쫓겨납니다. 하나님의 심판입니다. 그렇게 시작됩니다. 그리고 그 인류가 하나님께 범죄합니다. 하나님께서 노아의 시대 때 홍수로 심판하십니다. 다시 남은 인류가 교만하여 바벨탑을 쌓고 하나님을 대적합니다. 하나님께서 바벨탑을 무너뜨리십니다. 하나님의 심판입니다.

이스라엘 백성의 출애굽 사건 때, 애굽 왕 바로가 하나님의 말씀을 들으려고 하지 않았을 때도 무섭게 재앙으로 심판하셨습니다. 이것은 명백한 사건이요, 사실입니다. 이스라엘 백성이 구원의 감격은 있었으나 하나님께 불순종합니다. 광야에서 40년 동안 지내다가 죽습니다. 그게 심판입니다. 온통 그런 이야기입니다. 더욱이 그 민족이 나라를 이루고 하나님께 죄를 범합니다. 그래서 전쟁으로 심판하시어 포로되게 하십니다. 선지자와 사도들 모두가 하나님의 심판을 말합니다. 특별히 최후의 심판을 경고합니다. 이것이 성경에 가득 차 있습니다.

심판의 이유_죄로 인한 필요

자, 한번 생각해 보십시오. 심판이 필요합니까, 필요 없습니까? 각자 생각해 보십시오. 심판의 필요성이 정말 있습니까? 인간의 기준에서 한번 먼저 생각해 보십시오. 오늘날 세상은 범죄, 폭력, 테러로 끔찍합니다. 얼마 전에도 이슬람 극단주의 무장단체인 IS가 같은 이슬람교도들이 모여 예배하는 현장에서 자살폭탄을 몇 개 터뜨려 수백 명이 죽지 않았습니까? 같은 종족끼리, 같은 신앙인끼리 그렇게 한 것이죠. 그렇다면 앞으로 타 종교인이 모인 곳이나 여러 공공장소에서 이런 일이 무수하게 나타날 것입니다.

자, 이들을 심판해야 됩니까, 안 해야 됩니까? 그냥 버려두는 것이 낫습니까? 오늘날 사회의 수많은 범죄들, 부정부패들, 행악들이 있습니다. 그냥 그대로 내버려 두는 것이 좋습니까? 아니면 심판해야 됩니까?

인간의 기준에서도 이런 죄악은 심판해야 됩니다. 그게 정의로운 일입니다. 하나님의 기준에서는 어떻겠습니까? 거룩하신 하나님의 기준에서도 이것은 마땅합니다. 소돔과 고모라가 범죄의 도시가 됩니다. 하나님께서 불로 심판하십니다. 이 사건을 놓고 하나님의 사람들은 기뻐합니다. 하나님께서 잘하신 것입니다. 하나님을 찬송할 것입니다. 그래서 심판이 필요 없습니까? 아니지요. 심판은 반드시 있어야 됩니다. 내가 원하든지 원하지 않든지, 성경은 심판을 명백하게 증언합니다. 그리고 그 심판의 근거와 기준이 명확합니다.

하나님은 폭군이 아니십니다. 하나님 마음대로 이랬다저랬다 하시는 분이 아닙니다. 일관성이 있습니다. 그건 죄 때문입니다. 죄에 대한 심판입니다. 하나님께 죄를 범함에 대한 심판입니다. 하나님을 두려워하지 않습니다. 하나님을 경외하지 않습니다. 하나님을 없다고 합니다. 하나님의 말씀에 불순종합니다. 하나님의 말씀을 듣지 않습니다. 그 사실로 성경은 계속 '역사 안에서 심판했다, 오늘도 심판하고 계신다'라고 우리에게 깨닫게 해 줍니다.

그런고로 이 세상은 하나님의 심판 속에 있습니다. 이미 심판받은 것입니다. "하나님의 진노 아래 있다." 신구약 성경은 명백히 말하고 있습니다. 왜냐하면 온 세상이, 온 인류가 죄 아래 있기 때문입니다. 어느 하나도 죄 밖에 있지 않습니다. 죄 중에 살고, 죄와 함께 삽니다. 그런 세상 속에 살아갑니다. 그래서 세상을 악한 세상이라 말하고, "어그러지고 거스른 세대"라고 성경은 명백히 기록하고 있습니다.

죄로부터 벗어날 수 없는 인간

이런 교훈적인 이야기가 있습니다. 밤길에 복면강도가 갑자기 나타나서 아주 잘 차려입고 점잖은 행보를 하는 신사에게 다가가서는 총을 들이대고 "있는 돈 다 내놔!" 하고 소리쳤습니다. 그런데 이 사람이 크게 분개하면서 이렇게 말하더랍니다. "이봐, 조심해! 나 국회의원이야!" 그랬더니 강도가 그러더랍니다. "그럼 내 돈 내놔!"

나름대로 자기 의가 다 있습니다. 자기 의의 합리화 속에 우리는 살아갑니다. 그러나 하나님 앞에는 모두가 죄인입니다. 성경은 이것을 말씀합니다. 성도 여러분, 구원이란 죄의 심판으로부터 벗어나는 것입니다. 자유해지는 것입니다. 그래서 심판의 기준도 죄지만, 구원의 시작도 죄의 인식으로부터 시작됩니다.

자, 내가 예수 믿고 구원받을 때와 아닐 때를 비교해 보십시오. 그리스도인과 불신자의 엄격하고 명백한 차이가 여기서부터 시작됩니다. 죄의 인식이 다릅니다. 이제는 하나님의 말씀을 듣고 믿습니다. 그 안에서 생각해 보니, 그것이 옳습니다. 온 세상이 죄 아래 있습니다. 온 인류가 죄 아래 있습니다. 인류와 세상의 상태를 압니다. 그리고 나의 상태를 아는 것입니다. 내가 그 가운데 있습니다. 내가 구제 불능의 죄인입니다. 정말 하나님의 뜻대로 살기를 바라고 선을 행하고자 하나 행하지 못합니다. 죄 가운데 매일 매일 고통을 받고 살아가고 있습니다. 이 인식으로부터 구원이 시작됩니다.

왜냐하면 구원의 필요성이 생겼기 때문입니다. 그러나 이런 상태를 모르면, 하나님의 심판을 무시하면 구원이 왜 필요합니까? '너나 받아!' 이것이 오늘 이 시대의 모습 아닙니까? 구원의 필요성을 모릅니다. 구원의 절박성을 알아야 됩니다. 앞서 인도 사람이 고백한 사건처럼, 활활 타오르는 나뭇가지 속에 있는 벌레와 오늘의 인류의 상태가 같습니다. 스스로는 벗어날 수 없습니다. 하나님의 심판으로부터 어느 누구도 벗어날 수 없습니다.

하나님의 현재적이고 종말적 심판

빌리 그래함(Billy Graham) 목사는 저명한 부흥사이며 하나님의 사람입니다. 그분의 심판에 관한 유명한 증언이 하나 있습니다. 어느 날 미국 콜로라도에 큰 토네이도가 왔습니다. 다 쓸어가는 무서운 것입니다. 곧바로 콜로라도의 방송매체를 통해서 경고 메시지가 다 전해졌습니다. 정말 10분 뒤에 토네이도가 왔습니다. 많은 재산 피해는 있었지만 사람은 한 명도 죽지 않았습니다. 이제 빌리 그래함이 질문합니다. "왜 그랬을까요? 사람들이 경고 메시지를 들었기 때문이에요." 믿었기 때문입니다. 믿지 않았으면 다 죽었습니다. 이제 그는 말합니다. "성경은 심판의 메시지를 수없이 말하고, 하나님은 말씀을 통해서 심판의 경고를 수없이 말씀하시는데, 세상은 안 믿습니다. 듣지 않습니다. 그래서 멸망하는 겁니다."

성도 여러분, 하나님의 심판은 현재적이며 종말적입니다. 항상 사건 속에 있고 오늘도 있는 것입니다. 어떻게 해야 하나님의 진노로부터, 심판으로부터 구원받고 자유할 수 있습니까? 오직 예수 그리스도뿐입니다. 그래서 예수님께서 직접 오늘 말씀하십니다. "하나님이 그 아들을 세상에 보내신 것은 세상을 심판하려 하심이 아니요 그로 말미암아 세상이 구원을 받게 하려 하심이라"(17절). 이 말씀을 그대로 믿어야 합니다.

다시 18절에서 말씀합니다. "그를 믿는 자는 심판을 받지 아니하는 것이요 믿지 아니하는 자는 하나님의 독생자의 이름을 믿지 아니하므로 벌써 심판을 받은 것이니라." 예수님께서 이 땅에 오신 목적은 구원하시기 위해서입니다. 심판이 아닙니다. 하나님의 심판으로부터 구원하시기 위해서 오셨습니다. 그런데 예수님 자신이 구원이요, 동시에 심판이십니다. 예수님을 믿으면 구원받는 것이고, 이것은 하나님이 정하신 길입니다. 은총입니다. 그러나 믿지 아니하면 심판을 받습니다. 오늘 성경은 말씀합니다. "벌써 심판을 받은 것이니라." 왜냐하면 죄 아래 있기 때문입니다. 하나님의 심판 아래 인류가 있기 때문에 벌써 심판받은 것입니다.

우리는 흔히 '예수님의 복음을 듣기 이전의 사람들은 어땠을까? 예수님이 이 땅에 오시기 이전의 사람들은 어떻게 됐을까?'에 대해 궁금해합니다. 하나님은 공평하신 분입니다. 은혜로우신 분입니다. 자신의 삶 그대로 판단받을 것입니다. 선한 사람은 선의 판결을, 악한 사람은 악의 판결을 하나님의 기준에서 받을 것입니다.

그리스도인의 기쁨, 감사, 만족, 행복이 바로 여기에 있습니다. 하나님의 구원과 심판 속에 있는 것입니다. 하나님의 공평, 공의로움에 있습니다. 내가 구원받았기 때문에 기쁘고 감사합니다. 어떤 부나 건강, 성공이나 인기, 소원 성취가 아닙니다. 그런 것이 없으면 항상 원망하고 불평하며 정죄하는 중에 살아갑니까? 그런 형태의 복음이 아닙니다.

하나님의 구원의 두 가지 메시지

하나님의 구원에 대해 적어도 두 가지 의미가 성경에 명백히 나타납니다. 먼저는 소극적인 의미의 구원입니다. 이것은 죄로부터 자유를 얻는 것입니다. 죄사함을 받는 것입니다. 깜깜한 악의 세상으로부터 벗어나는 것입니다. 죄의 삯인 사망으로부터, 그 무서운 형벌로부터 벗어나는 것입니다. 그리고 사탄의 역사로부터 벗어나는 것입니다. 한마디로 하나님의 심판으로부터 벗어나서 자유인이 되는 것입니다.

그러나 이 상태에서 머무는 것이 아닙니다. 복음은 구원에 대해서 더 큰 기쁨의 소식을 우리에게 줍니다. 그것이 바로 하나님 나라입니다. 하나님 나라에 들어가는 것입니다. 어떤 사람도 죄가 없을 리가 없겠지만, 단지 죄가 없다는 것만으로는 하나님 나라에 들어가지 못합니다. 하나님의 백성이 되지 못합니다. 그러나 하나님께 구속된 자녀는 하나님 나라의 백성이 되고, 하나님의 자녀가 됩니다. 하나님 나라, 영광의 기업의 상속인이 된다고 성경은 명백하게 기록하고 있습니다. 그래서 복음은 예수 그리스도와 하나님 나라뿐입니다. 그것이 목적입니다. 이것이 수단이 되면 안 됩니다. 예수가 목적이지, 예수 믿고 이것도 얻고 저것도 얻고 내 소원이 이루어지는 그런 것이 아닙니다. 이것은 잡교입니다. 다른 복음입니다. 무서운 범죄입니다.

예수 그리스도와 하나님 나라, 그 가치를 안다면 그 이상 바랄 것이 없습니다. 예수님은 마가복음 1장 15절부터 공생애를 시작하시고, 십자가 지시고, 부활하신 후 승천하기 바로 직전 사도행전 1장 3절까지, 처음부터 끝까지 하나님 나라를 전하셨습니다. 오직 하나님 나라 일을 하셨습니다. 하나님의 주권과 통치를 말씀하셨습니다. 그래서 그리스도인은, 구원받은 자는 소속을 분명히 해야 됩니다. 더 이상 세상에 속한 자가 아닙니다. 세상의 종도 아니요, 죄의 종도 아닙니다. 그리스도인은 하나님 나라 시민권을 가진 자입니다. 하나님께 속한 사람입니다.

구원의 역사의 특징_오직 예수 그리스도

성도 여러분, 이 놀라운 예수님의 구원의 역사에는 두 가지 특징이 있습니다. 그 첫째가 유일성입니다. 오직 예수 그리스도 외에는 구원의 길이 없습니다. 하나님의 심판을 피할 길이 없습니다. 어떤 종교도 안 됩니다. 이 일에 침묵하면 아직 구원받지 못한 것입니다. 성경은 분명히 말씀합니다. 예수 그리스도, 그분만이 우리를 하나님의 심판으로부터 자유하게 해주실 수 있습니다. "다른 이로서는 구원을 받을 수 없나니 천하 사람 중에 구원을 받을 만한 다른 이름을 우리에게 주신 일이 없음이라 하였더라"(행 4:12).

둘째 특성은 완전성입니다. 이것이 더 중요합니다. 예수 그리스도로 완전해집니다. 예수 그리스도 외의 다른 것을 조금도 보탤 필요가 없습니다. 그게 복음을 훼손합니다. 그분은 하나님이십니다. 그분으로 완전합니다. 다른 전통, 제도, 관습이 필요 없습니다. 다른 사람, 어떤 것도 필요 없습니다. 다른 성경 말씀도 필요 없습니다.

그러나 초대교회 때를 보면 복음으로 구원받고도 자꾸 뭔가 부족한 것 같아서, 구원받기 위해서는 율법도 지켜야 되고 선행도 해야 된다는 이들이 있었습니다. "다른 복음을 전하는 자는 저주를 받을 것이다." 성경은 말씀합니다. 왜냐하면 예수 그리스도로 완전하기 때문입니다. 우리는 자주 예수님을 생각하면서, 예수 안에서 구원받고 예수를 구주라 하면서도 자꾸 예수님께 불만이 많습니다. 왜냐하면 이것도 안 해주고, 저것도 안 해준다고 생각하기 때문입니다. 우리 기준으로 예수님을 훈계합니다. 떼를 씁니다. 이것은 구원의 완전성을 알지 못해서 그렇습니다. 공로도, 어떠한 성공도 필요 없습니다. 그것으로 구원받지 못합니다.

죄송합니다마는, 교회 출석, 교회에서 하는 봉사, 이것으로도 안 됩니다. 이것으로는 구원받지 못합니다. 구원받아서 이런 일을 하는 것입니다. 그 이상도 아닙니다. 성모 마리아, 이것이 웬 말입니까? 고해성사도 필요 없습니다. 예수 그리스도로 완전합니다. 장로교냐 감리교냐 성결교냐, 다 필요 없습니다. 그 자체가 구원과는 아무 상관이 없습니다. 오직 예수 그리스도로 완전한 것입니다. 천하 세상에 예수 그리스도 외에 하나님께서 주신 이가 없습니다. 여기에 구원에 이르는 믿음이 있습니다.

하나님의 심판_하나님의 주권과 은총

하나님의 사람 링컨 대통령의 교훈적인 일화입니다. 대통령 시절, 공화당 상원의원들이 잘못을 저지른 장관 7명을 다 해임하라며 강력히 요구했습니다. 링컨 대통령은 생각하다가 1명만 해임하고 6명은 유임합니다. 그들이 잘못한 것을 알지만 그냥 내버려 두었습니다. 그러니까 상원의원들이 난리가 났죠. 강력하게 항의를 합니다. 그때 아주 의연한 모습으로 다음의 이야기를 하나 들려주고는 문제를 해결했다고 합니다.

어느 산속 깊은 곳에 금슬 좋은 노부부가 살았습니다. 그런데 밤마다 스컹크가 와서 굉장히 고통을 받았습니다. 그러니까 농부 아내가 "제발 저 스컹크 좀 없애줘요" 하면서 남편을 자꾸 쿡쿡 찌릅니다. 남편이 어느 날 밤에 총을 들고 스컹크를 잡으러 갔습니다. '탕' 하고 총소리가 한발 들려왔고 남편이 금방 돌아왔습니다. 아내가 "총 한 방에 다 잡았어요?" 했더니 남편이 "아니, 한 마리만 죽였어"라고 대답합니다. "아니, 왜 그랬어요? 다 죽여야지, 또 오면 어떡해요?" 아내의 말에 남편이 이렇게 대답했답니다. "괜찮아. 한 마리만 죽여도 충분해. 무서워서 다시는 안 올 거야."

성도 여러분, 하나님의 현재적 심판이 이와 같습니다. 그것은 하나님의 주권입니다. 그러나 심판은 오늘도 계속 있습니다. 그 심판 속에 경고가 있습니다. 마치 운전하다가 과속했을 때 과태료 고지를 받는 것과 비슷한 것 같습니다. 과속한다고 항상 걸리는 것은 아니거든요. 속된 말로 재수 없어 누군가 걸립니다. 그걸 보는 순간 경고를 받습니다. 그렇게 해서 질서가 잡혀갑니다. 하나님의 현재적 심판 속에 은총이 있습니다. 구원의 길이 있고 사랑이 있습니다. 심판 안에 있습니다.

이것이 십자가입니다. 심판이 없다면 예수님은 이렇게 나타나셔야 됩니다. 저 푸른 초원 위에, 청명한 호숫가 언덕 위에 하얀 집을 짓고 짠하고 빛과 같이 나타나며 "내게로 오라!"고 말씀하셔야 됩니다. 그러나 십자가에서 피 흘리고 죽으셨습니다. 죄에 대한 하나님의 심판 대신 인류의 죄를, 나 같은 죄인의 죄를 짊어지고 가는 하나님의 어린양입니다. 하나님의 진노 속에 하나님의 사랑의 계시가 있습니다. 경고 속에 은총이 있습니다. 진노 속에 사랑과 구원의 메시지가 나타납니다. 이것이 하나님의 마음입니다.

심판은 반드시 있어야 하나, 그 심판 속에 끝까지 구원의 길을 예비하십니다. 마지막 길입니다. 구원과 심판은 하나님의 일입니다. 절대 사람의 일이 아닙니다. 어떤 유명인의 일도 아닙니다. 하나님의 일입니다. 하나님의 주권입니다. 사람이 판단할 것이 못 됩니다. 적절하지는 못하지만, 레오나르도 다빈치의 유명한 그림 '최후의 만찬'을 보며 잘 그렸느니 또는 못 그렸느니 하면서 이런저런 표정을 지으며 얘기할 수 있는 것입니까? 그것은 이미 검증되었습니다. 오히려 침묵 속에 내가 판단받습니다. 이처럼 성경을 통해서 우리는 판단받습니다. 하나님의 구원과 심판 속에서 내가 경고를 받고, 구원의 길을 찾으며 판단받는 것입니다. 모든 인류는 하나님 앞에 판단을 받습니다.

구원의 길_오직 예수 그리스도

성도 여러분, 구원의 길은 좁은 길입니다. 오직 예수 그리스도밖에 없습니다. 예수 그리스도의 생애도 아닙니다. 예수 그리스도의 십자가, 그 십자가뿐입니다. 그러나 세상은 넓은 길을 찾아갑니다. 이 길을 믿지 않는, 구원받지 못한 사람은 다 넓은 길을 찾아갑니다. 세상에 수많은 종교가 있고, 수많은 제도가 있고, 수많은 교육이 있습니다. 그게 행복의 길이라고, 구원의 길이라고, 번영의 길이라고 말합니다. 그리고 그 길을 찾아갑니다. 그러나 더 이상 유혹받지 마십시오. 오직 예수 그리스도 한 분뿐입니다.

구원받은 하나님의 자녀는 하나님의 구원과 심판에 대해 무지하고 깨닫지 못하는 이 세상에 하나님의 뜻과 진리와 역사에 대한 증인으로 살아갑니다. 이것이 하나님의 자녀다운 삶입니다. 하나님의 구원과 심판에 대한 증인, 오직 예수 그리스도에 대한 증인, 그것으로 충분합니다. 복음의 증인에게 하나님께서 신령한 기쁨과 만족과 감사와 지혜를 주십니다. 그 현장에서 주십니다. 하나님께서는 복음의 현장에서 우리를 더 큰 믿음의 사람으로 변화시키시고, 하나님의 은혜와 진리의 체험을 주실 것입니다.

모든 인류는 내가 원하든지 원치 않든지, 믿든지 믿지 않든지 최후의 심판을 향하여 하나님의 뜻대로 나아갑니다. 그 최후의 심판을 갈망하고 기뻐하는 사람은 오직 그리스도인뿐입니다. 그날을 준비하는 오늘의 인생을 살아가는 것입니다. 왜냐하면 그날만이 내 모든 진실한 소망이 이루어지는 날이기 때문입니다. 그날은 하나님의 약속이 성취되는 날입니다. 온전한 구원과 온전한 심판이 이루어지는 날입니다. 하나님께서는 그날의 증인인 우리와 함께하십니다.

기 도

전지전능하신 하나님 아버지, 성경 말씀 속에서, 수많은 사건 속에서, 예수 그리스도 안에서 하나님의 구원과 심판의 메시지를 듣고, 깨닫고, 영접하며 이 일의 증인으로 살게 해주심을 진심으로 감사드립니다. 그러나 불신앙 가운데 부지불식간에 세상 유혹에 휘말리며 더 넓은 길을 찾아 헤매며, 다른 길이 없나 고민하며, 인간의 탐심과 자신의 잘못된 소원과 판단으로 인하여 구원과 심판의 명확한 진리에 대한 증인으로 살지 못한 죄인을 불쌍히 여겨 주시옵소서. 오직 십자가를 바라보며 하나님의 구원과 심판의 계시의 최종성, 완전성이 나타남을 마음으로 보고 입으로 고백하여 구원받은 자로서 하나님과 함께하는 은혜와 감격이 있는 삶을 살도록 늘 함께하여 주시옵소서. 우리 주 예수 그리스도의 이름으로 간절히 기도드리옵나이다. 아멘.

9장

너는 이것을 기억하라

한 부자가 있어 자색 옷과 고운 베옷을 입고 날마다 호화롭게 즐기더라 그런데 나사로라 이름하는 한 거지가 헌데 투성이로 그의 대문 앞에 버려진 채 그 부자의 상에서 떨어지는 것으로 배불리려 하매 심지어 개들이 와서 그 헌데를 핥더라 이에 그 거지가 죽어 천사들에게 받들려 아브라함의 품에 들어가고 부자도 죽어 장사되매 그가 음부에서 고통중에 눈을 들어 멀리 아브라함과 그의 품에 있는 나사로를 보고 불러 이르되 아버지 아브라함이여 나를 긍휼히 여기사 나사로를 보내어 그 손가락 끝에 물을 찍어 내 혀를 서늘하게 하소서 내가 이 불꽃 가운데서 괴로워하나이다 아브라함이 이르되 얘 너는 살았을 때에 좋은 것을 받았고 나사로는 고난을 받았으니 이것을 기억하라 이제 그는 여기서 위로를 받고 너는 괴로움을 받느니라 그뿐 아니라 너희와 우리 사이에 큰 구렁텅이가 놓여 있어 여기서 너희에게 건너가고자 하되 갈 수 없고 거기서 우리에게 건너올 수도 없게 하였느니라 이르되 그러면 아버지여 구하노니 나사로를 내 아버지의 집에 보내소서 내 형제 다섯이 있으니 그들에게 증언하게 하여 그들로 이 고통 받는 곳에 오지 않게 하소서 아브라함이 이르되 그들에게 모세와 선지자들이 있으니 그들에게 들을지니라 이르되 그렇지 아니하니이다 아버지 아브라함이여 만일 죽은 자에게서 그들에게 가는 자가 있으면 회개하리이다 이르되 모세와 선지자들에게 듣지 아니하면 비록 죽은 자 가운데서 살아나는 자가 있을지라도 권함을 받지 아니하리라 하였다 하시니라(눅 16:19-31).

저명한 영성신학자였던 헨리 나우웬(Henri Nouwen)이 쓴 「춤추시는 하나님」(Turn My Mourning into Dancing)이라는 작은 책자가 있습니다. 이 책에서는 하나님과 동행하는 삶을 하나님과 함께 추는 춤으로 표현하고 있습니다. 그러면서 하나님과 함께하는 삶에는 인생의 다섯 가지 지혜가 항상 나타난다고 설명합니다.

첫째, '현실 중심적' 그리고 '개인 중심적'으로 보는 관점에서 '미래 중심적' 그리고 '하나님 중심적' 관점으로 변화된다고 합니다. 한마디로 가치관이 변화됩니다. 이것을 거듭남이라고 합니다. 정말로 세상 중심에서 천국 중심으로, 나 중심에서 하나님 중심으로 생각하는 것이 완전히 바뀝니다.

둘째, 자신의 부와 명예와 권력을 움켜쥠에서 내려놓음으로 전환됩니다. 이것은 '소유 중심'에서 '존재 중심'으로의 변화를 말합니다. 예수 믿기 전의 불신앙인들은 대다수가 내가 가진 소유, 부, 권력, 지위, 성공이 자신의 인격이나 의라고 착각하고 삽니다. 그야말로 미련한 자들입니다. 사실 전혀 상관없습니다. 남이 나를 높이는 그 부와 명예와 권력, 하나님 앞에 아무 인격이 되지 못합니다. 그것을 깨달은 그리스도인은 존재 중심의 삶을 지향하며 오늘을 살아갑니다.

셋째, 개인과 사회와 세계에 대하여 운명론적인 태도를 가졌다가 이제는 미래에 대한 소망을 가지고 현실에 대하여 적극적이고 긍정적인 삶으로 대체하며 살아갑니다. 로마서 8장 18절은 말씀합니다. "생각하건대 현재의 고난은 장차 우리에게 나타날 영광과 비교할 수 없도다." 미래에 대한 확신이 있습니다. 그리스도 안에 하나님께서 약속하신 천국의 영광, 그것을 바라보며 오늘의 문제, 오늘의 역경, 오늘의 시련을 적극적으로 대처하며 살아가는 것을 뜻합니다.

넷째, 타인과의 관계에서 순수한 사랑을 회복합니다. 예전에는 자기 욕망에 이끌려 살았거든요. 그러나 이제 자기 고집, 자기 과신, 자기 높음을 버립니다. 왜냐하면 십자가에 나타난 하나님의 사랑, 그 은혜에 감화, 감동되었기 때문입니다.

다섯째, 죽음에 대한 두려움을 버리고 현실 속에서 늘 죽음을 인식하며 준비하며 살아갑니다. 예수 믿기 전에는 죽음이 끝이었습니다. 그러나 구원받고 난 다음에는 죽음이 새로운 시작입니다. 오늘날 자살하는 사람이 많습니다. 자살로 이 세상을 끝내고 싶은 것입니다. 또한 이것으로 끝이라고 생각하기에 자살을 선택합니다. 그러나 죽음 너머, 이생의 모든 것을 책임져야 할 심판이 기다리고 있습니다. 그것을 안다면 자살하지 않겠지요.

하나님 중심의 삶_그리스도인의 삶

어느 랍비가 많은 사람들 앞에서 강연을 하였습니다. 가난한 사람은 저 세상에 가서 부자가 될 것이고, 부자는 저 세상에서 가난한 사람이 될 것이라는 주제의 내용이었습니다. 강연 후에 한 가난한 사람이 랍비에게 와서 이렇게 말합니다. "잘 들었습니다. 정말 감명 깊었습니다. 저는 가난한 사람입니다. 저 세상에서 제가 부자가 되겠지요? 그렇지요? 그럼 그때에 두 배로 갚아 드릴 테니까 지금 3억만 빌려 주세요."

랍비는 이미 강연을 했고 또 저 사람이 정말 자신을 믿는 것 같았습니다. 그래서 하는 수 없이 돈을 준비해 그 사람에게 줄 생각을 하면서 이렇게 물었습니다. "이 돈을 어디다 사용할 것입니까?" 그 사람은 말합니다. "장사를 해서 많은 이익을 남길 겁니다." 그때 랍비가 이렇게 말했답니다. "그럼 돈을 많이 벌겠다고 하시는 말씀인데, 그렇다면 저 세상에서 가난해질 것 아닙니까? 그러면 제 돈을 어떻게 갚습니까? 그러니 빌려드릴 수가 없습니다." 죽음 이후에 영원한 사후세계가 있음을 확신하며 살아가야 합니다.

성도 여러분, 예수 그리스도 안에서 구원받은 하나님의 사람은 이제 더 이상 세상 중심의 삶을 살지 않습니다. 자기중심이나 소유 중심의 삶을 살지 않습니다. 이제는 하나님 중심적 가치관에 이끌려 살아갑니다. 왜냐하면 하나님이 살아 계시고 역사하시기 때문입니다. 한마디로 성경적 가치관에 이끌려서 오늘을 살아갑니다.

시편 1편 1-2절의 우리가 잘 아는 말씀입니다. 하나님의 말씀입니다. "복 있는 사람은 악인들의 꾀를 따르지 아니하며 죄인들의 길에 서지 아니하며 오만한 자들의 자리에 앉지 아니하고 오직 여호와의 율법을 즐거워하여 그의 율법을 주야로 묵상하는도다."

성도 여러분, 하나님 앞에서, 이 말씀 앞에서 한번 생각해 보십시오. 누가 복 있는 사람입니까? 이 세상에서 부와 명예와 건강과 권력과 성공을 얻은 사람이 아닙니다. 정말 그렇게 믿어야 합니다. 복 있는 사람은 하나님과 함께하는 사람입니다. 하나님의 말씀을 기뻐하고 그 말씀 속에 살며 말씀으로 새로운 가치관을 얻고, 새로운 소망을 갖고 사는 사람입니다. 이제 생각해 보십시오. 정말 나는 복 있는 사람입니까? 그렇다면 구원받은 자요, 그리고 그 일에 증인으로 오늘을 살아가야 합니다.

이것을 기억하라_비유의 말씀

오늘 성경 말씀은 예수님께서 주신 비유입니다. 예수님은 비유로만 천국 진리를 말씀하셨습니다. 스스로 그렇게 선언하셨습니다. 읽으신 그대로 누구나 쉽게 이해할 수 있는 내용입니다. 부자와 거지 나사로의 비유, 이 말씀을 주시면서 말씀 중에 강조하십니다. "이것을 기억하라." 이 비유의 메시지를 기억하고 묵상하며, 기뻐하며, 말씀 안에서 이 일에 증인으로 오늘 이 시대를 살라는 말씀입니다.

성경 말씀 모두가 그렇지만, 특별히 이 비유는 문자 그대로 해석하면 안 됩니다. 절대 안 됩니다. 이 비유가 가장 남용되고 있기도 합니다. 이렇게 말하는 것입니다. "그 성경 봐라. 부자는 지옥에, 가난한 자는 천국에 간다고 하지 않느냐." 특별히 가난한 사람 앞에서 이 얘기해 보십시오. 얼마나 좋아하겠습니까? 그러나 이것은 거짓입니다. 부자나 가난한 사람이나 다 죄인입니다. 성경을 보면 아브라함, 이삭, 야곱, 모두 당대의 거부입니다. 하나님께서 그렇게 만드셨습니다. 다윗 왕, 거부 중의 거부입니다. 그런데 천국 갔습니다. 그렇게 해석하면 안 됩니다.

당시 유대인, 유대 종교 안에 팽배했던 잘못된 성경적 가치관이 있었습니다. 그것은 오늘 이 시대도 마찬가지입니다. 즉 부자 그리고 건강한 사람은 하나님께서 복을 주셔서 그런 것이고, 가난한 사람과 질병 중에 있는 사람은 하나님께서 벌을 주신 것이라는 의식입니다. 징계하시는 것이라는 말이죠. 그 당시도 그렇지만, 오늘도 부와 건강과 성공과 번영, 이것만이 하나님께서 복을 주신 것이고, 가난과 질병은 하나님께서 벌을 주신 것이라는 세계관에 붙들려 있습니다. 이것은 거짓입니다. 이것은 하나님의 말씀을 왜곡한 것입니다. 그래서 이러한 세대를 향하여 예수님께서 직접 이 부자와 나사로의 비유를 들어 말씀하십니다. 예수님의 이 비유에 귀를 기울이며 주신 메시지를 깨닫고, 기억하고, 생각하며 이 일의 증인으로 오늘을 살아가는 자가 하나님과 함께하는 삶을 지향하는 사람입니다.

죽음에 대한 바른 이해

먼저는 죽음에 대한 이해를 바르게 가져야 합니다. 모두가 죽는 것입니다. 부자와 나사로가 다 죽습니다. 부한 자나 가난한 자나 모두가 죽습니다. 이것은 보편적 사실입니다. 그런데 안 죽는 것처럼 생각하고 계획 중에 살아갑니다. 그게 어리석은 것입니다. 죽는다는 사실 하나만 기억해도 세상은 좋아집니다. 더욱이 언제 죽는지 모릅니다, 'anytime'입니다. 하나님만이 아십니다. 우리 주변에 수많은 사건이 있지 않습니까? 재앙이 있잖아요? 질병이 있잖아요? 나이순이 아닙니다. 언제 죽을지 모릅니다. 그런고로 죽음을 인식하고 죽음을 준비하는 삶이 지혜로운 삶입니다.

특별히 죽음 이후에 사후세계가 있다는 것에 대한 확신을 갖고 살아야 합니다. 이 문제에서 조금 깊이 생각해 보면, 세상에서 그래도 종교라고 인정받는 종교들은 모두 사후세계를 말합니다. 반드시 그것이 있다고 합니다. 그래서 종교가 됩니다. 아니면 철학이 되고 마는 것입니다. 그런데 알량한 내 지식을 갖고 사후세계가 있느니 없느니, 이러고 살아서 되겠습니까?

성경은 예수 부활에 대해 무엇을 말씀합니까? 부활신앙, 사후세계가 있다는 것을 말씀합니다. 여기에 대한 확신을 가지고 그날을 예비하는 삶이 복 있는 자의 삶입니다. 그러나 이 비유의 어리석은 부자는 사후세계를 몰랐습니다. 전혀 인정하지 않았습니다. 혹시 있을까 없을까 생각했겠지요. 그래서 그가 살던 모습을 성경은 단순하게 말씀합니다. "날마다 호화롭게 즐기더라." 내 마음대로 살았다는 것입니다. 기뻐하며, 즐거워하며 내 돈 내가 썼는데 뭐가 문제냐는 것이죠. 그야말로 세상 중심, 현실 중심으로 살다가 갑자기 죽고 지옥 간 것입니다.

심판 날이 있음을 기억해야

또한 이 비유가 주는 말씀은 하나님 앞에서 모두가, 모든 인류가 심판받는 날이 있다는 것입니다. 최후의 심판이 있음을 선언합니다. 저는 그런 생각을 합니다. 성경 말씀을 다 몰라도 오직 최후의 심판이 있다는 것, 이 한 가지 사실만 온 인류가 알아도 세상은 정말 좋은 세상이 될 것입니다. 완전히 다른 세상 될 것입니다. 그런데 최후의 심판이 있는 것을 모릅니다. 믿지 않습니다. 그로 인해 스스로 비참한 삶을 살아가는 것입니다. 이 부자의 무지가 바로 이것이었습니다. 세상 지식 많고, 현명하고, 많은 성공을 이루었는지 모르지만 그것이 곧 교만입니다. 무지 속의 교만으로 죽어 사후세계가 있는 것도 몰랐고, 심판대에 서야 되는 것도 모른 것입니다. 얼마나 불행한 사람입니까!

9장 | 너는 이것을 기억하라 **153**

한 미술가가 갤러리 주인에게 사람들이 자기 작품에 관심을 갖고 있는지에 대해서 물었습니다. 그랬더니 주인이 좋은 소식이 있고 나쁜 소식이 있다고 대답했습니다. "그 좋은 소식이 뭡니까?" 주인이 하는 말이, 며칠 전에 점잖은 신사분이 오셔서 당신의 작품을 물으며 당신이 죽으면 이 작품의 가치가 오를 것인지 물었다는 것입니다. 그래서 주인이 반드시 그렇게 될 것이라고 좋은 작품이라고 말씀드렸고, 그랬더니 몽땅 다 사갔다는 것입니다. 그 말에 이 미술가가 너무나 즐겁고 기뻐서 "감사합니다. 그것 좋은 소식이네요!"라고 말했습니다. 그러면서 "나쁜 소식은 무엇입니까?" 했더니, 주인이 이렇게 말하더랍니다. "그 사람이 당신 주치의입니다."

정말 우리가 그렇게 살아갈 때가 많습니다. 굉장한 것을 계획하고 생각하는데, 언제 죽을지 모르고 살다가 죽습니다. 그 많은 시간과 열정을 죽음을 모르는 상태로 허비하고, 비난하고, 정죄하면서 미친 듯이 살다가 죽는 것입니다. 이 얼마나 어리석습니까! 이 부자의 무지가 여기에 있었습니다. 그러나 결국 하나님 앞에서 심판받습니다.

천국과 지옥

성도 여러분, 천국과 지옥은 참 진리입니다. 애매하게 생각하지 마십시오. 천국의 진리는 영원한 진리입니다. 성경이 그것을 말하지 않습니까? 예수님이 말씀하십니다. 이 비유를 통해서도 말씀하십니다. 그리스도의 소망이라는 것은 오직 하나, 천국입니다. 부자와 가난한 자의 문제가 아닙니다.

모든 그리스도인의 유일한 소망은 천국입니다. 이곳이 본향입니다. 영원한 집입니다. 이 세상은 잠깐 지나갑니다. 아무리 길어봐야 80년, 100년입니다. 잠깐 지나갑니다. 그러나 저쪽은 영원하니까, 이것이 구원받은 자의 소망인 것입니다.

그럼 어떻게 천국에 들어갑니까? 부와 건강, 자기 도덕성, 명예, 인격으로는 못 들어갑니다. 아무리 세상에서 성공하고 성자라는 칭호를 받아도 못 들어갑니다. 그게 예수님의 말씀입니다. 천국 들어가는 길은 오직 의(義)의 문제입니다. 그런데 그 의란, '하나님의 의' 수준이어야 됩니다. 정말 깨끗한 '의'여야 됩니다. 이 세상 그 누구도 그런 의를 가질 사람이 없습니다. 여기에 하나님의 은혜와 긍휼이 있습니다. 예수 그리스도의 십자가 위에 나타난 하나님의 의, 그 복음을 믿음으로 하나님의 의가 내 것이 됩니다. 그 믿음 속에서 살아갈 때 겸손해질 수밖에 없고 자기 의를 버리는 것입니다.

특별히 우리는 지옥의 고통과 형벌을 기억해야 합니다. 오늘 성경을 통해 예수님께서 정확하게 주신 말씀 중에 하나가 바로 그것입니다. 이 부자의 고통과 탄식은 물 한 방울 없어서 탄식하는, 그 불구덩이 속에서의 영원한 삶이라는 것입니다. 성도 여러분, 이 부자가 행복한 사람입니까? 복 받은 사람입니까? 하나님 앞에서, 성경 말씀 앞에서 생각해 보십시오. 오늘 이 시대의 불신앙인들, 특별히 스스로 자랑하는 부와 권력을 가진 자들은 복 있는 사람입니까? 절대 아닙니다. 가장 비참한 사람이요, 가장 불쌍한 사람입니다. 예수님이 주신 말씀입니다.

말씀대로 성취됨

또한 이 비유는 성경대로 성취될 것임을 선언합니다. 성경은 하나님의 말씀이 담긴 계시의 말씀입니다. 특별히 27절부터 31절의 스토리를 한번 생각해 보십시오. 뼈저리게 애통하는 마음으로 탄식하며 회개합니다. 그러나 늦었습니다. 부자가 말합니다. "그러면 나사로를 보내서, 우리 가정에 좀 보내서 내 형제 다섯이 있는데, 그들이 회개하여 이곳만은 절대로 오지 않게 해주세요." 그랬더니 성경을 통해서 하나님이 말씀하십니다. "모세와 선지자들이 있으니 그들에게 들을지니라." 모세와 선지자는 성경을 말하는 것입니다. '성경에서 들을지어다. 그 외에는 없다.'

이 사람이 다시 말합니다. "만일 죽은 자가 살아나서 그들 앞에 나타나면 그 기적을 보고 회개할겁니다. 제발 보내주세요." 그러나 성경을 통해서 하나님께서 말씀하십니다. '죽은 자가 살아나가더라도 깜짝 놀라기만 할 뿐, 며칠 있으면 다시 안 믿고 말 것이다.' 정말 그렇습니다. 구약에서 가장 큰 이적 사건은 출애굽 사건입니다. 천지개벽할 이적이 엄청나게 많이 나타났습니다. 그러나 애굽의 바로 왕은 안 믿습니다. 뉘우쳤다가 원상태로 갑니다. 그것을 반복하다가 끝내 안 믿었다고 성경은 말씀합니다.

더욱이 이스라엘 백성도 안 믿습니다. 홍해 사건 이후에 단지 15일 만에 다시 하나님을 원망하고 정죄합니다. 하나님 없는 삶을 살아갑니다. 결국은 광야에서 다 죽었습니다. 이것이 성경의 기록입니다. 예수님께서 이 땅에 오셔서 얼마나 많은 기적들을 나타내셨겠습니까? 성경에 기록된 것은 대표적인 사건일 뿐입니다. 3년이나 공생애 활동을 하셨습니다. 그런데 한 사람도 믿은 사람이 없었습니다. 이적이 나타나면 믿겠다고 하지만, 어림 없는 소리 하지 마십시오. 그때 놀랄 뿐이지 복음을 받아들이지 않습니다. 이것이 성경의 선언입니다.

성도 여러분, 모든 성경은 예수 그리스도를 증거합니다. 메시아가 오실 것임을 약속하셨고 오신 다음에 사건을 기록했습니다. 최후의 계시, 최후의 이적, 최고의 기적이 바로 예수 그리스도 자신입니다. 하나님이 인간이 되셨고, 성육신하셨고, 십자가에 죽으셨고, 부활하셨고, 승천하셨고, 다시 오실 것을 말씀합니다. 이런 예수 그리스도 자체를 믿지 않으면 끝입니다. 그래서 그리스도인은 자나 깨나 예수 그리스도를 전해야 됩니다. 믿든 안 믿든 예수 그리스도를 전해야 합니다. 그것이 전도입니다. '우리 교회 와라, 어디 가면 복 받는다' 이런 얘기가 아닙니다. '예수 그리스도, 이분을 믿어야 한다' 내가 믿는 신앙을 전해야 합니다.

긍휼을 베푸는 삶

그리고 예수님께서 이 비유를 통해서 무엇보다 강조하는 것은 긍휼입니다. 긍휼을 베풀어야 합니다. 이 부자의 죄가 무엇입니까? 이 비유를 통해서 예수님께서 가장 강조하시는 것이 무엇입니까? 지금 지옥에 가 있는 그가 나사로를 발로 걷어차고, 내쫓고 한 것을 비난하는 데 목적이 있는 것이 아닙니다. 오직 하나, 누가 들어도 이것 하나는 알아야 합니다. 즉 긍휼을 베풀지 않은 것입니다. 거지 나사로, 불쌍한 자에게 무관심했습니다. 세상에서는 이 정도를 죄라고까지는 말하지 않습니다. 감옥에 갈 죄가 아닙니다. 그러나 하나님 앞에서는 지옥 갈 만한 죄입니다. 이것이 예수님의 선언입니다.

20세기 신약학의 권위자인 윌리엄 바클레이(William Barclay)라는 박사가 있었습니다. 예수님의 생애만 집중적으로 연구한 사람입니다. 많은 저술 활동을 했고, 지금도 많은 영향을 주고 있습니다. 그런데 그가 한 가지 결론을 내립니다. '예수님이 생각하시는 죄가 무엇인가? 예수님의 죄의 정의란 무엇인가? 그것은 긍휼이 없는 것이다.' 이 한 마디로 결론을 내립니다.

성도 여러분, 다른 사람은 몰라도 그리스도인은, 구원받은 사람은 하나님의 긍휼을 얻어 구원받았습니다. 예수님 자체가 은혜요, 십자가가 은혜요, 말씀이 은혜요, 복음이 은혜요, 성령이 은혜요, 모든 것이 하나님이 우리를 긍휼히 여기셔서, 그 은혜를 힘입어 믿음으로 구원받은 것입니다. 그래서 그리스도인은 누구보다도 하나님의 긍휼을 증거합니다. 그리고 이웃을 향하여 긍휼히 여기며 긍휼을 베풀며 사는 것입니다.

잘 아시는 대로 본 교회 창립과 함께 계속해서 지속되는 사역 중의 하나가 북한 어린이를 돕는 것입니다. 아마 세상에서 가장 불쌍한 아이들이 북한에 있는 고아들일 것입니다. 헐벗고 굶주려 있는 것뿐만 아니라, 전혀 자유가 없잖아요? 이 일을 위해서, 주보에 참조된 대로 구제헌금을 모금하여 북한 어린이들에게 긍휼을 베풉니다. 적어도 이것만은 확실합니다. 예수소망교회가 제일 많이 합니다. 그러나 제 마음은 편하지 않습니다. 왜냐하면 아직도 50%가 넘는 분들이 참여하지 못하고 있습니다. 적어도 내가 하나님의 긍휼을 입었고 긍휼을 베풀어야 된다는 것을 안다면, 일인당 최소 1만원을 하나님이 부르시는 그날까지 계좌 이체시키세요. 그러면 어린아이들 한 달 식량이 됩니다.

예수님께서 산상수훈에서 말씀하십니다. "긍휼히 여기는 자는 복이 있나니 그들이 긍휼히 여김을 받을 것임이요"(마 5:7). 하나님의 긍휼을 받았고 또 계속 긍휼을 필요로 하는 자가 어떻게 이웃에게 긍휼을 베풀지 않을 수 있겠습니까!

구원받은 자의 가치관_하나님 중심

오래 전, 길모퉁이에서 앙상하게 마른 한 소녀 거지가 있었는데 항상 같은 장소, 그 모퉁이에서 구걸을 했습니다. 돈이든, 음식이든, 옷이든, 닥치는 대로 구걸했습니다. 누더기 옷을 입고 어렵게 살아갔습니다. 그런데 어느 날, 부자 청년이 그 앞을 지나가게 됐습니다. 그런데 그 소녀가 자꾸 눈에 띄고 거슬립니다. 그러나 힐끗힐끗 쳐다볼 뿐, 가던 길을 계속 갑니다. 그리고 자신의 큰 저택으로 들어갔습니다.

저녁 먹을 시간이 되어서 진수성찬을 차려놓고 사랑하는 가족과 함께 행복한 시간을 가지려고 하는데, 자꾸 그 소녀가 생각나는 것입니다. 그 사건이 계속해서 그를 괴롭혔습니다. 그래서 그는 신을 원망하고 불평했답니다. '신이시여 왜 이런 상황을 만드시는 것입니까? 왜 그 소녀를 도와주지 않고 이렇게 비참한 상황을 그대로 내버려 두시는 것입니까?'

그때 그에게 신의 세밀한 음성이 들렸답니다. "나는 이미 그 소녀에게 도움을 베풀어 주었다. 내가 너를 창조한 이유가 바로 그것이다. 내가 너에게 많은 재물을 준 것이 그 이유다."

성도 여러분, 그리스도인은 청지기입니다. 내 모든 것, 생명까지도 하나님의 것이요, 하나님이 내게 위탁하셨습니다. 하나님의 뜻을 이루기 위해서 말입니다. "긍휼히 여기는 자는 복이 있나니 그들이 긍휼히 여김을 받을 것임이요." 예수님께서 말씀하십니다. 정말 예수 그리스도 안에서, 이 말씀 안에서, 하나님 앞에서 생각해 보십시오. 부자와 거지 나사로, 누가 복 있는 사람입니까? 오늘 이 시대에 이 둘 중에 누가 복 있는 사람입니까? 너무나 자명하지 않습니까? 천국 간 사람이 복 있는 사람입니다. 가난하든 부자든, 천국 간 사람이 복 있는 사람입니다.

구원받은 그리스도인은 모두가 예수 그리스도 안에서 천국 백성이 되었습니다. 가장 큰 복을 받았습니다. 이 복을 누리지도 못하고 이 복의 증인으로 살지 못하면서 예배와 기도가 되겠습니까? 그리스도인은 하나님 중심적 가치관에서 살아야 합니다. 성경 중심적으로 예수 그리스도 안에서 다시 생각해야 합니다. 그럴 때 구원받은 사람은 감사, 감격, 기쁨, 만족으로 충만해집니다. 항상 이 영적 은총을 누리며 오늘을 살아갈 수 있습니다. 그래서 예수님께서 말씀하십니다. "이것을 기억하라." 하나님의 긍휼을 받아 구원받은 너희는 그 긍휼의 증인으로 살고, 이웃을 향하여 긍휼을 베푸는 자로 하나님과 함께하는 삶을 살라고 말씀하십니다.

기 도

전지전능하신 하나님 아버지, 오직 예수 그리스도의 복음을 믿음으로 하나님 자녀가 되게 하시고, 천국 백성이 되게 하심을 진심으로 감사드립니다. 하지만 예수 그리스도 안에서 가장 큰 복을 받고 천국 시민이 되었음에도 불구하고 아직도 현실에 매이고, 세상 중심에서 벗어나지 못하고, 자기유익과 자기도취에 빠져 감사도 없고, 기쁨도 없고, 만족도 없고, 헌신도 없는 삶을 살아가는 죄인을 용서하여 주시옵소서. 진실로 예수 그리스도 안에서 이제는 하나님 중심의 삶을 살며, 복음 중심의 삶을 살아 이 세상을 향하여 하나님의 긍휼을 나타내며, 이웃을 향하여 긍휼을 베푸는 자로 주와 동행하는 기쁨을 누리며 이 시대를 살아갈 수 있도록 늘 함께하여 주시옵소서. 우리 주 예수 그리스도의 이름으로 간절히 기도드리옵나이다. 아멘.

10장

깨어 있으라

무화과나무의 비유를 배우라 그 가지가 연하여지고 잎사귀를 내면 여름이 가까운 줄 아나니 이와 같이 너희가 이런 일이 일어나는 것을 보거든 인자가 가까이 곧 문 앞에 이른 줄 알라 내가 진실로 너희에게 말하노니 이 세대가 지나가기 전에 이 일이 다 일어나리라 천지는 없어지겠으나 내 말은 없어지지 아니하리라 그러나 그 날과 그 때는 아무도 모르나니 하늘에 있는 천사들도, 아들도 모르고 아버지만 아시느니라 주의하라 깨어 있으라 그 때가 언제인지 알지 못함이라 가령 사람이 집을 떠나 타국으로 갈 때에 그 종들에게 권한을 주어 각각 사무를 맡기며 문지기에게 깨어 있으라 명함과 같으니 그러므로 깨어 있으라 집 주인이 언제 올는지 혹 저물 때일는지, 밤중일는지, 닭 울 때일는지, 새벽일는지 너희가 알지 못함이라 그가 홀연히 와서 너희가 자는 것을 보지 않도록 하라 깨어 있으라 내가 너희에게 하는 이 말은 모든 사람에게 하는 말이니라 하시니라(막 13:28-37).

우리에게 귀한 교훈을 주는 이야기 하나를 소개하겠습니다. 두 명의 제자가 존경하는 스승을 찾아와 물었습니다. "선생님, 인생은 어떻게 사는 건가요?" 스승은 대답 대신에 그들을 과수원으로 인도했습니다. "이 과수원에 맛있는 사과들이 많이 있다. 그 가운데 가장 마음에 드는 사과를 하나 따오너라. 단 조건이 하나 있다. 절대 길을 되돌아가서는 안 된다." 이렇게 말하고 스승은 과수원 후문에 가서 제자들을 기다렸습니다.

한참 후에 두 제자가 나왔습니다. 한 제자에게 묻습니다. "너는 어떤 사과를 땄느냐?" 그는 대답합니다. "들어가자마자 맛있는 사과를 보았는데, 더 맛있는 사과가 많이 있을 것 같아서 따지 않았습니다. 그리고 계속해서 사과를 보면서 왔는데, 눈앞에 후문이 보여서 황급히 하나 따왔습니다. 스승님, 한 번만 되돌아가게 해주세요." 두 번째 제자에게 물었습니다. "너는 어떤 사과를 땄느냐?" "저는 들어가자마자 좋은 사과가 보여서 급히 땄습니다. 그런데 지나다보니까 더 좋은 사과가 많이 있었습니다. 스승님, 한 번만 다시 돌아가게 해주세요."

두 제자의 이야기를 듣고 스승이 이렇게 말했답니다. "그게 바로 인생이다. 인생은 되돌아갈 수도 없고 다시 시작할 수도 없는 법이다. 한번 지나면 끝이다." 깊이 생각해 보시기 바랍니다.

깨어 있는 삶의 중요성

하나님의 사람 마틴 로이드 존스(Martyn Lloyd-Jones) 목사의 「위기의 그리스도인」(The Christian in an age of Terror)이라는 책이 있습니다. 이 책에서 그는 그리스도인의 삶에서 깨어 있음이 가장 중요하다고 말합니다. 그리고 그 중요성을 세 가지 질문의 관점에서 설명합니다. 함께 생각해 보시기 바랍니다.

첫째, 왜 우리는 깨어 있어야 합니까? 우리가 깨어 있어야만 하는 단 한 가지 단순한 이유는 바로 그리스도인의 삶은 싸움과 전쟁이며 전투이기 때문입니다. 우리는 선과 악, 하나님과 사탄, 천국과 지옥 등 성경의 중요한 가르침인 영적 싸움에 대한 개념을 잃어버린 채 살아가고 있습니다. 성도 여러분, 그리스도인이 믿음으로 하나님의 자녀답게 이 시대를 살아가는 것은 영적 전투입니다. 신약성경에 봐도 마귀가 예수님을 흔듭니다. 초대교회를 흔들고 사도들을 실족하게 계속해서 유혹합니다. 그런데 오늘날 우리는 영적 각성 없이 너무 안일하게 이 시대를 살아가고 있습니다. 베드로전서 5장 8절은 "근신하라 깨어라 너희 대적 마귀가 우는 사자 같이 두루 다니며 삼킬 자는 찾나니"라고 선포하고 있습니다.

둘째, 우리는 무엇 때문에 깨어야 합니까? 무엇에 대하여 깨어야 합니까? 나 자신에 대하여 깨어 있어야 합니다. 그 이유는 예수 믿기 전의 나의 본성이 그대로 살아 있기 때문입니다. 내가 가지고 있는 세계관과 가치관이 나를 끌어가기 때문입니다. 그래서 나에 대해 먼저 깨어 있어야 합니다. 그리고 두 번째로 사탄에 대해서 깨어 있어야 합니다. 이것을 강조합니다. 만일 그렇지 못하면 곁길로 빠지게 되기 때문이지요. 오직 예수 그리스도의 십자가를 생각하면서 집중하지 않으면 곁길로 갑니다. 내가 매일매일 복음의 증인으로 사는 것이 최우선임을 알지 못하면 또 곁길로 갑니다.

셋째, 우리는 언제 깨어 있어야 합니까? 우리는 항상 깨어 있어야 합니다. 가장 치명적인 것은 경계를 게을리 하다가 결국 무슨 일이 터지는 것이지요.

성도 여러분, 그리스도인은 영적인 사람입니다. 이 사실을 항상 기억해야 합니다. 우리가 예수님을 구주로 고백한다는 것, 그것 자체가 영적인 사실에 대한 고백입니다. 내가 영적인 사람이 됐다는 것입니다. 예수 그리스도 안에서 예수 그리스도의 마음과 생각과 지식을 깨닫고, 갈망하고, 배우고, 삶에 적용하며 살아가는 것입니다. 이 모든 것이 영적인 것입니다. 예수 믿기 전에는 이런 영적 이해와 깨달음이 없었습니다. 예수 믿고 나서는 우리의 신앙고백 전체가 영적인 것입니다. 성경 전체가 영적인 것입니다. 예수님을 믿는다는 것은 이런 영적인 삶이 시작됐다는 변화를 말합니다. 영적 각성이 이루어졌습니다. 그래서 새 사람이라고 부릅니다.

인간의 전적인 타락

인간은 인격적인 존재입니다. 누구나 이러한 고백을 합니다. 그런데 인격이란 무엇입니까? 지, 정, 의를 말합니다. 이성과 감성과 의지입니다. 그런데 이 인격이 비인격화되어 갑니다. 인간이 인간답지 못하게 자꾸 변합니다. 이는 모든 인류를 말합니다. 성경은 이것을 타락이라고 말씀합니다. 인격이 타락했습니다. 여기서부터 구원이 필요합니다. 이건 추상적인 것이 아닙니다. 실제적인 것입니다.

첫 번째, 이성을 한번 생각해 보십시오. 먼저 이성이란 것이 무엇입니까? 생각하고, 추리하고, 판단하는 능력입니다. 그런데 이것이 타락했습니다. 그렇기에 바르게 볼 수가 없는 것이지요. 역사에 대해서, 오늘 이 현실에 대해서 바르게 분별할 수가 없습니다. 그만큼 타락했습니다. 그것을 온전하게 하기 위해서 많은 교육을 받지만 이미 타락하고 병든 이성이라서 제

능력의 하나님

대로 생각할 수가 없습니다.

성도 여러분, 자신의 이성적 판단력을 얼마나 믿고 사십니까? 가끔 어떤 교인에게 "이것이 하나님의 말씀입니다. 이것이 그리스도인의 삶입니다"라고 말하면 "목사님, 이성적으로 좀 얘기해 주세요"라고 합니다. 이성이 병들어서 이해를 못하는데, 그런데 그런 말을 하고 있습니다. 그 사람에게는 성경 전체가 남의 얘기인 것입니다. 내게 주신 하나님의 말씀으로 들리지를 않습니다. 전혀 신뢰하지 않습니다. 이 모든 것이 죄 때문입니다. 항상 생각하십시오. 십계명을 놓고 생각하십시오. 율법을 놓고 생각하십시오. 내가 얼마나 온 마음을 다해서 하나님을 사랑하고 내 이웃을 내 몸과 같이 사랑하는지를 말입니다. 정말 그렇습니까? 아니잖아요? 그것이 내 이성입니다. 자기중심, 자신의 행복과 유익으로 꽉 차 있습니다. 이것이 이성의 한계입니다.

두 번째, 감성도 마찬가지입니다. 나의 기쁨은 어디 있습니까? 정말 내가 기뻐하는 것이 무엇입니까? 진리를, 은혜를, 예배를 기뻐합니까? 하나님의 일을 기뻐합니까? 하나님을 기뻐합니까? 그게 아니라면, 감성이 병든 것입니다. 다양한 방송 콘텐츠 등이 더 기쁘고, 더 즐겁습니다. 이만큼 감성이 타락했습니다.

세 번째, 의지 또한 그렇습니다. 가장 타락한 것이 의지입니다. 저나 여러분이나 매번 하나님 앞에서 결단합니다. 그런데 결단한 대로 살지 못합니다. 간절히 소원하지만 소원한 대로 못삽니다. 단 하루도 안 됩니다. 의지가 타락했습니다. 이것이 인간 실존입니다. 끊임없이 나 중심적, 세상 중심적입니다. 하나님께서 원하시는 것이 무엇인지 알아도 못합니다. 그만큼 의지가 타락했습니다. 로마서 7장 24절에 사도 바울은 고백합니다. "오호라 나는 곤고한 사람이로다 이 사망의 몸에서 누가 나를 건져내랴."

선을 행하는 것을 원하나 내 안에 악이 함께하는 것이지요. 악이 나를 무너뜨립니다. 원하는 대로 할 수 없습니다. 이것이 인간 의지입니다. 그러나 이런 상태에서 그리스도인은 예수 그리스도를 믿음으로 영적 각성이 일어났습니다. 영적 깨우침을 받습니다. 영적인 생각을 깨닫게 됐습니다. 그래서 인격적으로 예수님이 믿어집니다. 하나님이 영접됩니다. 다시 말해서 이성, 감성, 의지가 변화됩니다.

그리스도 안에서의 변화_거듭남

성도 여러분, 예수님은 구호가 아닙니다. 오직 예수, 오직 복음, 오직 은혜, 오직 성령, 오직 성경, 이런 것은 단순한 구호가 아닙니다. 백 번 믿는다고 아무리 외치고 울부짖어도 하루나 이틀, 한 달만 지나면 원 상태로 돌아가고 맙니다. 이것은 구호가 아닙니다. 오늘날 설교가 잘못됐고, 신앙고백이 잘못된 것이지요. 이것은 구호가 아닙니다. 정말 믿는 것입니다. 영적인 것을 믿음으로 영적 각성이 일어납니다. 예수님의 십자가, 부활, 승천, 살아 계신 그리스도, 그 진리를 믿을 때 이미 영적인 생각의 변화를 가진 것입니다. 예수 믿기 전에는 그런 이성이 내게 없었습니다. 그런데 이성적으로 이것이 믿어지고 깨달아집니다. 정말 그분이 기쁘고, 즐거워지는 것이지요. 그분의 뜻대로 살고 싶습니다. 지, 정, 의가 변화되는 것입니다.

그래서 우리는 매일매일 주님을 경험하며 살아갑니다. 하나님에 대한 존재, 역사, 말씀, 영광, 이것이 바뀌었습니다. 단지 추상적이고 '뭐 그런 것이 있다'가 아닙니다. 하나님 아버지가 이성적으로도 옳게 느껴집니다. 변화됩니다. 성경을 믿음으로, 성경 방식으로 생각하게 됩니다. 가치관, 세계관, 모든 인생관을 성경 말씀대로 생각하고 추리하게 됩니다. 이것이 구원받은 인격입니다. 단지 영혼만의 구원이 아닙니다. 먼저 영혼이 구원받으므로 인격이 변화되기 시작하는 것입니다.

이런 재미난 이야기가 있습니다. 한 남자가 목사님께 물었습니다. "목사님, 담배 피면 천국에 못 가나요?" 그랬더니 목사님이, "아니오, 아무 상관 없습니다. 천국에 갑니다"라고 대답했습니다. "그렇죠? 담배 펴도 천국에 가죠?" 그랬더니 목사님이 말씀하시기를, "그럼요. 더 빨리 갑니다" 하더랍니다.

성경에서 천국을 어떻게 간다고 말씀합니까? 인간의 행위로는 안 된다고 그랬습니다. 아무리 선행을 하고, 세상에서 이웃을 사랑하고, 무소유로 살아도 천국에 못갑니다. 오직 복음을 믿음으로 갑니다. 죄사함은 오직 십자가의 은혜로 받습니다. 아무리 고행을 하고, 불교에서 말하듯 헌신을 하며 종교적 깨우침을 받아도 죄사함을 못 받습니다. 이것이 이성적으로 먼저 내 안에서 믿어지고, 그렇게 보이기 시작하는 것입니다. 멈춰지면 안 됩니다. 내게든 다른 사람에게든 동일한 것입니다.

거듭남은 오직 복음과 성령의 역사로 말미암는 것입니다. 그 외에는 새 사람이 될 수가 없습니다. 아무리 세상에서 유명한 대학을 나오고 박사학위를 받아도 안 됩니다. 이것이 이성적으로 계속 생각되어야 됩니다. 판단

되어야 됩니다. 성도 여러분, 모든 하나님의 은혜와 은총, 복은 믿음으로 받습니다. 이것이 선물입니다. 이 모든 것이 영적인 것입니다. 그래서 그리스도인은 영적인 사람입니다.

예수님의 명령_깨어 있으라!

오늘 성경에 예수님께서 명령하십니다. 이는 부탁이 아닙니다. "깨어 있으라." 이 짧은 본문에서 세 번이나 강조하십니다. "깨어 있으라. 깨어 있으라. 깨어 있으라." 이것은 영적 각성을 말합니다. 예수 그리스도를 믿는다는 것은 영적으로 각성되는 것입니다. 매일매일 생각해 보십시오. 영적인 세계가 열리게 됩니다. 타락한 이성이 새로워집니다. 이것은 지금 이성적으로 깨어 있으라는 말이 아닙니다. 내 지식 아래서 새롭게 결심하라는 말도 아닙니다. 세상 방식을 말하는 것이 아닙니다. 성경 방식으로, 성경대로 생각하며 오늘을 살라는 말씀입니다. 이것이 그리스도인의 인생입니다. 성도 여러분은 얼마나 영적 각성을 체험하며 깨어 있는 삶을 살아갑니까? 특별히 37절은 말씀합니다. "깨어 있으라 내가 너희에게 하는 이 말은 모든 사람에게 하는 말이니라 하시니라."

그리스도인에게뿐만 아니라, 모든 사람, 온 인류에게 주시는 말씀이라고 강조하여 말씀하십니다. 가장 본질적인 것입니다. 인간의 인간다움, 그리스도인의 그리스도인다움은 깨어 있어야 되는 것입니다. 그렇지 못하면 잘못된 인생을 살아가게 됩니다.

이 '깨어 있으라'는 말은 신약성경에만 스무 번 이상이 나옵니다. 겟세마네 동산에서 예수님은 십자가의 핍박을 앞두고 기도하십니다. 그리고 제자들에게 당부하십니다. "깨어 기도하라." 하지만 제자들은 다 졸았습니다. 몸이 피곤하고 힘드니 그런 것이지요. 그래서 예수님께서 말씀하셨습니다. "깨어 기도하라." 자신이 먼저 깨어 기도하며 깨어 기도하라고 말씀하셨습니다.

하지만 어떻게 됐습니까? 십자가 사건 앞에서 다 도망갑니다. 바로 전에 '예수님을 위해서 나는 죽을 겁니다. 3년을 함께했는데 무슨 말씀입니까?' 했지만, 다 도망갑니다. 다 부끄러워졌습니다. 다 수치스러워졌습니다. 다 실패했습니다. 왜 그렇습니까? 깨어 있지 못했기 때문입니다. 우리 모두도 마찬가지입니다. 깨어 있지 못하면 부지불식간에 무너지고 맙니다.

깨어 있음_본질에 집중

성도 여러분, 가장 본질적인 것에 집중해야 합니다. 비본질적인 것이 아니라, 가장 본질적인 말씀에 집중해야 됩니다. 죄란 가장 본질적인 것을 차선으로 만들고, 비본질적인 것을 우선하게 만듭니다. 오직 하나님을 우선으로 바라는 것이 창조주에 대한 마땅한 피조물의 자세입니다. 그런데 죄가 다른 말을 합니다. 그것이 아니라고, 내가 먼저라고, 세상이 먼저라고, 우리가 먼저라고 합니다. 우리 모두를 비본질적 인간으로 만듭니다.

그러나 성령께서는 항상 가장 본질적인 것으로 돌아가게 하십니다. 예수님께서 말씀하지 않습니까? "무엇을 먹을까 무엇을 마실까 무엇을 입을까 하지 말라. 너희 하늘 아버지께서 이 모든 것이 너희에게 있어야 할 줄을 아시느니라. 먼저 그의 나라와 그의 의를 구하라"(마 6:31-33). 이 말씀 안에 살려면 깨어 있어야 합니다.

성도 여러분, 무엇보다 중요한 것은 역사의식입니다. 오늘 성경 말씀에서 우리는 보게 됩니다. 거듭난 그리스도인은 하나님의 역사에 대한 깨우침이 있습니다. 역사의식이 바뀝니다. 하나님이 창조하신 세계를 바라보며, 창조와 종말의 시간 속에서, 하나님의 은혜의 섭리를 보게 됩니다. 하나님이 이끌고 가시는 역사를 보는 것입니다. 그 역사의식 속에서 오늘의 삶을 이해하고 오늘의 분별력을 갖게 됩니다. 그것은 매우 중요한 것입니다.

최근 역사 교과서 국정화에 대한 논란이 많습니다. 각자가 찬반이 있을 수 있고, 여러 생각을 하실 것입니다. 저도 개인적으로 몇몇 신학 교수나 목회자들과 의견을 나누어 보았습니다. 다양한 생각에서 반응하며, 관심이 없는 분도 있고 분명한 생각을 갖고 있는 분도 있습니다. 사실 고등학교 교과서를 제대로 읽어보지 않은 채로 말하는 것도 모순입니다. 역사의식은 매우 중요한 것입니다. 역사의식이 잘못되면 그 나라와 민족의 미래가 없습니다. 국정화 교과서의 논란도 역사의식과 관련합니다. 그리고 그 중심에 이념의 문제가 들어 있습니다. 이념에 대해서 사람들이 추상적으로 생각할지 모르지만 역사 속에서 이념은 전쟁으로까지 발전된 것입니다. 우리 민족이 경험했던 6·25 역시 이념으로 인한 전쟁이었습니다. 그렇기에 단순히 이래도 좋고, 저래도 좋은 것이 아닙니다. 자라나는 젊은이들과 대한

은혜의 바닷

민국의 미래에 분명한 역사의식이 있어야 합니다. 좌파, 우파의 문제가 아니라 바른 역사의식의 문제입니다.

오래 전 우리는 큰 교훈을 받았던 사건이 있었습니다. 광우병 촛불시위를 기억하실 것입니다. 지금 미국산 소를 먹고서 광우병 걸린다고 생각하는 사람은 없을 것입니다. 그 촛불집회를 했지만 미국산 소를 다 먹고 있습니다. 그런데도 그것에 대해서 조금의 사과나 반성이 없습니다. 분별력을 갖지 못하면 집단행동 속에 바른 의식을 갖지 못합니다. 반미의 감정을 조장한 이념의 실체를 분별하지 못하면 단지 현상 자체만으로 속게 됩니다. 잘못된 것을 수정하는 것 정도가 아니라, 완전히 새롭게 고쳐야 합니다. 바른 역사의식이 그래서 중요한 것입니다.

성경적 역사관_마라나타 공동체

성도 여러분, 그리스도인에게 가장 중요한 것은 하나님의 역사관입니다. 성경적 역사관입니다. 하나님은 살아 계시고, 창조하시고, 끝을 맺으시는 분입니다. 이보다 더 중요한 것이 어디 있습니까? 왜냐하면 예수님이 이런 역사관을 갖고 사셨거든요. 아주 분명합니다. 하나님께로부터 왔고, 하나님께 가실 것입니다. 성경대로 바른 역사관을 갖고 오늘의 사건을 재해석하며 하나님의 말씀을 주신 분입니다. 우리도 모두 바른 역사의식을 가져야 합니다.

그래서 오늘 성경에서 예수님이 재림에 관해서 말씀하십니다. 역사의 시작이 아니라 끝을 말씀하십니다. "내가 다시 오리라." 성도 여러분, 구약 전체를 예수님에 관해서 보면 그 핵심은 '예수님이 오신다. 메시아가 오신다' 입니다. 오신다는 것은 인간과의 약속이었습니다. 그리고 정말로 오셨습니다. 그게 신약입니다. 그리고 다시 말씀하십니다. '다시 오시리라.' 재림입니다. 성도 여러분, 여러분은 얼마나 예수님의 재림을 믿고 기다리며 기도하는 중에 오늘을 사십니까? 만약 많이 믿고 항상 생각하며 살아간다면, 그 재림신앙이 나를 얼마나 변화시키고 있습니까? 변화가 없다면 그것은 추상적인 것입니다. 영적으로 깨어 있는 것이 아닙니다.

초대교회 공동체는 오직 예수님입니다. 예수님의 십자가와 부활, 그리고 다시 오심을 기다렸습니다. 매일매일 기다렸습니다. 그래서 '마라나타 공동체'라고 부릅니다. 그들은 그리스도인이라고 불렸고, 그들의 공동체가 교회였습니다. 그들은 깨어 있었습니다. 단지 세상 방식으로, 이성으로 산 것이 아닙니다. 영적 각성으로 예수님을 믿었고 예수님이 다시 오심을 기다렸습니다. 더욱이 예수님을 만날 그날을 기뻐하며 소망했습니다.

예수님의 다시 오심은 역사의 종말입니다. 세상의 끝입니다. 그러나 이것이 끝이 아니라 새로운 시작입니다. 천국과 지옥의 영원한 실존세계의 시작입니다. 그리스도인의 소망이 바로 여기 있습니다. 그러니까 예수님이 이 땅에 오시는 것을 기다릴 수밖에요. '하나님의 뜻이 임하소서.' 이 신앙고백 안에 살아가는 것이 그리스도인의 인생입니다. 예수님의 다시 오심, 예수님을 만날 그날을 준비하는 삶이 그리스도인의 인생입니다.

영적으로 깨어 있는 삶_항상 깨어 있으라!

성도 여러분, 이것을 예수 믿기 전에 이성으로 판단할 수 있습니까? 생각조차, 상상조차 못합니다. 타락한 이성으로는 어림도 없습니다. 구원받은 이성으로만 이제 생각하기 시작합니다. 예수님의 말씀, 사건, 역사, 다시오심, 이 모두가 다 영적인 생각입니다. 그러면 그 생각은 영적으로 중요하게 됩니다. 올바른 판단을 하게 됩니다. 바른 결론을 내립니다. 이것이 그리스도인입니다. 그래서 오늘도 예수님께서 말씀하십니다. "깨어 있으라. 항상 깨어 있으라. 그렇지 못하면 옛 사람의 본성에 이끌려 살아간다. 깨어 있으라."

알래스카 빙원을 방문해서 개가 이끄는 썰매를 타던 부부의 이야기를 하나 소개합니다. 이 부부는 썰매 여행에 특별한 관심을 갖고, 위험성이 있는 빙원을 썰매로 여행하기로 하고 모험을 강행했습니다. 그런데 여행사에서 여행 도중 추위로 졸면 생명에 지장이 있다고 경고하며 깨어 있을 것을 신신당부했습니다. 부부는 썰매를 타고 여행을 시작합니다. 그런데 피곤하고 추워지고 힘드니까 아내가 자꾸 좁니다. 남편이 놀라서 확 밀어버렸습니다. 그러자 놀란 아내가 결사적으로 달려와 썰매에 올라탔고, 어떻게 나한테 이럴 수가 있느냐고 싸움만 하다가 여행이 끝났습니다. 그리고 남편이 애정이 깃든 목소리로 아내에게 이렇게 말했답니다. "그 순간 엄청난 추위 속에서 당신을 살리기 위해서 그랬으니 용서하시오."

성도 여러분, 성경적으로 한번 생각해 보십시오. 성경대로 생각해 보십시오. 이 세상에 있는 모든 재앙과 재난, 폭력과 전쟁과 기근, 질병과 시련과 위기와 핍박, 우리가 원치 않는 그 모든 것은 인류를 깨우는 사건입니다. 그렇지 않으면 그냥 안일하게 살아갑니다. 좋은 것이 좋다는 식으로 말입니다. 특별히 그리스도인을 깨웁니다. 정신이 번쩍 들게 합니다. 예수님 안에서 다시 영적으로 생각하게 합니다. 재림신앙은 예수님께서 오실 것을 기다리며, 마치 오늘 오시는 것처럼 생각하고 예수님 맞을 준비를 하며 살아가는 것입니다. 살아 계신 예수 그리스도, 그와 함께하는 삶, 그를 만나는 것을 준비하는 삶, 그것이 바로 재림신앙의 삶입니다. 이 삶은 영적인 것입니다. 성령께서 이끄시는 삶입니다.

예수님께서는 이 말씀을 노아의 홍수를 예로 들어 설명하십니다. 하나님께서 악한 세상을 심판하시기로 결정하셨습니다. 그리고 노아에게 그 말씀을 주십니다. 120년 후에 그런 일이 있을 것이라고요. 노아가 분명 사람들에게 그 말씀을 전했을 것입니다. 그런데 그들은 믿지 않았습니다. 반면 노아는 그 말씀을 믿었습니다. 하나님을 믿었습니다. 그리고 산꼭대기에 올라가서 나무로 방주를 짓습니다. 영적으로 깨어 있는 삶을 산 것입니다. 그의 삶은 주의 약속이 실현되는 그날을 준비한 삶이었습니다. 철저하게 깨어 있는 인생입니다. 준비하는 삶입니다.

그러나 세상 사람들은 어땠습니까? 안 믿었습니다. 왜 그럴까요? 이성이 타락했기 때문에 믿을 수가 없는 것이지요. 영적으로 깨어 있을 생각을 못하기에 먹고 마시며 즐거워했습니다. 하던 일을 계속하고 여기서 계속 살 것처럼 착각하며 살아갑니다. 그리고 결국 때가 임하자 심판을 당합니다. 모두 죽습니다. 멸망합니다. 예수님께서 말씀하십니다. 예수님이 오시는 날, 우리가 하나님께 가는 그날, 이렇게 된다고 하십니다. 영적 각성을 통해서 영적인 삶을 살아가는 자는 소망이요, 아닌 사람은 그냥 졸지에 다 망하는 것입니다.

성도 여러분, 우리는 언제 하나님께 갈지 아무도 모릅니다. 우리 미래에 언제 재난과 시련과 위험이 있을지 아무도 모릅니다. 그러나 역사가 말해 줍니다. 성경이 말씀해 줍니다. 그런 일이 항상 있을 것임을 말입니다. 더욱이 모든 인류는 죽습니다. 하나님 앞에 가야 합니다. 최후의 심판대 앞에 서야 합니다. 그리스도인은 그 사실을 너무나 잘 압니다. 그래서 하나님을 만날 그날을 기대하며, 그날을 준비하는 삶을 삽니다. 영적 각성이 이루어지려면 매일매일 복음의 증인으로 살아야 됩니다. 복음적 생각과 방식과 판단에 이끌리지 않으면, 이것이 최우선순위임을 기억하지 못하면 부지불식간에 또 옛 사람의 모습으로 살아가게 됩니다. 예수님께서 성경을 통해서 말씀하십니다. 이건 권고사항이 아닙니다. 강한 명령이십니다. "깨어 있으라. 깨어 있으라. 깨어 있으라."

기 도

전지전능하신 하나님 아버지, 오직 예수 그리스도를 믿음으로 영적 눈을 뜨게 하시고, 내 영혼의 구원을 통해서 전 인격적인 변화가 시작되게 하심을 감사드립니다. 성령이시여, 진실로 믿음대로, 성경대로 생각하며 성경 방식으로 살아가는 우리 모두가 되어 하나님에 대한 살아 있는 증인으로서 믿음으로 승리할 수 있도록 지켜 주시옵소서. 부지불식간에 옛 본성에 이끌려 불신앙 가운데에 스스로의 이성적 판단을 자랑하고 경험을 기뻐하며 세상 풍조에 이끌린 삶이 아니라, 영적 각성을 통해서 예수 그리스도의 이름으로 위엣 것을 생각하며, 하나님의 약속을 소망하며, 놀라운 체험적 신앙을 고백하며 살아갈 수 있도록 지켜 주시옵소서. 우리 주 예수 그리스도 이름으로 간절히 기도드리옵나이다. 아멘.

11장

하늘로 올리우신 예수

이 말씀을 마치시고 그들이 보는데 올려져 가시니 구름이 그를 가리어 보이지 않게 하더라 올라가실 때에 제자들이 자세히 하늘을 쳐다보고 있는데 흰 옷 입은 두 사람이 그들 곁에 서서 이르되 갈릴리 사람들아 어찌하여 서서 하늘을 쳐다보느냐 너희 가운데서 하늘로 올려지신 이 예수는 하늘로 가심을 본 그대로 오시리라 하였느니라 제자들이 감람원이라 하는 산으로부터 예루살렘에 돌아오니 이 산은 예루살렘에서 가까워 안식일에 가기 알맞은 길이라 들어가 그들이 유하는 다락방으로 올라가니 베드로, 요한, 야고보, 안드레와 빌립, 도마와 바돌로메, 마태와 및 알패오의 아들 야고보, 셀롯인 시몬, 야고보의 아들 유다가 다 거기 있어 여자들과 예수의 어머니 마리아와 예수의 아우들과 더불어 마음을 같이하여 오로지 기도에 힘쓰더라(행 1:9-14).

오늘날 미국에서 존경을 받고 있는 제임스 패커(James Packer) 목사의 저서들 중에 Growing in Christ라는 책이 있습니다. 우리나라에는 「사도신경」이라는 제목으로 번역 출판되어 많이 알려진 책입니다. 이 책에서 그는 예수님의 승천 사건에 관한 귀한 메시지를 우리에게 전해 주고 있습니다. 그는 예수님의 승천에 담긴 메시지를 '구주 예수께서 통치하신다'라고 정의내립니다. 그래서 그 믿음으로 초기 그리스도인들은 세상의 핍박과 고난 속에서도 마치 세상의 꼭대기에 있는 것처럼 담대하게 신앙을 지키며, 세상을 이기며 살았다고 설명합니다. 그러면서 예수님의 승천 사건에 대해 증인들이 가졌던 세 가지 확신을 다음과 같이 설명합니다.

첫 번째 확신은 하나님의 세계와 관련이 있다고 합니다. 다시 말해서 그리스도는 실제로 세상을 통치하십니다. 승천 사건을 보면서 '정말 그리스도시구나, 메시아시구나' 하고 다시 한 번 확증하며, 그분이 통치하시는 주권적 역사가 열렸음을 항상 확신했습니다.

두 번째 확신은 그리스도와 관련이 있다고 합니다. 통치하시는 주님이 우리를 위해서 오늘도 간구하십니다. 전능하신 하나님 우편에 앉아 계시면서 하나님과 인간의 화목을 오늘도 주장하고 계시고, 하나님의 모든 은혜와 진리와 영광을 우리에게 주실 것을 보증하고 계십니다.

세 번째 확신은 하나님의 백성과 관련이 있다는 것입니다. 이제 그리스도인들은 성부, 성자와 교제하는 삶을 여기에서 누린다는 확신입니다. 승천하신 예수님을 바라보면서 영원으로 이어지는 세계에 대한 확신을 갖게 되었습니다. 이렇듯 세상에서 이미 또는 미리 맛보는 하나님 나라의 삶이기 때문에 이 세상에서 어떤 박해나 고통이 주어진다 하더라도, 어떤 역경에도 흔들리지 않았습니다.

성도 여러분, 여러분은 예수님의 승천 사건에 대한 어떤 믿음의 확신과 이해를 가지고 오늘을 살아가십니까?

예수님의 마지막 이적_승천 사건

예수님의 승천 사건은 예수님의 공생애 가운데 마지막 이적입니다. 많은 이적을 베푸셨지만 최종 계시적 기적이 바로 예수 승천 사건입니다. 이 사건 속에는 새로운 구원의 역사가 계시되고 있습니다. 예수님의 부활과 승천은 하나의 연속적인 행위입니다. 그러나 오늘날 사람들은 십자가와 부활은 기억하고 묵상하지만 예수님의 승천에 대해서는 별로 관심이 없습니다. 아주 잘못된 것입니다. 예수님이 부활하시지 않았다면 승천은 없습니다. 승천하시지 않았다면 부활할 수 없습니다. 부활과 승천은 하나의 연속적인 사건으로 분리되어서는 안 됩니다. 예수님의 부활이 나의 부활이요, 예수님의 승천과 같이 내가 승천할 것이기 때문입니다.

초대교회 때에 교회 안에 그려진 그림들을 소위 성화라고 합니다. 예수님의 생애, 성경 말씀의 사건을 그림으로 표현했습니다. 하나하나가 설교입니다. 그 많은 성화의 중심에는 항상 예수님의 승천이 그려져 있었습니다. 오늘도 우리가 확인할 수 있습니다. 가톨릭이나 정교, 러시아나 유럽이나 남미 곳곳의 성당을 들여다보면 많은 성화들이 있는데, 가장 중심이 되는 곳에 예수님의 승천이 그려져 있습니다. 그 승천 사건 하나로 예수님의 모든 이적과 계시적 사건이 이해가 됩니다.

오래 전에 인도를 방문하였을 때 간디박물관을 간 적이 있습니다. 몇 시간 동안 선교사님들께 자세한 설명을 들으면서 '참 훌륭하신 분이다' 생각하며 함께 유익한 시간을 가졌는데, 출구 쪽에 누구나 볼 수밖에 없는 굉장히 큰 그림 하나가 있었습니다. 그 그림에 아주 정신이 번쩍 났습니다. 왜냐하면 간디가 승천하고 있는 것입니다. 빛을 발하면서 승천하고 있었습니다. 그러나 간디는 무덤에 들어가서 썩었습니다. 부활하지도 못했고 승천도 못한 그였지만 소위 추상적으로 그런 기대를 표현한 것입니다. 힌두교에서는 영혼 구원을 생각하니까 그의 영혼이 이와 같이 승천하였을 것이라는 생각을 표현한 것입니다. 그래도 아닌 것이 예수님과 함께 승천하고 있는 그림이라는 것입니다. 이건 정말 아니지요. 예수 믿고 구원받은 것도 아닌데 위대한 인물로 묘사해 예수님과 동격으로 보고 싶어 한 저들의 바람을 나타낸 것일 뿐입니다.

예수님을 아는 지식

성도 여러분, 예수님이 누구냐는 질문은 항상 우리 마음 가운데에 있고 바르게 고백되어야 합니다. 그리고 그 답을 알아야 됩니다. 그 자체가 우리 신앙이요, 구원에 이르는 믿음입니다. 예수님을 잘못 알면 그 다음부터는 이상한 시나리오를 써나가게 됩니다. 예수님이 누구신가를 아는 것이 신앙의 본질입니다. 성경 전체의 주제입니다. 가장 분명한 것은 항상 다섯 가지를 먼저 기억해야 합니다.

첫 번째가 성육신입니다. '하나님이 인간이 되셨다.' 이것은 기독교에만 있습니다. 어떤 한 인간이 말구유, 비천한 곳에서 태어났다는 그런 얘기를 하는 것이 아닙니다. 하나님이 인간이 되셨다는 데서 기독교 신앙이 출발합니다.

두 번째가 '그분이 십자가에 죽으셨다'는 사건입니다. 우리의 죄를 위하여 죽으셨고 대속의 피를 흘리셨습니다. 오직 십자가의 은혜로 죄사함을 받을 수 있습니다. 그래서 십자가가 귀한 것입니다.

더 나아가 세 번째, 부활 사건입니다. 예수님의 부활은 모든 하나님의 말씀이 그대로 이루어짐을 선포합니다. 역사상 유일한 사건입니다. 그리고 그 부활은 곧 모든 인류의 부활이요, 나의 부활입니다. 그 메시지를 기억해야 됩니다.

그리고 네 번째, 예수님의 승천을 기억해야 합니다. 그렇지 못하면 예수님에 대한 이해가 삐뚤어지게 됩니다. 예수님의 승천은 예수님의 부활과 재림에 대한 최종 계시입니다. 더 이상의 계시가 없습니다. 예수님께서 마지막 지상에서 보여 주신 사건입니다. 무엇보다 승천 사건을 한번 생각해 보십시오. 보이는 예수님이 보이지 않게 되었습니다. 다시 말해서 보이는 세상과 보이지 않는 세상과의 연결점이 승천하시는 예수 그리스도입니다. 그래서 중요합니다. 더 이상 추상적인 것이 아닙니다. 눈에 보이는 세상과 보이지 않는 세상, 하나님 나라가 연결되는 그 절대 기준이 예수 그리스도의 승천입니다. 그리고 이제 승천하심으로 구원의 새로운 역사를 열어놓으신 것입니다.

마지막으로 다섯 번째가 재림 사건입니다. 오늘 성경의 말씀대로 '올라가신 것을 본 그대로 오시리라' 이것이 기독교 신앙의 절정입니다. 승천하신 분이 내려오시는 것입니다. 최후의 심판이 있고 하나님 나라가 완성되는 그날이 있습니다.

자, 여기에 대해서 불확실성을 갖고 의심을 한다면 아직 예수 그리스도가 고백되지 않은 것입니다. 예수 그리스도가 누구신가에 대한 대답에 신앙고백이 있고, 소망이 있고, 세계관이 새롭게 나타나기 때문입니다.

믿음의 자리_예수 그리스도의 승천

이런 재미있는 이야기가 있습니다. 어느 집사님이 앵무새를 길렀습니다. 그런데 이 집사님이 신앙생활을 하지만 툭하면 "아이고 죽겠다, 아이고 죽겠다" 이러는 통에 앵무새가 그 말을 배웠습니다. 그러다 보니까 누구를 만나도 "아이고 죽겠네, 아이고 죽겠네" 하는 것입니다. 이 집사님이 이 문제를 어떻게 해결해야 할지를 고민하다가 생각해 보니 목사님도 앵무새를 하나 기르고 계시다는 생각이 떠올랐답니다. 그래서 '그 집 앵무새는 조금 다르겠지. 짝짓기를 해서 얘를 변화시켜야 되겠다' 생각하고 그 앵무새를 데리고 목사님 댁으로 찾아갔습니다.

역시나 이 앵무새는 목사님 댁의 앵무새를 보자마자 "아이고 죽겠네, 아이고 죽겠네" 그러는 것입니다. 그런데 이 말에 목사님 댁의 앵무새가 이렇게 화답하더랍니다. "네 믿음대로 될지어다."

정말 믿음대로 되는 것이 맞습니다. 그런 생각 안 하십니까? 나의 믿음의 정도가 어디입니까? 이만하면 된 겁니까? 어떻게 해야 내 믿음이 자라나겠습니까? 그건 예수 그리스도에게 달려 있습니다. '예수 그리스도가 누구시냐?' 여기부터 출발합니다. 예수 그리스도에 대한 바른 이해를 가져야 믿음대로 되고 믿음이 자라납니다. 그리고 신령한 세계를 바라보며, 기도하며,

오늘을 살아갈 수 있습니다. 억지로 봉사한다고, 기도한다고 되는 일이 아닙니다. 잠깐은 되더라고요. 어떤 분은 한 십 년까지는 되더라고요. 그러나 결국 안 되는 것입니다.

오늘 본문은 예수님의 승천 사건을 기록하고 있습니다. 누가복음 맨 마지막과 이곳에 있는데, 이것을 기억해야 합니다. 한번 이 현장에 내가 있다고 생각해 보십시오. 예수님이 십자가에 죽으시고 부활하신 다음, 고린도전서 15장의 기록을 보면 오백여 명이 함께 경험한 사건입니다. 그중에 내가 있다고 생각해 보십시오. 예수님이 승천하십니다. 하늘로 올라가십니다. 이거 잊을 수 있습니까? 여기에 사로잡혀 살게 될 것입니다. 보이지 않는 세계로 가신 예수 그리스도, 살아 계신 예수 그리스도를 목격했기 때문입니다.

더 이상 십자가만 보면서 울지 않습니다. 슬퍼하지 않습니다. 살아 계신 예수 그리스도, 하늘로 올라가신 예수 그리스도, 여기에 우리 신앙이 꼭 잡혀 있는 것입니다. 그래서 오랜 신앙의 전통을 가진 곳에 가 보면 예수님이 승천하시는 성화가 중앙에 자리 잡고 있는 것입니다. 그 하나로 모든 것이 해석이 되기 때문입니다. 이해되기 시작합니다. 수많은 증인들이 있었습니다. 그래서 사도신경에서 우리는 이렇게 고백합니다. "하늘에 오르사 전능하신 하나님 우편에 앉아 계시다가."

이 신앙고백이 아니고는 그리스도인이 아닙니다. 이 최종 계시 사건의 메시지에 귀를 기울여야 합니다. 예수님의 승천은 필수적인 것입니다. 조금만 생각해 보면 이해가 됩니다. 자, 부활하셨습니다. 40일 동안 계셨습니다. 열한 번 나타나셨다고 합니다. 그런데 승천하지 않으시면 어디 가서 사시는 것입니까? 지금 이 지구상 어디에 계셔야 되는 것 아닙니까? 하지만 안 계시는 것은 승천하셨기 때문입니다. 승천하지 않으셨다면 오늘까지 어딘가 살아 계셔야 됩니다. 그러니까 반드시 승천해야 됩니다. 그 승천 속에 예수님이 주신 마지막 계시가 있습니다.

승천의 메시지

그래서 성경은 '하늘에 오르사'로 설명합니다. 아주 간단하지요. 하늘에 오르셨다고밖에 설명할 수 없습니다. 이 하늘이라는 것은 눈에 보이는 하늘이나 우주를 말하는 것이 아닙니다. 'sky'가 아니라 'heaven'입니다. 천국입니다. 한마디로 하나님이 계신 곳입니다. 하나님이 계신 곳, 그곳으로 올라가셨다는 것이 승천의 사건입니다. 그러니까 하나의 상징이요, 표적입니다. 예수님께서 승천하신 사건 속에 계시된 메시지를 반드시 알아야 합니다. 그냥 자꾸 승천만 생각하면 상상력이 이상한 데로 갑니다. 말씀으로 가고 하나님의 계시로 가야 하는데 엉뚱한 생각을 하게 됩니다.

무엇보다도 예수님의 승천은 우리에게 부활 사건을 계시해 줍니다. 왜냐하면 예수님이 부활하신 것을 본 사람들이 많지만, 그렇다고 다는 아닙니다. 잠깐 얼마의 사람이 봤지만 이것이 꿈인가 생시인가 의심하는 경우도 있었을 것입니다. 불확실함이 있었을 것입니다. 그러나 예수님의 승천으로 모든 것이 사라집니다. '부활 후 40일 동안 계셨다'라는 예수님의 나타나심, 예수님의 현현이 승천하시는 것을 보는 순간 그대로 믿어집니다. 이는 하나의 주관적인 사건이 아니라 객관적으로 드러난 사건이기 때문입니다.

당시 상황을 생각해 보십시오. 어떻게 죽은 자가 부활합니까? 그런데 부활하신 분을 믿었다 하더라도 삶 속에서 곧 희미해집니다. 그러나 승천하신 분을 보고는 흔들리지 않습니다. '정말 부활하셨구나!' 우리도 부활의 메시지를 설교를 통해 듣습니다. 하지만 곧 희미해집니다. 그러나 승천하신 예수 그리스도, 그 사건의 증인이면 전혀 흔들리지 않습니다. 거기에 압도됩니다. 그 사건 속에서 이제 예수님을 이해하고 하나님의 말씀을 받아들일 수 있습니다.

예수님의 승천_예수님의 최종 계시

성경에 보면 죽은 자가 살아나는 나사로 사건이 있습니다. 그러나 그것은 부활 사건이 아닙니다. 그가 죽었을 때 썩은 냄새도 났습니다. 그러나 생명의 주인이신 예수님께서 전능하시므로 그를 소생시키셨습니다. 그러나 그것이 부활이 아닌 것은 승천하지 못했기 때문입니다. 역사상 여러 종교 가운데 죽을 뻔했다가 살아난 많은 간증자들이 있습니다. 그것은 부활이 아닙니다. 좀 신비한 것을 개인적으로 체험한 것일 뿐입니다. 객관성이 없으면 아무 것도 아닙니다. 승천하지 않으면 부활이 아닙니다. 승천해야 부활이 확증되는 것입니다. 그래서 이것이 최종 계시인 것입니다.

또한 예수님의 승천은 예수님 자신이 하나님 아들임을 확증하는 마지막 계시입니다. '정말 하나님이 이 땅에 오신 걸까? 십자가에서 죽으신 걸까?'

우리는 이것을 믿지만 사탄은 계속해서 우리의 마음속에 의혹을 남겨놓습니다. 그러나 이 승천 사건을 생각하면 모든 것이 사라집니다. 더욱이 예수님은 요한복음 3장 13절, 6장 62절, 20장 17절에서 계속 말씀하십니다. "조금 있으면 내가 아버지께로 올라간다." "내가 무덤에서 일어나 부활하여 하늘로 올라간다." 계속 승천을 말씀하십니다.

성도 여러분, 이 세상에 많은 종교 창시자가 있지만 '내가 죽었다가 살아나리라. 부활해서 40일 있다가 다시 승천하리라'라고 얘기한 사람은 아무도 없습니다. 이런 소설을 쓸 수는 있지만 보여 줄 수가 없기 때문입니다. 그런고로 '내가 승천하리라. 내가 부활하리라'는 말을 하는 사람은 둘 중 하나입니다. 정신병자이든지 하나님이든지 둘 중 하나입니다. 이것은 아무나 할 수 있는 말이 아닙니다. 상상할 수도 없는 것입니다. 이것이 기독교입니다. 그분의 약속이 성취되었습니다. 스스로 승천을 약속하시고 성취하신 사건입니다.

예수님의 승천_부활 사건의 선포

또한 예수의 승천은 부활 사건의 우주적 의미를 선포한 것입니다. 왜냐하면 예수님이 부활했다는 것은 오늘 이 지구상에서 보면 조그만 예루살렘 그 주변에서 일어난 지역적 사건입니다. 그렇게 묻힐 일입니다. 그러나 이것이 시대를 넘어 온 세상에 우주적으로 확산됩니다. 왜냐하면 승천하셨기 때문입니다. 승천해서 전능하신 하나님 우편으로 올라가셨습니다. 이것이 우리의 신앙고백입니다. 하나님 보좌로 나아가셨습니다. 이제는 더 이상 인간 예수로 고난 받으시는 분이 아닙니다. 십자가에서 다 이루셨습니다. 이제는 주권자로, 통치자로 나타납니다. 하나님과 함께 동등하게 하나님 우편에서 오늘도 역사하십니다. 그래서 살아 계신 그리스도를 고백하는 것입니다. 여기에 진정한 구원에 이르는 믿음이 있습니다. 그리고 그것이 우리에게 힘이 됩니다.

또한 예수님의 승천은 예수님의 재림을 계시합니다. 그래서 오늘 본문은 말씀합니다. 천사들이 일러줍니다. "본 그대로 오시리라. 본 그대로 오시리라." 이것이 기독교입니다. 그런데 오늘 우리 주변을 돌아보십시오. 예수님의 재림을 자꾸 얘기하고, 예수님이 반드시 오신다는 얘기를 하면 광신자로 보고 이단으로 봅니다. 이것이 교활한 사탄의 역사입니다. 그러나 그게 정상입니다. 예수님은 예수님의 재림으로 마지막 계시를 하셨습니다.

그래서 교회가 무엇인가에 대해 신약성경 그대로를 보면 '마라나타 공동체'입니다. "주여, 오시옵소서." 지금 승천하신 예수님을 본 목격자들의 신앙고백입니다. "다시 오시옵소서. 온다고 말씀하신 대로 오소서." 왜냐하면 이 세상은 소망이 없기 때문입니다. 더욱이 그들은 예수님의 말씀에 따라 천국을 소망했습니다. 주께서 약속하셨습니다. 그렇기에 살아 계신 예수 그리스도가 다시 이 땅에 오시는 것을 갈망하며, 그날을 준비하는 공동체가 바로 교회였던 것입니다. 여기에는 강력한 힘이 있습니다. 예수님의 승천을 통한 재림에 대한 확신이 없으면 조그만 시련과 역경에 휘청거리고 그냥 무너지고 맙니다.

예수님의 승천_견고한 믿음

성경, 특히 신약성경에 재림에 대한 용어가 몇 번 나온다고 생각하십니까? 무려 300번 이상 나옵니다. 이것은 신약성경 전체 구절과의 비율로 보면 13절마다 한 번씩 나오는 것입니다. 그런데 이것이 왜 내 눈에는 안 보이는 것입니까? 요즘 교인들은 성경을 보면서 재림이 안 보입니다. 이것은 불신앙입니다. 선택적으로 성경을 보기 때문입니다. 전혀 힘이 없습니다.

죄송합니다마는, 말씀에 대한 99% 이해는 힘이 없습니다. 100%라야 됩니다. 다 알 수는 없습니다. 다 알 필요도 없습니다. 그러나 내가 아는 하나님의 말씀에 대한 100%의 믿음으로 힘을 얻습니다. 그런데 그렇지 못하니까 세상의 유토피아를 생각합니다. 번영을 생각합니다. 화평을 생각합니다. 그러나 그것은 내 소원일 뿐입니다. 세상에는 죄가 있고, 사탄의 역사가 있습니다. 이 세상이 이 모양 이 꼴이 된 것은 다 인간의 잘못입니다. 하나님이 잘못하신 것이 아닙니다. 잘못된 소원 속에 자꾸 멀어지는 것입니다. 더욱이 복음에서 멀어져서 그렇습니다. 예수님은 재림하시는 분입니다. '다시 오리라'고 약속하셨습니다. 그런데 거기에 대한 믿음이 없으니 잘못된 신앙생활을 할 수밖에 없는 것입니다.

또한 예수님의 승천은 승천 사건의 증인들에게 아주 확고한 믿음을 주었습니다. 한번 생각해 보십시오. 예수님의 승천을 우리가 지금 보고 있습니다. 이곳에서 일어난 사건으로, 우리가 증인입니다. 어떤 마음을 갖겠습니까? 이 사건을 보고도 예수 믿기 이전의 세계관과 가치관, 그런 열심으로 살아가겠습니까? 아니지요. 완전히 뒤바뀌지요. 성경 말씀을 많이 알아서

가 아닙니다. 예수님의 십자가와 부활과 승천, 이것으로 충분합니다. 이것이 믿어져야 신앙고백이 되고, 그 후에야 하나님의 말씀에 귀를 기울이는 것입니다. 하나님을 알고 싶어서, 무엇을 배워서 그 위치에 가는 것이 아닙니다. 십자가와 부활, 승천 사건의 증인이신 성령께서 확고한 믿음을 주시므로 담대하게 살아갑니다. 그게 초대교회 교인이었습니다.

그들은 많은 박해와 불이익을 받고 고통 중에 있었지만 부활하시고 승천하신 예수님을 보았습니다. 이것을 믿습니다. 신령한 세계로 가시는 하나님을 보았습니다. 어떻게 뒤로 돌아갈 수 있겠습니까? 그 공동체가 교회가 됩니다. 그래서 무엇보다도 예수님의 승천의 최종 계시 중에 하나가 교회 탄생입니다. 예수님이 승천하시고서야 예수님의 승귀하신 영이 성령으로 이 땅에 오신 것입니다. 그래서 본문 사건 다음인 2장에 성령께서 오십니다. 그리고 교회가 태동되는 것입니다.

초대교회 성도들은 성경 말씀을 통해서, 승천 사건을 통해서 이렇게 생각했습니다. '아, 이제 살아 계신 그리스도가 성령 안에서 역사하시는구나. 교회를 통해서, 교회 안에서 새로운 지평을 열고 하나님의 역사를 이루시고 계시는구나.' 그래서 모이기 시작했습니다. 예배했습니다. 이것이 교회입니다. 성경공부 가르치고, 봉사와 구제를 실시하는 차원은 종교적 차원입니다. 기독교만의 복음 중의 복음은 예수님의 십자가와 부활과 승천, 여기에 있습니다.

구원받은 믿음_예수님의 부활과 승천의 고백

성도 여러분, 예배 시간은 자기 스스로의 약속도 아니요 목회자와의 약속도 아닙니다. 누구와의 약속도 아닙니다. 이것은 하나님과의 약속 시간입니다. 살아 계신 예수 그리스도와의 약속 시간입니다. 내 마음대로 왔다 간다고, 내가 예배드린 사람이 되는 것이 아닙니다. 예배의 분위기, 예배의 순서는 다 예수님이 행하신 일을 기억하며 그것을 선포하는 순서로 이루어져야 됩니다. 사람을 기쁘게 하고, 우리가 잘 이해하고, 이런 차원이 아닙니다. 왜냐하면 살아 계신 예수 그리스도이기 때문입니다. '부활하신 예수 그리스도가 승천하시어 오늘도 이곳에 함께 계신다.' 이 신앙고백 위에 구원받은 믿음이 있습니다.

어떤 남자에게 사랑하는 여자가 있었는데 가까이 다가가기 뭐해서 흠모만 할 뿐 직접 만나지 못했습니다. 그런 애틋한 마음을 계속 편지로 쓰고 글로 남기다가 드디어 결단을 하고 그 여인에게 갔답니다. 가서 그동안 자기가 쓴 편지를 쫙 읽어 준 것입니다. 거의 다 이 여인에 대한 찬사요, 만나지 못한 애틋함이요, 고통이요, 뭐 이런 사랑의 편지지요. 그런데 조금 읽다보니 이 여인의 입장에서는 이것이 지겨워진 것입니다. 그래서 이렇게 말했답니다. "아니, 선생님, 지금 뭘 하고 계신 겁니까? 내가 바로 당신 곁에 있는데 내게 보내는 편지를 읽고 있으니 당신은 나를 사랑하는 것 맞습니까?"

성도 여러분, 정말 예수님을 사랑하십니까? 어떤 예수님이십니까? 아직도 십자가에 계시고 무덤 속에 계십니까? 우리가 사랑하는 예수님은 성령을 통하여 교회 안에서 역사하시는 살아 계신 주님입니다. 살아 계신 그리스도입니다. 승천하신 예수 그리스도가 그 증거입니다. 그 신앙고백 위에 교회가 교회됩니다. 그렇지 않으면 그냥 무너지고 맙니다. 흔들거리고 맙니다.

모든 그리스도인_예수 그리스도의 증인

성도 여러분, 여러분은 부활하시고 승천하신 예수 그리스도, 진실로 살아 계신 예수 그리스도와 사랑의 교제를 나누며, 그분을 고백하며, 그분으로 만족하며, 그분께 찬송하며 살아가십니까? 성경의 맥락을 보면, 특히 누가복음 마지막에서 예수님이 승천하시는 것을 목격한 이들이 한 것은 예수님을 경배하고 찬양하며 기도하고 헌신한 것이었습니다. 그것은 그들이 승천하신 예수 그리스도를 봤기 때문입니다. 더 이상의 불확실은 없습니다. 세상이 뭐라고 하든지 예수님이 십자가에 죽으셨고, 부활하시고, 승천하시고, 오늘도 살아 계신 분인 것입니다. 이는 모든 부활 승천에 대한 믿음을 가진 그리스도인의 신앙고백이 되어야 합니다. 그래서 바울은 이렇게 말씀합니다. "그러므로 너희가 그리스도와 함께 다시 살리심을 받았으면 위의 것을 찾으라 거기는 그리스도께서 하나님 우편에 앉아 계시느니라 위의 것을 생각하고 땅의 것을 생각하지 말라"(골 3:1–2).

하나님께서 다 아십니다. 예수님께서 직접 관여하시고 아십니다. 예수가 누구시고, 그의 십자가와 부활을 생각하면 위의 것을 생각할 수밖에 없습니다. 기도할 수밖에 없습니다. 정말 사랑하는 예수님과의 인격적 관계와 교제가 있다면, 기도의 사람으로 변할 것입니다. 그래서 오늘 성경에도 승천의 증인들이 한 행위가 마지막 절에 이렇게 기록되어 있습니다. "더불어 마음을 같이하여 오로지 기도에 힘쓰니라." 부활하시고 승천하신 분을 보면서 땅의 것에 여전히 미련을 두며 투정할 수 있겠습니까?

성도 여러분, 모든 그리스도인은 예수 그리스도의 증인입니다. 그의 성육신과 십자가와 부활과 승천, 그리고 재림에 대한 증인입니다. 예수 그리스도 안에 살아간다는 것이 이런 말입니다. 예수님을 기억하는 것입니다. 그리고 살아 계신 예수 그리스도를 정말 사랑하는 것입니다. 아니 사랑받는 것입니다. 그럴 때 담대한 믿음의 사람으로 오늘을 살아갈 수 있게 됩니다. 오직 부활과 승천의 증인만이 세상을 이기고 나를 이길 수 있습니다. 성령께서 함께하실 것입니다.

기 도

전지전능하신 하나님 아버지, 예수 그리스도를 이 땅에 보내시어 십자가의 사건을 일으키시고, 부활 승천하시어 다시 오심을 말씀으로 보여 주시며, 이 모든 일에 대한 증인으로 이 시대를 살게 해주심을 진심으로 감사드립니다. 언제 어디서나 예수 그리스도가 누구인가를 기억하며, 위의 것을 생각하며, 승천하신 예수 그리스도를 바라보며, 살아 계신 예수 그리스도가 오늘도 나와 함께하심을 믿음으로 고백하며, 주 안에서 행동하고, 주와 함께하는 삶을 살아 세상을 이기고 나를 이기는 담대한 권세 있는 자의 삶을 살아갈 수 있도록 늘 함께하여 주시옵소서. 우리 주 예수 그리스도의 이름으로 간절히 기도드리옵나이다. 아멘.

12장

죽은 자의 부활

그리스도께서 죽은 자 가운데서 다시 살아나셨다 전파되었거늘 너희 중에서 어떤 사람들은 어찌하여 죽은 자 가운데서 부활이 없다 하느냐 만일 죽은 자의 부활이 없으면 그리스도도 다시 살아나지 못하셨으리라 그리스도께서 만일 다시 살아나지 못하셨으면 우리가 전파하는 것도 헛것이요 또 너희 믿음도 헛것이며 또 우리가 하나님의 거짓 증인으로 발견되리니 우리가 하나님이 그리스도를 다시 살리셨다고 증언하였음이라 만일 죽은 자가 다시 살아나는 일이 없으면 하나님이 그리스도를 다시 살리지 아니하셨으리라 만일 죽은 자가 다시 살아나는 일이 없으면 그리스도도 다시 살아나신 일이 없었을 터이요 그리스도께서 다시 살아나신 일이 없으면 너희의 믿음도 헛되고 너희가 여전히 죄 가운데 있을 것이요 또한 그리스도 안에서 잠자는 자도 망하였으리니 만일 그리스도 안에서 우리가 바라는 것이 다만 이 세상의 삶뿐이면 모든 사람 가운데 우리가 더욱 불쌍한 자이리라(고전 15:12-19).

저명한 정신의학자이며 호스피스 운동의 선구자로 인간의 죽음에 대하여 평생 연구한 분이 계셨습니다. 「타임」(Time)지가 선정한 20세기 100대 사상가 중 한 사람인 엘리자베스 퀴블러 로스(Elizabeth Kübler-Ross) 박사입니다. 우리에게 매우 익숙한 분입니다. 그녀는 40여 년 동안 삶과 죽음을 연구한 연구자답게 자신의 장례식을 아주 독특한 형식으로 직접 준비했습니다. 가족 중심으로 모인 장례식이었는데, 그녀의 두 자녀들이 관 앞으로 나와 준비된 함을 열도록 했습니다. 그때 그 안에서 한 마리 호랑나비가 펄럭이며 날아오릅니다. 동시에 그 예식에 참석했던 분들이 미리 받은 봉투 속에서도 많은 나비들이 날아오르기 시작합니다. 펄럭이며 푸른 하늘로 날아오릅니다.

이 광경을 한번 생각해 보십시오. 그녀가 이런 장례식을 생각하게 된 것은 어린 시절 자원봉사자로 폴란드 마이데넥 유대인 수용소를 방문한 경험 때문이었다고 합니다. 그 수용소에 가서 보니까 벽과 기둥에 손자국으로 또는 돌로 수많은 나비들이 새겨져 있는 겁니다. 그때 '이들이 왜 이 많은 나비들을 이렇게 힘써서 새겨놨는가?'라는 질문이 생겼는데, 그 답을 알지 못했습니다. 그리고 한 20년이 흘러서야 비로소 그 수수께끼를 풀 수 있었다고 합니다.

바로 호스피스 활동을 하던 그녀가 죽어가는 환자를 끝까지 돌보면서 깨달은 것입니다. 그녀는 인간의 몸이 날아오르기 직전 나비의 번데기처럼 영혼을 감싸고 있는 허물임을 확신하게 되었습니다. 그녀는 생각했습니다. '그 수용소에 있던 사람들이 영생을 믿었기에, 부활을 믿었기에 그처럼 나비를 그려놨구나!' 이 깨달음 속에 자신의 장례식을 준비했고 그 깨달음을 실제 눈으로 보게끔 표현했던 것입니다. 이 사건을 깊이 생각해 보시기 바랍니다.

부활을 선포하고 증거하는 기독교

성도 여러분, 기독교는 부활을 선포하고 증거합니다. 모든 인류는 부활해야 합니다. 한 사람도 예외 없이 모두가 부활해야 합니다. 이것을 선포합니다. 예수님께서 친히 말씀하셨습니다. "선한 일을 행한 자는 생명의 부활로, 악한 일을 행한 자는 심판의 부활로 나오리라"(요 5:29).

특별히 계시록은 더 강하게 말씀합니다. '예수 믿고 구원받은 자는 부활하여 천국에 이르고 구원받지 못한 자는 지옥에 가리라.' 모두가 최후 심판대 앞에 부활하여 그 앞에 서야 합니다. 이것이 기독교입니다. 그래서 기독교는, 기독교 신앙은 부활신앙입니다. 부활이 없으면 기독교는 존재하지 않습니다. 아무리 좋은 말씀이 많고 좋은 사건이 많아도 기독교는 없는 것입니다. 부활이 없으면 예수 부활도 거짓입니다. 그래서 기독교를 이렇게 말합니다. '예수천당.' 이 한 마디가 기독교입니다. 예수 믿고 영생을 얻어 천당 가는 것입니다. 예수 믿고 천당 가서 하나님과 함께 하나님이 약속하신 영화를 누리는 것입니다. 이것이 구원의 목적입니다. 이것을 믿어야 합니다. 성도 여러분, 진정 부활신앙을 가지고 오늘을 살아가십니까?

예수님의 부활_역사적 사건

이런 교훈적인 전설이 있습니다. 예수님께서 십자가에 죽으신 후에 그 시신이 아리마대 요셉의 무덤에 묻힙니다. 요셉이 유대 종교지도자들에게 가서 청하여 그와 같이 했음을 성경은 기록합니다. 여기에 대한 비사입니다. 아리마대 요셉의 친한 친구가 이 일에 대해서 요셉에게 아주 큰 핀잔을 줬다고 합니다. "너 미쳤냐? 그렇게 귀중하고 값비싼 무덤을 십자가에 처형된 그 하찮은 죄수에게 넘겨주다니, 정신 나갔냐?" 그랬더니 요셉이 빙그레 웃으면서 이렇게 대답하더랍니다. "괜찮아. 주말에만 잠깐 빌려 쓰시고 돌려주신다고 약속하셨거든."

성도 여러분, 죽은 자의 부활은 모든 인류에게 큰 영향을 끼칩니다. 사후 세계관뿐만 아니라 오늘날의 현재적 삶에도 큰 영향을 끼칩니다. 삶의 목적이 달라지고 삶의 의미와 기쁨이 달라집니다. 가치관이 달라집니다. 예를 들어 여러 종교를 생각해 보십시오. 정말 예수 부활이 있다면, 죽은 자의 부활이 있다면 모든 종교는 다 헛것입니다. 다 없어져야 되는 것입니다. 거짓입니다. 죽음에 대한 이해도 달라집니다. 무덤 문화도 달라집니다. 이 세상의 철학, 모든 사상들이 다 달라집니다. 더욱이 인생관이 달라집니다. 부활이 있다면 부활의 그날을 준비하는 것이 오늘의 인생인 것입니다. 그러나 부활이 없다면 내 맘대로 삽니다. 자기 멋대로 삽니다. 그것이 오늘의 세상입니다.

예수님의 부활은 역사적인 사건임을 믿어야 합니다. 이건 추상적인 진리가 아닙니다. 깨닫고 이해하는 수준에서 '그거 좋다. 기쁘다' 이렇게 말하고 말 것이 아닙니다. 역사적 사건입니다. 그 사건 속에 나타난 메시지를 들어야 합니다. 이 사건에 대한 수많은 증인들이 있습니다. 또한 예수님의 부활은 이미 예언되고 성취된 것입니다. 구약에서 예언하고 예수님께서 직접 예언하십니다. "내가 십자가에 죽지만 사흘 만에 다시 살아나리라."

예수 외에 이런 종교 창시자가 있으면 이름을 대보십시오. 어느 누구도 없습니다. 감히 상상도 할 수가 없습니다. 굉장한 교훈을 주고, 고난을 받고, 희생을 했다는 종교의 창시자도 '내가 죽은 다음에 봐라. 삼일 만에 부활하리라'는 말을 한 이는 전혀 없습니다. 그러나 이 예언이 성취된 것이 기독교입니다.

예수님의 부활_몸의 부활

또한 예수님의 부활은 몸의 부활을 선언하는 것입니다. 예수님과 같은 완전히 새로운 차원의 몸이 시공간을 초월하는 몸의 부활입니다. 그래서 우리는 사도신경에서 항상 이렇게 신앙을 고백합니다. "몸이 다시 사는 것과, 영원히 사는 것을 믿습니다." 이것이 기독교입니다. 영혼불멸이나 불교의 윤회가 아닙니다. 절대 아닙니다.

21세기의 대표적인 기독교 변증가 알리스터 맥그래스(Alister McGrath) 박사가 쓴 「회의에서 확신으로」(Doubt in Perspective-God is bigger than you think)라는 책이 있습니다. 이 책을 보면, 예수님의 제자들이 예수님에 대하여 온갖 회의와 의심을 가졌지만 예수님의 부활을 통해 모든 회의와 의심이 한순간에 다 사라졌다고 합니다. 그 회의가 확신으로 변했다고 설명합니다. 그들은 예수님의 생애를 알지 않습니까? 나사렛에서 유아기를 보내시고 어린 시절을 지내신 걸, 그리고 목수로 일하신 것을 다 보았습니다. 그러니 아무리 그분이 위대한 말씀을 하시고 이적을 행하셔도 '정말 저분이 하나님이실까? 저런 능력자가 왜 십자가에 죽으실까?' 더 나아가서 '자꾸 죽은 다음에 부활하신다는데, 정말 그게 사실일까?' 하고 의심했습니다. 하지만 부활 사건 하나로 그런 의심이 완전히 사라졌습니다. 그래서 맥그래스 박사는 이 부활이 우리에게 어떤 통찰을 주는지, 제자들을 통해서 세 가지 성경적 교훈을 줍니다.

첫째, 부활 사건은 우리 자신의 느낌이나 경험을 의지하기보다는 하나님의 약속을 신뢰해야 함을 되새겨 줍니다. 특별히 십자가 처형이 있을 때 모든 사람들, 제자들까지도 '하나님이 버리셨다'고 생각했습니다. 이것은 무서운 형벌이요 수치입니다. 그러나 부활 사건 후에 보니 그렇지 않은 것입니다. 하나님이 함께하신 역사였습니다.

둘째, 부활 사건은 우리에게 고난의 신비에 대한 통찰을 줍니다. 십자가 사건 이전에는 고난이나 고통, 질병은 죄의 대가였습니다. 하나님의 심판이었습니다. 복이 아닙니다. 그러나 십자가와 부활 사건을 통해서 완전히 달라졌습니다. 십자가 없는 부활이 없습니다. 성도의 성숙은 고난을 통한 영광입니다. 완전히 시각이 달라졌습니다.

셋째, 부활 사건은 하나님이 신실하심을 깨닫게 합니다. 그분의 약속에 대한 하나님의 신실하심을 깨닫습니다. 하나님이 말씀하신 것이 그대로 이루어졌습니다. 정말 이루어집니다. 그 약속을 지키시고 이루시는 하나님, 그 하나님만을 오직 바라보게 됩니다. 하나님의 약속에 붙들려 살아가는 믿음의 사람으로 변했다는 것입니다.

예수님의 부활_나의 부활

성도 여러분, 예수님의 부활은 나의 부활을 뜻합니다. 나의 실제적 부활을 의미합니다. 예수님이 부활하지 못하셨다면 나의 부활도 없습니다. 그래서 이 부활에 대한 믿음, 부활신앙은 그 사람에게 새로운 인생을 창조해 냅니다. 부활신앙, 그때로부터 새로운 세계관, 새로운 진리관, 새로운 가치관을 갖게 됩니다. 특별히 죽음을 두려워하지 않습니다. 죽음이 끝이 아니기 때문입니다. 죽음에 대한 공포가 전혀 없습니다. 이런 믿음의 삶을 오늘 살아가고 계십니까?

오늘 성경은 죽은 자의 부활을 선포하고 있습니다. 그래서 죽은 자의 부활이 없다면 예수의 부활이 없다고 말씀합니다. 아주 역설적인 것입니다. 반어법입니다. 그런데 예수님께서 부활하셨습니다. 그런고로 '죽은 자의 부활은 참이다. 모든 인류가 부활할 것이다'라고 강조하는 것입니다. 또한 예수의 부활이 없다면 우리의 믿음이 헛것입니다. 그런데 예수님이 부활하셨습니다. 그러므로 부활신앙은 참된 진리입니다. 이것을 강조합니다. 또한 예수님의 부활이 없다면 여전히 죄 가운데 있습니다. 죄사함도 없고 십자가도 거짓입니다. 그래서 우리는 가장 불쌍한 사람이 됩니다. 그러나 예수님이 부활하셨습니다. 그래서 십자가의 은혜로 죄사함을 받습니다. 얼마나 놀라운 사실입니까?

오늘 이 세상에 복음을 믿지 않고 또 회의하며 부활에 대한 사실을 의심하는 수많은 사람들이 있습니다. 우리 주변에도 있습니다. 어쩌면 내 안에 있을지도 모릅니다. '증거를 대라. 확실한 증거를 대라.' 이것이 세상 논리입니다. 어떻게 대답하십니까? 확실한 증거가 있습니다. 그 첫째가 성경입니다. 성경이 부활을 증거합니다. 그 말씀이 증거합니다. 더 나아가서 부활의 목격자들이 있습니다. 부활 후 40일을 사셨습니다. 수많은 목격자가 있다고 말씀합니다. 특히 고린도전서 15장에 수많은 목격자의 상황을 전개해 나가고 있습니다.

또 하나의 증거는 기독교와 교회입니다. 부활이 없다면 기독교는 존재하지 않습니다. 교회는 사라지고 말았을 것입니다. 잘 아시는 대로 예수 믿는다는 이유로 핍박을 받아 죽었습니다. 원형경기장에 끌려가서 사자의 밥이 됐습니다. 부활신앙 위에 선 공동체가 바로 교회요, 기독교입니다. 오늘까지, 주님께서 오실 그날까지 계속될 것입니다. 세상이 뭐라고 하든지 하나님의 역사는 계속됩니다.

또 다른 증거는 제자들의 변화입니다. 우리가 잘 아는 대로 제자들이 그 많은 말씀을 듣고 이적을 체험했지만 십자가 사건 앞에, 고난 앞에 다 도망갑니다. 두려워서입니다. 어떤 제자는 부인하고 저주까지 합니다. 그러나 부활하신 예수님을 만나니 완전히 변합니다. 특별한 교육을 받은 것이 아닙니다. 그 믿음으로 변했습니다. 그 변화가 부활이 사실이라는 것을 증거합니다. 특별히 승천하신 예수님을 만난 마지막 부활의 증인인 사도 바울이 그것을 말씀해 줍니다. 예수님을 믿기 전에 그는 예수님을 믿는 자를 핍박하던 자였습니다. 죽이고자 했습니다. 그러나 부활하신 주님을 만난 다음에는 그 즉시 완전 딴 사람이 됩니다. 예수님의 사람이 되고, 예수님의 증인으로 예수님을 위하여 순교합니다. 이것보다 더 확실한 증거가 어디 있습니까?

부활의 메시지_성경 말씀의 확증

성도 여러분, 부활의 메시지에 귀를 기울여야 합니다. 이것은 사건인 동시에 사건 속에서 사건으로 하나님께서 말씀하시는 것입니다. 부활은 믿는데 부활의 메시지를 알지 못하면 잘못된 신앙생활로 변하고 맙니다. 예수 부활, 이 사건에서 가장 중요한 메시지는 성경 말씀, 그 모든 말씀이 진실이요, 진리요, 사실이라는 것입니다. 단지 깨달음의 차원에서 추상적 진리가 아니라 약속과 성취의 사건으로 일어나는 참 진리임을 선포합니다. 예수님의 모든 말씀이 그와 같다는 것을 증명하는 것이 예수 부활입니다. 조금의 회의도, 의심도 없습니다. 확신만 있습니다. 왜냐하면 부활이 증명했기 때문입니다.

이런 재미있는 이야기가 있습니다. 어느 병상에서 죽음을 앞둔 남편이 있었습니다. 아내를 불러서 이제 유언을 남깁니다. 남편이 힘들어하며 말합니다. "박 사장 있잖아? 내가 그 사람에게 2억을 빌려줬거든. 꼭 받으시오." 아내가 열심히 적었습니다. "최 사장에게는 3억, 김 사장에게는 5천만 원." 열심히 적었습니다. "꼭 받으시오." 그러면서 한 마디 더합니다. "그런데 이 사장에게는 4억을 갚아야 돼." 열심히 적던 부인이 말하더랍니다. "어머머, 이이가 이제 헛소리를 하네."

성도 여러분, 성경을 보면서 내가 보고 싶은 것만 보는 것은 우상숭배입니다. 내가 좋아하는 성경구절에만 '아멘' 하는 것은 하나님을 안 믿는 것입니다. 성경 전체의 메시지를 받아들여야 합니다. 세상이 뭐라고 하든지, 내가 어떻게 받아들이든지 성경 전체의 메시지는 부활이 증명합니다. 절대 진리입니다. 성경 앞에 내가 판단받는 것이지 내가 성경을 판단하는 것이 아닙니다.

성경은 이렇게 시작합니다. 오직 한 분이신 여호와 하나님, 창조주 하나님. 그대로 믿어야 됩니다. 그 안에서 상상하는 것입니다. 나머지는 다 가짜입니다. 오직 한 분이신, 구세주이신 예수 그리스도, 그분 외의 나머지는 다 가짜입니다. 이것만이 진리입니다. 부활신앙이라는 것이 이런 것입니다. 오직 십자가의 은혜로만 죄사함을 받습니다. 이것만이 진짜입니다. 무슨 고행을 하고, 백일금식기도를 하고, 성모 마리아를 믿고, 고해성사를 해야 되는 것이 아닙니다. 어떤 선행을 해도 어림없습니다. 십자가의 은혜뿐입니다. 왜냐하면 성경이 말씀하니까요. "오직 하나님의 복음을 믿음으로 구원받는다."

그 믿음이란 복음을 깨닫고 지지하며 붙잡는 것입니다. 복음에 나타난 하나님의 사랑, 그 의를 믿음으로 구원받습니다. 그 외에는 다 거짓입니다. 인간의 열심, 인간의 노력, 율법을 지킴, 선행을 하는 그런 도덕적 차원이 아닙니다. '천국과 지옥이 있다. 최후 심판이 있다.' 이것이 진짜입니다. 한 시도 잊어서는 안 됩니다. 잊을 수가 없습니다. 어떻게 잊겠습니까? 더욱이 사탄, 마귀의 역사도 진짜입니다. 예수님이 직접 체험하시고 예수님이 수없이 말씀하셨습니다. 성경에 수없이 기록하고 있습니다. 분명한 확신이 있어야 합니다.

또한 부활의 메시지는 '성경 외에 다른 것들은 어떤 종교든 어떤 진리든 다 가짜'라는 것을 말합니다. 참 진리가 아닙니다. 좀 철학적으로 얘기하면 부분적 진리입니다. 아니 진리에 가까울 뿐입니다. 그런데 뛰어난 사상과 자신이 이해하고 동조하는 것 때문에 참 진리의 필요성을 못 느낍니다. 그게 더 나쁜 사탄의 역사입니다. 이 세상의 모든 세계관, 가치관, 진리관이 다 위선입니다. 허상이고 추상적인 것입니다.

부활신앙은 이것을 완전히 뒤집어버립니다. 모호하지 않습니다. 부활이 사실인 것처럼 중간이 없습니다. 사도 바울의 유명한 신앙고백이 빌립보서에 이렇게 나옵니다. "그러나 무엇이든지 내게 유익하던 것을 내가 그리스도를 위하여 다 해로 여길뿐더러 또한 모든 것을 해로 여김은 내 주 그리스도 예수를 아는 지식이 가장 고상하기 때문이라 내가 그를 위하여 모든 것을 잃어버리고 배설물로 여김은 그리스도를 얻고 그 안에서 발견되려 함이니"(빌 3:7-9). 왜냐하면 이것이 나를 자꾸 유혹합니다. 여기에 안주하게 만듭니다. 싹 버려야 합니다. 부활 사건이 그렇게 만들어 갈 것입니다.

부활의 메시지_오늘도 역사하는 예수님

또한 부활 사건의 메시지는 예수 그리스도의 말씀과 사역이 오늘도 계속된다는 것입니다. 부활하셨을 뿐만 아니라, 승천하시어 오늘도 계속 같은 일을 하고 계십니다. 사도 바울을 만나지 않습니까? 그리고 복음을 전하셨습니다. 오늘도 하나님 나라의 복음을 전하시며 십자가에 나타난 하나님의 사랑을 증거하십니다. 그래서 예수님이 교회의 머리입니다. 오직 주님의 뜻만이, 주님의 복음만이 나타나고 그것을 기뻐하며 그 외의 것을 하찮게 여기는 이것이 교회이고 주님의 역사입니다. 성령 안에서 이 일을 계속하십니다. 무덤에 계시지 않으십니다. 부활하셨고 오늘도 역사하십니다.

또한 부활 사건의 메시지는 승리입니다. 최종 궁극의 승리입니다. 죄로부터의 승리요, 사망으로부터의 승리요, 세상으로부터의 승리요, 사탄으로부터의 승리입니다. 부활신앙은 내 기도를 들어 주고, 내 소원을 성취하고, 자아를 실현하는 그런 것이 아닙니다. 부와 건강, 성공, 명예 이런 것도 아닙니다. 가정의 회복 이런 것도 아닙니다. 여기에 놀아나지 마십시오. 이것은 승리입니다. 변함없는 승리요, 하나님의 나라가 이루어지고 주권과 통치가 나타나는 유일한 승리를 맛보게 하시는 것입니다. 갈망하게 하시는 것입니다.

하나님의 사람인 영국의 윈스턴 처칠의 유명한 일화가 있습니다. 그는 자신의 장례식의 마지막 순서를 직접 계획했습니다. 그는 영국에서 가장 큰 성당인 성 바울 성당에서 장례식을 치렀습니다. 이제 장례식이 거의 끝날 무렵 성당 꼭대기에서 갑자기 군대의 취침 나팔소리가 울립니다. 얼마나 굉장하겠습니까? 사람들이 다 엄숙해졌습니다. 숙연해졌습니다. '아, 정말 처칠이 죽었구나. 영원한 잠에 들었구나.' 어느 시간 정적이 흐른 후에 갑자기 맞은편 꼭대기에서 기상 나팔소리가 '빠바밤!' 하고 경쾌하게 울립니다. 무엇을 말하는 것입니까? 부활하리라는 것입니다.

부활의 메시지_사람을 변화시킴

성도 여러분, 부활신앙은 이처럼 사람을 변화시킵니다. 나를 변화시킵니

능력의 하나

다. 부활에 대한 그 믿음이 부활의 증인으로 이 시대를 살게 합니다. 아직도 부활 사건의 증인이 아니면 나는 부활을 의심하는 것입니다. 예수 부활의 메시지에 이끌려 살지 못하는 것입니다. 그러나 성경을 보십시오. 사도들과 초대교회 교인들, 직접 목격한 자들과 들어서 믿은 사람들, 모든 사람들이 완전히 변합니다. 더 이상 세상에 소망을 두지 않습니다. 이 세상은 부활할 그날을 준비하는 인생일 뿐입니다. 잠시잠깐이고 저쪽은 영원합니다. 모든 인생관, 가치관이 변합니다. 그 사건의 기록이 신약성경입니다. 더욱이 그들은 죽음을 더 이상 두려워하지 않습니다. 어느 인간이, 어느 위대한 인간이 죽음을 두려워하지 않겠습니까? 그러나 그리스도인은 죽음을 두려워하지 않습니다. 아니 오히려 죽음을 기뻐합니다. 깊이 생각해 보십시오.

부활신앙, 정말 부활이 있다면 언제 죽는 것이 제일 좋겠습니까? 빨리 하나님께 가고 싶은 것입니다. 왜냐하면 하나님과 함께 영화의 삶을 누리기 때문입니다. 모든 신앙인의 최종 소망이 이루어지는 그날을 고대하며 살게 됩니다. 죽음을 넘어, 죽음을 통해 그 일이 이루어질 것을 믿기 때문입니다. 그리고 현재의 삶에서 그들 모두는 예수님의 증인으로, 특별히 십자가와 부활의 증인으로 살았습니다. 그 공동체가 교회입니다. 그것이 기독교입니다. 성도 여러분, 십자가 없는 부활은 없습니다. 십자가 없는 부활 영생도 없습니다. 십자가 없는 부활의 영화, 꿈도 꾸지 마십시오. 오직 십자가의 길만이 하나님께 나아가는 길이요, 영화의 삶으로 가는 지름길입니다. 그래서 주님은 말씀하십니다. "나를 따르려거든 자기를 부인하고 자기 십자가를 지고 나를 따르라."

성도 여러분, 우리 주변에 수많은 불신자가 있습니다. 그들이 지위가 어떻든지, 인격이 어떻든지, 삶이 어떻든지, 죽은 자의 부활을 믿지 않고 의심하는 중에 '말도 안 되는 소리 하지 말라'고 말하는 수많은 사람들이 내 주변에 있을 수 있습니다. 내 가족 안에 있을 수도 있습니다. 부활신앙을 갖고 한번 보십시오. 얼마나 불쌍합니까? 예수 믿기 전의 나의 모습입니다. 성도 여러분, 여기에 그리스도인의 소명이 있습니다. 이 부활의 소식을 전해야 됩니다. 예수 그리스도의 복음을 전해야 합니다. 부활의 메시지를 증거해야 합니다. 복음을 믿음으로 구원받아 부활신앙으로 새로운 인생을 살아갈 수 있기 때문입니다.

모든 그리스도인은 하나님의 부르심에 응답해야 합니다. 모든 그리스도인은 하나님의 복음을 위하여 부르심을 받은 존재입니다. 부활의 소식, 부활의 메시지, 이 기쁜 소식을 증거하며 하나님께 영광 돌리는 삶을 살아야 할 것입니다.

기 도

전지전능하신 하나님 아버지, 하나님의 주권적 부르심과 선택 속에 하나님의 복음을 믿음으로 하나님의 자녀되게 하시고, 영적 눈을 뜨며, 영적 세계를 알며, 영적 진리를 갈망하며, 부활의 증인으로 이 시대를 살게 해주심을 진심으로, 진심으로 감사드립니다. 그러나 부지불식간에 이 부활신앙을 잊어버리고 또한 의도적으로, 때로는 알면서도 하나님의 복음을 가감하여 십자가와 부활의 증인으로 살지 못하고, 잘못된 신앙 속에 옛 사람으로 돌아가 원망과 불평과 소망 없는 삶을 살아가는 죄인을 용서하여 주시옵소서. 우리 주 예수 그리스도의 이름으로 간절히 기도드리옵나이다. 아멘.

3부

아멘의 신앙

13장

아멘의 신앙

내가 이 확신을 가지고 너희로 두 번 은혜를 얻게 하기 위하여 먼저 너희에게 이르렀다가 너희를 지나 마게도냐로 갔다가 다시 마게도냐에서 너희에게 가서 너희의 도움으로 유대로 가기를 계획하였으니 이렇게 계획할 때에 어찌 경솔히 하였으리요 혹 계획하기를 육체를 따라 계획하여 예 예 하면서 아니라 아니라 하는 일이 내게 있겠느냐 하나님은 미쁘시니라 우리가 너희에게 한 말은 예 하고 아니라 함이 없노라 우리 곧 나와 실루아노와 디모데로 말미암아 너희 가운데 전파된 하나님의 아들 예수 그리스도는 예 하고 아니라 함이 되지 아니하셨으니 그에게는 예만 되었느니라 하나님의 약속은 얼마든지 그리스도 안에서 예가 되니 그런즉 그로 말미암아 우리가 아멘하여 하나님께 영광을 돌리게 되느니라 우리를 너희와 함께 그리스도 안에서 굳건하게 하시고 우리에게 기름을 부으신 이는 하나님이시니 그가 또한 우리에게 인치시고 보증으로 우리 마음에 성령을 주셨느니라(고후 1:15-22).

「가스펠 헤럴드」(Gospel Herald)지에 게재되었던 교훈적인 이야기 하나를 소개하겠습니다. 어린 딸아이를 둔 아버지가 있었습니다. 어느 날 그가 사랑하는 딸아이의 방에 들어갔는데 딸은 아빠를 기다렸다는 듯이 반기면서 어떤 물건을 꺼내놓고 자랑을 하였습니다. 어떤 사람이 자신에게 아름다운 구슬상자를 주었다고 하며 그것을 아주 기뻐하며 자랑했습니다. 아빠가 보니까 너무나 예뻤습니다. 그래서 참 아름다운 구슬이라고 감탄하면서 뜻밖의 말을 던집니다. "얘야, 그거 저 불 속에 던져버려라." 그 어린 소녀가 충격을 받았습니다. 너무 혼란스러웠습니다. 망설여집니다. 그러나 아버지가 다시 말합니다. "강요하지는 않겠다. 너에게 맡기겠다. 이유는 말하지 않을 것이다. 그러나 네가 아빠를 믿고 그렇게 하길 바란다."

이 어린 딸은 아주 깊이 생각하며 또 많이 고심하더니, 아버지께 순종합니다. 그리고 정말 불 속에 그 소중히 여기던 것을 던져버렸습니다. 그리고 며칠이 지났습니다. 어느 날 아버지가 딸이 그렇게도 갖고 싶어 하던 그 아름다운 구슬, 더 훌륭한 구슬이 든 상자를 딸에게 선물로 주었습니다. 그리고 이렇게 말했다고 합니다. "내 딸아, 내가 이렇게 한 것은 네가 하늘에 계신 아버지를 신뢰하도록 가르치기 위해서였단다. 너의 인생에 있어서 하나님은 여러 차례 네가 이유를 모르는 가운데 포기하고 버릴 것을 요구하실 것이란다. 그때 네가 나를 믿었듯이 하나님을 믿는다면 너는 언제가 그것이 최선임을 알게 될 것이다." 깊이 생각해 보시기 바랍니다.

구원에 이르는 믿음_아멘

성도 여러분, 구원에 이르는 믿음은 하나님과 하나님의 말씀에 대하여 항상 '예'라고 답하는 것입니다. 항상 '예'입니다. 그 '예' 속에는 하나님에 대한 전적인 신뢰가 포함되어 있고, 하나님의 말씀에 대한 전적인 수용이 나타난 약속입니다. 또한 그 '예' 속에는 나의 뜻, 나의 소원, 나의 열망, 이런 것이 다 없어지는 것입니다. 왜냐하면 '예'라고 말했기 때문입니다. 이유를 다 알아서가 아닙니다. 하나님께서 다 설명해 주시지 않으십니다. 그러나 믿음으로 '예' 하며 오늘을 살아가는 것입니다. 이해보다 믿음이 먼저입니다. 하나님의 신비는 이해하여 이성적 차원에서 믿어지는 것이 아닙니다. 이성의 한계라는 것이 있거든요. 그러나 '예' 하고 믿을 때 내 삶을 통해서, 삶 속에서, 사건 속에서 이해되어 갑니다. 이것이 기독교입니다.

　믿음의 조상 아브라함을 잠시 생각해 보십시오. 창세기 12장에 보면 어느 날 갑자기 하나님께서 아무런 설명 없이 말씀하십니다. '네 고향 본토를 떠나 내가 지시할 땅으로 멀리 가라.' 그뿐입니다. 아브라함은 '예' 하고 믿음으로 갔습니다. 그래서 믿음의 조상이요, 그래서 복을 받습니다. 다 이해하지 못했습니다. 왜 떠나야 하는지, 하나님께서 자세히 설명해 주지 않으셨습니다. 왜냐하면 믿음을 요구하시기 때문입니다. 그러나 믿음의 삶 속에서, 생활 속에서 이제 이해된 것입니다.

　창세기 15장을 보면 하나님께서 아브라함을 불러 나이 많아 무자(無子)할 때 하늘의 별과 같이 자식을 주시겠다고 약속하십니다. 현재적 사실로 이루어진 것이 아무 것도 없습니다. 그러나 믿었습니다. 믿음은 사실 이전에 있는 것입니다. 그 믿음으로 미래적 사건이 나타납니다. 그 믿음을, 이해 이전의 그 믿음을 하나님께서 의로 여기셨습니다. 이것이 기독교 진리입니다. 그 믿음으로 구원받습니다.

　성경은 말씀합니다. "여호와를 경외함이 지혜의 근본이라." 이것을 믿고 살아가는 사람이 그리스도인입니다. 정말 하나님께로부터 지혜를, 지식을 얻습니다. 어떻게요? 하나님을 경외함으로 얻습니다. 이 '경외'라는 것은 믿는 마음입니다. 믿음의 시작입니다. 이것은 태도입니다. 사실 이전에, 설명 이전에, 듣기 이전에 믿고 경외하는 것입니다. 그 마음으로 하나님의 말씀을 듣는 것입니다. 이것이 하나님의 섭리입니다.

그러나 불신앙이란 무엇입니까? 들어보고 믿겠다는 것입니다. 믿어지지 않는 것은 안 믿겠다는 것입니다. 이해되어야, 설명해 줘야 내가 한번 생각해 보고 믿겠다는 것입니다. 이것은 종교생활입니다. 거듭난 그리스도인은 태도가 변했습니다. 마음이 변화되었습니다. 다음은 영국의 설교자 시드로우 벡스터(Sidlow Baxter) 목사의 격언입니다.

"장애물과 기회의 차이는 무엇인가? 그것은 그것에 대한 우리의 태도다. 모든 기회도 어려움이 있으며, 모든 어려움에도 기회가 있다. 어려운 환경이 닥쳤을 때 뛰어난 태도를 지닌 사람은 최악의 상황을 최대한으로 이용한다."

복음 안에 변화된 삶

오늘날 성공한 사람들의 삶을 분석하고 성공의 원리를 찾은 책들이 많습니다. 그런 논문도 많습니다. 저도 궁금해서 여러 권의 책을 오랫동안 봤습니다. 그런데 분명한 공통분모가 하나 있습니다. 많은 사람들이 얘기하는 공통분모가 뭔지 아십니까? 태도입니다. 성공의 가장 중요한 요인이 재산, 지식, 운, 환경, 부모, 이런 것이 아닙니다. 공통분모는 그들의 삶의 태도로 적극적인 태도, 긍정적인 태도였습니다.

성도 여러분, 그리스도인은 복음 안에서 이러한 태도의 사람으로 변화됩니다. 믿음의 시작은 태도의 변화부터 옵니다. 하나님을 경외하지 않았습니다. 그러나 하나님을 경외합니다. 하나님의 말씀에 귀 기울이지 않았습니다. 그러나 이제는 귀를 기울입니다. 그 태도의 변화를 통해서 말씀을 듣습니다. 이제 채워 주십니다. 그 은혜 가운데 세상과 이웃에 대한 인식이 변합니다. 태도가 변합니다. 그러므로 내가 복음적인 사람이고 구원받은 사람이라고 하면서 살지만 아직도 부정적인 세계관, 부정적인 태도로 이 시대를 살아간다면 회개해야 합니다.

분명 구원받은 믿음은 한마디로 '아멘의 신앙'입니다. 왜냐하면 하나님과 하나님의 말씀에 대하여, 복음에 대하여 '예' 한 것입니다. '아멘!' 이제 그 아멘으로 살아가는 것입니다. 아멘이 나를 적극적이고 긍정적인 사람으로 변화시킵니다. 하나님의 말씀에, 예수 그리스도에, 복음에, 성령에, 성경에 계속해서 아멘할 때, 그 아멘이 나를 변화시킵니다. 좌우간 주일날 예배를 드리면서, 찬송하면서, 기도를 하면서 최소한 열 번 이하로 아멘하는 사람은 좀 문제 있는 사람들입니다. 성경을 읽고, 찬송을 하고, 말씀이 들리는데 아멘은 할 수밖에 없는 것입니다. 이 '아멘'이라는 것은 원래 히브리어입니다. 그런데 한국어로도 그냥 '아멘'이라고 씁니다. 더 재미있는 것은 세계 공통어입니다. 번역을 안했습니다. 분명 히브리어인데 영어로도 아멘입니다. 프랑스어로도, 스페인어로도, 중국어도 아멘입니다. 참 묘하지 않습니까? 아마도 성령의 역사인 것 같습니다. 다 아멘입니다.

그러면 이 '아멘'의 뜻이 무엇입니까? 이것은 영어로 'Truly'입니다. '진실로 그렇다', '그것은 진리다'라는 말입니다. 다시 말해서 나 스스로가 매우

강한 확언을 하는 것입니다. '이것은 정말 진실입니다. 세상에 믿을 것 없고 진실이 없지만, 이것만은 진실입니다.' 이렇게 선언하는 것입니다. 아주 적극적으로, 긍정적으로 선언하는 것입니다. 그런고로 공적인 아멘은 적극적인 지지요, 동의요, 인정이요, 열광이요, 더 나아가서 그대로 되기를 바란다는 말입니다. 꼭 그대로 되어야 한다는 그런 말입니다. 그리고 하나님께 찬송하고 영광을 돌리는 것입니다. 아멘이 그것입니다.

그 아멘이 없는 사람, 그는 죽은 신앙의 사람입니다. 모든 그리스도인은 하나님과 그 말씀에 대하여 복음 안에서 항상, 매일매일 아멘하며 살아야 합니다. 마음속 깊이 '정말 이것은 아멘이다. 이것은 진실이다'라고 고백해야 합니다. 더욱이 이 세상에는 그런 진실과 진리가 없습니다. 그래서 때로는 마음속 깊은 곳에서 진지함으로 나오는 탄식입니다. '아멘' 나와 하나님과의 비밀한 약속이요, 하나님을 찬양하는 것입니다.

하나님과 하나님의 말씀에 대해서_아멘

이런 얘기가 있습니다. 한 목사님이 교회에서 설교 중에 항상 "믿습니까?" 하면, 성도들은 무조건 "아멘, 아멘!" 했습니다. 사실 이런 교회가 참 많습니다. 특별히 한국에 많습니다. 대형교회들은 대다수가 이런 것 같습니다. "믿습니까?" 하면 "아멘!", 좌우지간 그 속에서 예배드려 보면 분위기는 끝내줍니다. 그런데 심각한 문제가 있습니다. 왜냐하면 성경적으로 볼 때 이것은 아멘을 유도하고 강요하는 것이기 때문입니다. 다시 말해서 비

은혜의 하나듯

성경적인 것이지요. 신앙인의 아멘은 자발적이어야 됩니다. 누구를 따라가는 것이 아닙니다. 박자 맞추는 것이 아니거든요. 예를 들어 "믿습니까?" 그러는데 "아멘"이라고 안 하겠습니까? 또 "아멘입니까?"라고 대놓고 얘기하면 당연히 "아멘" 해야지요. 이것은 "아멘"을 강요하는 것입니다. 더 나아가서 "하나님께서 당신의 소원을 들어 주실 것입니다, 병이 나을 것입니다, 기업과 가정이 잘될 것입니다, 하나님의 은총으로 이 나라가 잘될 것입니다"라고 하면, 어느 인간이 아멘을 안 합니까? 이것이 아멘을 유도하는 것입니다. 이것은 아주 사기극입니다. 잘 들으십시오. 이것은 정말 나쁜 설교입니다. 하나님은 아멘을 구걸하지 않으십니다. 성령 안에서 아멘하는 것입니다.

그런데 이 목사님 생각에 자기 교회가 뜨겁게 예배하는 것 같은데 뭔가 마음이 불안했습니다. '뭔가가 이상해. 교인들이 정말로 아멘하는 걸까?' 이런 의심이 좀 생기기 시작했습니다. 그래서 어느 주일날 설교를 시작하기 전에 이렇게 말씀하셨답니다. "무조건 믿습니까?" 그랬더니 "아멘, 아멘" 그러더랍니다. 정말 그러거든요. 그래서 이번에는 "정말 확신하십니까?" 했더니 아무 소리가 없더랍니다. 그래서 다시 말했답니다. "무조건 믿습니까?" 하니까 "아멘, 아멘." 그래서 "무조건 확신하십니까?" 그랬더니 조용하더랍니다. 그래서 목사님이 이렇게 말했답니다. "여러분, 믿습니까와 확신하십니까가 무엇이 다릅니까? 같은 말입니다. 그리고 내가 지금 무슨 말을 했기에 '아멘' 하는 것입니까? 아직 설교도 안했는데요." 잘 생각해 보십시오.

기독교의 아멘은 사람의 말에 끌리는 것이 아닙니다. 분위기에 끌리는 것도 아닙니다. 옆 사람이 했기 때문에 끌려가는 것이 아닙니다. 박자를 맞추는 것이 아닙니다. 나와 코드가 맞았기 때문도 아닙니다. 더 나아가서는 설교 행위 때문도 아닙니다. 설교자의 말 때문도 아닙니다. 잘못된 설교가 있을 수 있잖아요? 아멘은 하나님과 하나님의 말씀에 대해서만 할 수 있는 것입니다. 최소한 이 분별력은 가지고 있어야 됩니다.

아멘의 이유_하나님의 성품 때문에

오늘 성경을 보면 왜 우리가 아멘해야 되는지, 아멘의 신앙의 동기와 근거를 명백하게 계시해 주고 있습니다. 그래서 우리가 아멘할 수 없을 때, 때로는 아멘할 때 두렵기까지 합니다. 정말 하나님께 헌신하고자할 때 모든 것을 다 포기해야 될 것 같습니다. 그렇게 못할 수도 있거든요. 그런 불안과 회의를 넘어 왜 아멘으로 살아가야 하는지를 우리에게 말씀해 주는 것입니다.

먼저, 하나님의 성품 때문에 우리는 아멘해야 합니다. 그래서 오늘 18절에 보면 '하나님은 미쁘시니라'(God is faithful)고 선언하고 있습니다. 하나님의 성품입니다. 하나님은 신실하신 분입니다. 변함이 없으신 분입니다. 그래서 성경 말씀이 역사를 넘어, 시대를 넘어 진리가 되는 것입니다. 하나님은 사람의 말처럼 젊었을 때는 이랬다가 나이 들어서는 저랬다가 하는 분이 아니십니다. 신실한(Faithful) 분입니다. 하나님은 자신의 약속을 반드시 지키십니다. 그래서 우리는 그 말씀에 아멘해야 됩니다. 이것은 강제적 요구가 아닙니다. 믿으면 아멘할 수밖에 없습니다. 하나님과 하나님의 말씀에 대하여 모든 인간은 아멘해야 인간됨이 살아납니다.

자, 창조주 하나님 앞에 피조물이 어떻게 아멘을 안 하겠습니까? 그러면 인간됨을 포기하는 것이지요. 하나님의 형상을 잃은 것입니다. 그러나 예수 믿고 구원받음으로 이제는 아멘이 시작됩니다. 그 아멘 속에 신앙의 성숙이 나타납니다. 그러나 불신앙은 무엇입니까? 아멘하지 않습니다. 하나님이 어디 있냐고 합니다. 하나님의 말씀을 모호하게 받아들입니다. 이것은 맞는 것도 같고 틀린 것도 같다는 식으로 말입니다. 애초에 아멘이 없습니다. 그래서 불행한 것이며 세상이 혼란을 겪는 것입니다.

특별히 오늘의 현대인을 생각해 보십시오. 교육은 아멘이라는 것이 아예 없습니다. 하나님과 부모와 어른에 대한 아멘이 없습니다. 자아성취뿐입니다. 내 뜻대로 내가 성취해야 됩니다. 자기 유익에 따라 끌려가는 세대입니다. 이것이 불행입니다. 그래서 항상 근심이 있고, 불안이 있고, 걱정이 있고, 절망이 있고, 두려움이 있습니다. 그러나 그리스도인의 아멘에는 그 모든 것이 사라집니다.

성도 여러분, 하나님 앞에서 아멘했을 때는 항상 'Yes'와 'No'가 분명합니다. '예', '아니오'가 분명합니다. 하나님의 복음에 대해서 "아멘, 진실로 그대로 되겠습니다"라고 해야 구원받은 것입니다. 하나님의 복음 외에는 구원의 길이 없기 때문입니다. 모든 종교와 우상숭배는 다 헛것입니다. 그러나 내가 복음을 믿음으로 아멘했거든 천당과 지옥은 명백합니다. 천당이 있는데 어떻게 지옥이 없겠습니까? 그런데 아멘이 불확실하다면 그의 삶은 중간을 살아가는 것과 같습니다. 이것을 세속적 신앙생활이라고 합니다.

때로는 하나님 앞에 'Yes'라고 말할 때 그것이 우리에게 큰 고통으로 다가옵니다. 왜냐하면 내 뜻이 포기되어야 하기 때문입니다. 또한 세상이나 이웃에 대해서 반대되기 때문입니다. 그래서 비난도 받고 조롱도 받는 삶이 있습니다. 그러나 하나님 앞에서 아멘하는 것은 절대 타협이 없습니다. 양보가 없습니다. 성경에 나타난 순교자들을 보십시오. 사도들을 보십시오. 종교개혁자들을 기억하십시오. 그들은 모두 하나님의 말씀에 대해서 아멘한 것입니다. 아멘하고 지켜갔습니다. 그래서 죽은 것입니다. 그러나 우리는 그들을 높입니다. 하나님이 함께하시고 지금 천국에 가 있습니다. 바로 아멘신앙입니다.

이런 극적인 장면이 마태복음 16장에 나타납니다. 예수님께서 베드로의 신앙고백을 보고 높이십니다. 천국의 열쇠를 주셨습니다. 그런데 불과 얼마 안 있어서 많은 사람들 앞에서 말씀하십니다. "사탄아, 내 뒤로 물러가라!" 왜 그러셨습니까? 지금 예수님은 십자가를 지러 가십니다. 하나님의 뜻에 아멘하고 가시는데, 가장 가까운 제자가 하나님의 뜻을 무시하고 인간적인 정에 이끌려서 말합니다. "예수님, 그렇게 죽으시면 안 됩니다." 절대로 안 된다고 말합니다. 사탄입니다. 아멘을 방해합니다. 아멘을 무너뜨리고 있습니다. 그래서 사탄이라고 하십니다. 예수님도 이렇게 말씀하셨습니다. 그런고로 하나님 앞에서의 아멘에는 항상 이런 상황이 우리 앞에 놓여 있다는 것을 알아야 합니다.

아멘의 이유_예수 그리스도 때문에

또한 아멘의 이유는 예수님께 있습니다. 예수님이 항상 하나님께 아멘하셨기에 우리도 아멘하는 것입니다. 그래서 오늘 본문에 이렇게 기록합니다. "하나님의 아들 예수 그리스도는 예 하고 아니라 함이 되지 아니하셨으니 그에게는 예만 되었느니라"(고후 1:19).

이분이 예수님입니다. 예수님은 처음부터 끝까지 하나님께 '예'만 했습니다. 말구유에 오실 때부터 '예'입니다. '아멘'입니다. 아멘하셨기에 오신 것입니다. 십자가도 아멘입니다. 다른 계획이 있었습니다. '그러나 아버지의 뜻대로 하옵소서.' 즉 아멘입니다. 하나님께 대한 아멘으로 사신 분입니다. 그래서 모든 그리스도인은 예수 그리스도 안에서 아멘할 수밖에 없는 것입니다. 성경은 예수님을 이렇게 설명합니다. "라오디게아 교회의 사자에게 편지하라 아멘이시요 충성되고 참된 증인이시요 하나님의 창조의 근본이신 이가 이르시되"(계 3:14).

예수님의 호칭이 아멘입니다. 예수님이 누구십니까? 아멘이신 분입니다. 오늘 성경에도 "그에게는 예만 되었느니라"라고 합니다. 그렇지요. 어떻게 하나님 앞에 'No'를 말할 수 있겠습니까? 그런고로 그리스도인은 예수 그리스도 안에서 아멘하는 것입니다. 우리는 예수님을 구세주요, 구주로 고백합니다. 그런데 아멘이 없다면 잘못된 신앙생활을 하는 것이지요. 성경은 우리로 하여금 항상 아멘하도록 인도합니다.

성경은 하나님의 약속입니다. 하나님의 뜻입니다. 하나님의 말씀입니다. 한번 역으로 생각해 보십시오. 왜 내가 성경을 가까이하지 못합니까? 마음은 있는데, 왜 성경 말씀 안에서 묵상하고 연구하지 못합니까? 한마디로 아멘하기 싫어서입니다. 내 마음대로 지내고 싶어서입니다. 그런데 내 마음대로 안 될 때, 벼랑 끝에 있을 때, 그때는 할 수 없이 아멘을 해야죠. 그것밖에 없으니까요. 그런데 평상시에는 내 힘, 내 노력, 내 소유, 내 지식으로 살아갑니다. 여기에 이끌려 사니까 성경을 볼 필요가 없지요. 두려운 것입니다. 아멘하는 순간 이것을 포기해야 하니까요. 깊이 생각해 보십시오.

성경은 분명 우리를 아멘으로 계속 인도합니다. 아멘하고 말씀을 듣는 것입니다. 예수 그리스도 안에서 하나님의 모든 약속은 이미 성취되었습니다. 단 하나 남았습니다. 예수님의 재림입니다. 이미 구약에서 메시아를 약속하셨습니다. 이 땅에 오셨습니다. 예수님 삶 자체가 아멘입니다. 십자가를 지셨습니다. 아멘입니다. 부활하셨습니다. 아멘입니다. 그런고로 우리도 예수 그리스도 안에서 성경 모든 약속들에 대해서 아멘하면서 약속을 성취하며 오늘을 살아가는 것입니다.

아멘의 이유_성령의 역사가 있기에

그리고 또 하나의 이유는 성령의 역사가 있기에 아멘하는 것입니다. 오늘 성경은 말씀합니다. "보증으로 우리 마음에 성령을 주셨느니라." 하나님의 말씀입니다. 이 보증이라는 것은 우리가 흔히 사용하는 말과 똑같습니다. 원어는 '아라본'이며 '일회 계약금'이나 '보증금'을 뜻합니다. 즉 집을 계약하고 계약금을 냈습니다. 무엇을 의미합니까? 나머지 약속을 이행하겠다는 것입니다. 그래서 지금은 계약금만 낸 것입니다.

성령이 이와 같은 분입니다. 성령이 하나님의 모든 약속을 맛보게 해주십니다. 누리게 해주십니다. 소망하게 해주십니다. 이 안에서 기뻐하고 만족하게 해주십니다. 그러나 그 사건은 사실 미래에 완성될 것입니다. 그래서 아멘하는 것입니다. 하나님의 말씀을 맛보았기 때문입니다. 참으로 복음이 주의 약속이요, 은혜요, 능력이요, 기쁨임을 맛보았기 때문입니다. 세상 어디에서도 줄 수 없는 그것을 성령 안에서 누렸기 때문에 아멘하는 것입니다. 이대로 계속 주십니다. 이 약속이 이루어지게 해주십니다. 그래서 아멘하는 것입니다.

아멘해야 그리스도인입니다. 오늘 성경은 이렇게 말씀합니다. "그로 말미암아." 예수 그리스도입니다. "예수 그리스도로 말미암아 우리가 아멘하여 하나님께 영광을 돌리게 되느니라." 아멘입니다. 성도 여러분, 모든 그리스도인은 하나님께 영광 돌리기를 원합니다. 최소한 한 번쯤은 기도할 것입니다. 그러나 못하는 것이 현실입니다. 어떤 사람은 자기가 구제헌금 좀 하고, 성가대 봉사도 한다고 이것으로 할 일 다 했다고 생각합니다. 천만의 말씀입니다.

성도 여러분, 성경 말씀으로 돌아오십시오. 아멘해야 하나님께 영광 돌리는 것입니다. 내 지식, 내 능력으로 되는 것이 아닙니다. "아멘하여 하나님께 영광을 돌리게 되느니라." 아멘! 그 아멘 속에 내 인격이 있고, 내 고백이 있고, 내 갈망이 있는 것이거든요. 그런고로 그리스도인은 아멘의 신앙 속에 살아가는 것입니다. 그 아멘이 나를 적극적이고, 긍정적이고, 소망 있는 사람으로 변화시킵니다. 그런데 내 마음에 아멘이 없고 믿을 것이 없으면 모든 것이 다 불안하고 불확실한 것입니다. 그래서 불안하고 두려움 속에 살아갈 수밖에 없습니다.

하나님의 사람 존 웨슬리의 삶을 기억하시기 바랍니다. 그분은 진정 하나님의 사람이었습니다. 예수 믿고 구원받았습니다. 그리고 고민합니다. '매일매일 일상적 결단을 내려야 하는데, 어떻게 하나님의 뜻대로 결단할 것인가?' 우리와 같은 고민이지요. 그리고 성령 안에서 성경을 펴는 방법으로 평생을 살았습니다. 왜냐하면 하나님의 약속이, 하나님의 뜻이 이 안에 있기 때문입니다. 성경에만 내가 아멘할 수 있는 것입니다. 인간은 지식이 있든 없든 교만해서 누구 앞에서도 아멘하지 못합니다. 특히 나이가 들면 더 그렇습니다.

그러나 성령 앞에서는 아이와 어른이 없습니다. 지식이 있건 없건 간에 아멘하는 사람이 그리스도인입니다. 그런고로 성경을 펴고 매일 질문하며 답을 얻습니다. 말씀 안에서 '주여, 뜻대로 하옵소서'라며 아멘하고 승리할 수 있는 것입니다. 이것이 그리스도인의 삶입니다.

아멘의 신앙_세상과 충돌

그런데 이 아멘신앙은 세상과 충돌합니다. 왜냐하면 불신앙의 세대이기 때문입니다. 이 세상의 법과 제도, 구조가 아멘신앙으로 세워진 것입니까? 아닙니다. 인간의 뜻대로 세워진 것입니다. 그래서 부딪칩니다. 갈등을 느낍니다. 아멘신앙으로 살아간다고 해서 세상에서 성공하고, 칭찬받고, 명예를 얻으리라 생각하지 마십시오. 그런 것들은 자기에게 주어진 분복대로 하나님께서 쓰시기 위해서 허락하시는 것일 뿐입니다.

사도 바울이 그런 상황에 직면했습니다. 오늘 성경을 보면 그는 지금 마게도냐를 통해서 고린도 교회로 가기를 계획했습니다. 교인들도 알았을 것입니다. 교회에 미리 말했을 것입니다. 그러나 마지막 결단은 성경 안에서 성령을 통하여 하나님의 뜻 가운데 가지 않는 것이었습니다. 성경을 계속 읽어보면, 이것이 그들에게 기쁨과 덕이 될 것이라고 믿은 것입니다. 그런데 교회가 흔들립니다. 온다고 해놓고 안 온다고, 약속을 어겼다고 하면서 사도의 권위를 무너뜨립니다. 그가 전한 복음까지 흔들어버립니다. 교회 안에서도 하나님의 뜻에 아멘하는 것이 흔들리는데, 세상 속에서 이것이 흔들리지 않겠습니까? 그러나 성령의 사람은, 예수의 사람은, 하나님의 사람은 아멘하고 그 신앙 안에서 오늘을 살아가는 것입니다.

오래 전 「타임」(Time)지가 20세기 세계에서 가장 위대한 선교사로 선정한 사람이 있었습니다. 노벨평화상 후보로도 지명되었는데, 스탠리 존스(Stanley Jones) 목사입니다. 좌우간 인도에 가면 아직도 신앙인들 사이에 최고의 성자로 추앙받는 분입니다. 그는 평생 인도에서 사역했습니다. 23살에 소명을 받고 가서 한 90세까지 사셨는데, 평생 인도에 머물렀습니다. 그러던 중 88세에 뇌졸중을 얻어서 쓰러졌습니다. 혼자서 아무 것도 할 수 없었습니다. 육체적으로 큰 고통을 겪었습니다. 그 무렵 그는 말씀을 녹음해서 「하나님의 Yes」(The Divine Yes)라는 책을 저술하게 됩니다. 그리고 그 후에 다시 인도로 갔다가 거기서 생을 마칩니다.

그런데 이 마지막 때, 생이 얼마 남지 않았을 그때에 있었던 실제 이야기입니다. 손녀가 이렇게 물었습니다. "할아버지, 할아버지, 지금까지 살아오면서 했던 결정들을 다시 할 수 있는 기회가 주어진다면 지금처럼 그대로 하실 거예요? 거기에 뇌졸중 발작이 포함된다고 해도요?" 그가 대답합니다. "그런 기회가 한 번이 아니라 여러 번 주어진다 해도 할아버지는 똑같은 결정을 내릴 것이다." 손녀가 다시 물었습니다. "몇 번이나 그렇게 하실 수 있다고요?" 그는 미소를 지으며 대답합니다. "응, 할아버지는 백 번이고 천 번이고 같은 결정을 할 거야." 이것이 아멘신앙입니다. 그리스도인은 복음 안에서 생각하고, 복음적 판단으로 결단합니다. 그래야 하나님께서 복을 주시어 마음의 평강도 있고 주의 길을 감으로 하나님께 영광 돌리게 됩니다.

성도 여러분, 아멘의 신앙은 항상 하나님과 하나님 앞에서만 '예'라고 진지하게 내 모든 인생과 인격을 담아 답하는 것입니다. 마음으로 답하고 입으로 표현하는 것입니다. '아멘', 그리고 100% 그 말씀을, 그 자기의 응답을 지켜나가는 그 삶이 순종이요 헌신입니다. 그리고 이것은 매일매일 이루어져야 합니다. 아무리 아멘해도 사탄이 흔들어버리면 한 시간도 안 되어서 그냥 무너집니다. 교회에서 은혜 받아서 아멘하고 집에 가서 싸우면 그냥 끝나는 것입니다. '아멘', 아멘이 내 인격이 되고, 내 성품이 되어야 됩니다. 그럴 때에 성령께서 아멘신앙의 사람으로 우리를 변화시킵니다.

그리고 이 아멘은 자발적이어야 됩니다. 강제적인 것이 아닙니다. 분위기에 휩쓸려도 안 됩니다. 또한 보상을 기대해도 안 됩니다. 이것은 예수 그리스도의 십자가의 은혜, 하나님의 크신 사랑, 그의 놀라운 구원의 은총, 거기에 대한 아멘으로 시작되는 것이기 때문입니다. 바랄 것이 없습니다.

이미 주셨고 내가 누리기 때문에 아멘할 수 있습니다. 예수 그리스도 안에서 날마다 아멘하는 사람은 항상 신령한 세계를 바라봅니다. 생각이 다릅니다. 적극적이고 긍정적인 마음으로 내게 주어진 삶에 성실하게 살아갑니다. 여기에 성령의 역사가 있고, 하나님의 은혜와 진리가 충만히 경험되는 약속의 삶이 나타날 것입니다.

기 도

전지전능하신 하나님 아버지, 우리를 이처럼 사랑하셔서 하나님의 복음을 믿음으로 아멘하며 살게 하시고, 아멘의 신앙에 이끌리어 하나님의 사람으로 날마다 변화될 수 있게 하심을 진심으로 감사드립니다. 이 불신앙의 세대를 향하여 아멘의 증인으로 살게 하시고, 진정 아멘이신 예수 그리스도를 본받아 아멘의 지혜와 능력과 은혜를 체험하며 하나님께 영광 돌릴 수 있도록 우리를 지켜 주시옵소서. 우리 주 예수 그리스도의 이름으로 간절히 기도드리옵나이다. 아멘.

14장

하나님에게 소망을 두는 자

할렐루야 내 영혼아 여호와를 찬양하라 나의 생전에 여호와를 찬양하며 나의 평생에 내 하나님을 찬송하리로다 귀인들을 의지하지 말며 도울 힘이 없는 인생도 의지하지 말지니 그의 호흡이 끊어지면 흙으로 돌아가서 그날에 그의 생각이 소멸하리로다 야곱의 하나님을 자기의 도움으로 삼으며 여호와 자기 하나님에게 자기의 소망을 두는 자는 복이 있도다(시 146:1-5).

하나님의 사람 디트리히 본회퍼(Dietrich Bonhoeffer) 목사의 역사적 사건을 하나 소개하겠습니다. 1943년 4월 5일, 그는 독일 나치정권에 저항하며 히틀러 암살계획에 가담했다가 체포되어 수감되게 됩니다. 2년 후에 제2차 세계대전의 종전을 겨우 몇 주 남겨둔 시점에서 사형집행을 기다리고 있었을 때의 일입니다. 1945년 4월 8일 주일, 그는 다른 수감자들을 위해 예배를 인도하고 있었습니다. 마지막 기도가 끝날 무렵 간수 두 명이 와서 크게 소리칩니다. "죄수 본회퍼 따라와!"

수감자들은 이 말의 의미를 다 알고 있었습니다. 그 뜻은 이제 교수형이 집행된다는 뜻입니다. 그래서 서둘러 수감자들이 본회퍼를 향하여 마지막

인사를 보냅니다. 이 생생한 현장의 목격자인 한 영국인 수감자는 후에 이 순간을 이렇게 기록하였습니다. "그분이 한쪽으로 나를 데려가서 이렇게 말했습니다. '이제 마지막이겠지. 하지만 나한테는 이것이 삶의 시작이라네.'" 깊이 생각해 보시기 바랍니다.

진정한 소망의 사람

성도 여러분, 소망은 우리의 삶과 직접적으로 연결되어 있다는 사실을 항상 기억해야 합니다. 소망이 있고, 우리의 삶이 따로 있는 것이 아닙니다. 소망은 항상 우리 삶을 직접적으로 변화시킵니다. 먼저는 우리의 세계관과 가치관과 인생관을 변화시킵니다. 천국을 소망하는 자는 이 세상에서 나그네로 살아갑니다. 이 세상을 소망하지 않습니다. 집착하지 않습니다. 왜냐하면 천국을 소망하기 때문입니다. 이것을 분명히 알아야 합니다.

저명한 목회자인 빌리 그래함(Billy Graham) 목사의 간증이 있습니다. 그가 언젠가 중국에 가서 한 선교사를 만났습니다. 그리고 그에 대한 소식을 들었는데, 암에 걸려서 암세포가 온 몸에 퍼졌다는 것이었습니다. 이제 얼마 있으면 죽습니다. 그래서 참 안타까운 마음을 가지고 그를 좀 위로해 줘야 겠다고 생각하고 방문했습니다. 그런데 오히려 본인이 위로를 받고 왔다고 기록을 남겼습니다. 만나보니까 그 선교사의 얼굴빛이 환하고 기쁨이 넘치는 것입니다. 담대하게 복음을 증거하면서 오히려 빌리 그래함 목사 손을 잡고 이렇게 말씀하더랍니다. "목사님, 예수님은 참 좋은 분입니다. 복음을 담대히 전하세요." 그래서 오히려 본인이 위로받고 은혜를 받고 왔다는 것입니다.

이 선교사는 진정한 소망의 사람이었습니다. 잘 생각해 보십시오. 소망이 없는 사람은 비인격화된 삶을 살아갈 수밖에 없습니다. 소망이 없기에 부정적인 세계관 속에 갇혀서 원망하고, 불평하고, 투덜대고 살아갑니다. 이 세상에서 어두운 그림자만이, 어두운 사건만이 그를 지배합니다. 그러다 보니 소망이 없으면 점점 이기적인 사람으로 변합니다. 이웃의 평안과 안정과 행복과 유익은 관심이 없습니다. 점점 나의 행복, 나의 삶, 나의 유익, 이것만 관심이 있습니다. 그러면 끝에 가서는 폭력적이고 파괴적인 사람으로 변합니다.

오늘날 신문과 방송에서 들려오는 나라 안팎의 끔찍한 살인사건, 총기사건, 폭력사건 등과 같은 모든 사건의 원인이 여기에 있습니다. 많은 해설을 붙이지만 다 그럴듯한 얘기고, 근본적인 원인은 그들에게 소망이 없기 때문입니다. 소망이 없어서 그냥 막 나가는 것입니다. 소망이 있는 사람은 절대 그런 삶을 살아갈 수 없습니다.

성도 여러분, 그리스도인은 소망의 사람으로 새로워진 피조물입니다. 이것을 항상 기억해야 합니다. 성공의 사람으로 선택받은 사람이 아닙니다. 소망의 사람으로 하나님의 자녀가 되었습니다. "우리가 소망으로 구원을 얻었으매 보이는 소망이 소망이 아니니 보는 것을 누가 바라리요"(롬 8:24).

우리는 소망으로 구원받은 새 사람입니다. 소망은 믿음의 다음 단계입니다. 소망으로 믿기 시작했고 소망으로 믿음이 자라납니다. 내 믿음이 자라나려면, 성숙해지려면 참 소망이 내 안에 있어야 합니다. 하나님의 사람 존

칼빈은 이렇게 말합니다. "소망은 믿음이 성공적으로 출발하여 도중에 지치지 않고 최종 목적지까지 잘 도착할 수 있도록 지탱해 준다. 한마디로 소망은 믿음을 쉬지 않고 새롭게 하며 회복시키므로 끈기 있게 활기를 북돋워 준다." 이것이 맞습니다. 바른 믿음을 가졌다는 것은 바른 소망을 가진 사람이라는 것입니다. 바른 믿음은 바른 소망을 갖도록 만들어 줍니다. 다시 말해서 내 안에 잘못된 소망이 있습니까? 잘못된 믿음으로부터 비롯된 것입니다. 이것을 항상 분별하면서 즉시 회개하며 살아가야 합니다.

성경이 말씀하는 바른 소망이라는 것은 먼저는 항상 미래적인 것입니다. 현재적 상태나 조건이 아닙니다. 또한 바른 소망이라는 것은 눈에 보이지 않는 것입니다. 성경은 말씀합니다. "눈에 보이는 것을 누가 소망하리요." 보이지 않는 영적인 것입니다. 그리고 바른 소망은 항상 종말론적 연결성을 갖습니다. 그리스도인은 몸의 부활을 믿습니다. 영생을 믿습니다. 천국을 믿습니다. 이 종말론적 사건과 항상 연결되어 있어야 참 소망입니다.

이제 내가 소망하고 소원한 것을 생각해 보십시오. 영적인 소망과 상관없으면 그건 자신의 집착이요, 개인의 소원일 뿐입니다. 이것은 전혀 다른 것입니다. 오늘날 현대인의 가장 큰 문제가 여기 있습니다. 소망이 없습니다. 다 성공의 사람이 되기를 원하며 앞으로 나아가길 바랍니다. 초등학생에게도 성공하라는 것을 가르칩니다. 대학에서도 성공 지향적 삶을 보장해 준다고 합니다. 그리고 불행하게도 기독교 안에서도 예수 믿고 성공해야 하는 줄 압니다. 아닙니다. 예수 믿고 소망의 사람이 되어야 합니다. 이건 완전히 다른 차원의 역사입니다.

언젠가 TV를 보니까 '미녀들의 수다'라는 프로그램이 있었어요. 정말 여자들이 나와서 수다를 떨더라고요. 그런데 깜짝 놀랄 만한 시사성 있는 발언이 있었습니다. 여성들이 이야기하기를 "키가 작은 남자를 뭐라고 그러는 줄 알아?" 하면서, 남자 키가 180cm 이하면 작은 것이라고 했습니다. 그리고 '루저'(loser)라고 한답니다. 이어서 얼굴이 못생긴, 외모가 못생긴 남자는 '후저'랍니다. 엽기적인 것은 마지막입니다. 돈이 없는 남자는 '꺼져'랍니다. 생각해 보십시오. 사실 어느 여자가 돈 없는 빈곤한 남자와 결혼하려고 하겠습니까? 틀린 말도 아니죠. 오늘 이 시대의 모습입니다. 즉 소망이 없습니다. 소망에 대한 올바른 인식이 없습니다. 여기에 문제가 있습니다.

성경이 말하는 소망

성경은 소망을 말씀합니다. 성경에서 말씀하는 소망은 항상 두 가지 의미를 가집니다. 이 의미에서 벗어났거든 빨리 떨쳐버리십시오. 쓸데없는 짓입니다. 평생 스스로를 괴롭게만 할 것입니다.

그 첫 번째가 하나님의 약속을 의미할 때 소망이라는 단어를 씁니다. 두 번째는 소망의 대상인 하나님과 예수 그리스도를 말할 때 소망이라는 단어를 씁니다. 이 두 가지 차원 외에는 다 헛된 소망이요, 거짓된 것입니다. 하나님의 사람 제임스 패커(James Packer) 목사의 Never Beyond Hope라는 책이 있는데, 우리나라에서는 「소망」이라는 제목으로 번역되어 나왔습니다. 이 책에서 소망과 낙관주의를 비교하면서 간략하게 설명해 줍니다. 소망에는 확연한 두 가지 차원이 있다는 것입니다.

먼저는 객관적 차원입니다. 이것은 하나님의 약속하신 바, 이 객관적 진리 자체가 소망이라는 것입니다. 그런가 하면 주관적인 것은 그 약속한 바가 내게 실제로 이루어지는 것입니다. 실제로 내가 누리고 살 것을 기대하고 갈망하는 행동 및 습관을 말하는 것입니다. 그래서 이 소망과 낙관주의는 완전히 다릅니다. '낙관주의'는 아무리 내게 힘을 주고 위로를 줘도 막연합니다. 보장이 없는 바람입니다. 그러나 그리스도인의 '소망'은 하나님이 확실히 보장하신 것을 뜻합니다.

그런데 이 소망 안에서도 우선순위가 있습니다. 하나님의 약속과 소망의 대상이신 하나님 중 어느 것이 더 큰 것입니까? 무엇을 소망해야 되겠습니까? 너무나 자명하지요. 소망의 대상이신 하나님입니다. 나머지는 다 잊어버려도 됩니다. 어차피 하나님은 잊지 않으십니다. 이 놀라운 비결을 알고 복 받은 사람이 하나님의 사람 다윗입니다. 저는 그렇게 믿습니다. 왜냐하면 다윗은 엄청난 하나님의 약속을 받았습니다. 메시아의 약속도 받았고, 가문의 영광이란 약속도 받았습니다. 많은 하나님의 약속을 받았습니다. 그러나 그것을 들고 기도하면서 이루어지게 해달라고 애쓴 적이 없습니다. 다윗의 시편, 그 많은 구절을 보면 결국 하나님을 소망했습니다. 특별히 시편 27편 4절에서도 분명히 말합니다. "내가 여호와께 바라는 한 가지 일 그것을 구하리니 곧 내가 내 평생에 여호와의 집에 살면서 여호와의 아름다움을 바라보며 그의 성전을 사모하는 그것이라."

약속을 내세우며 언제 지켜 주시겠느냐고 따지지 않았습니다. 오히려 소망을 주신 하나님을, 온전히 그분만을 붙들었습니다. 그분과 관계했습니다. 그래서 다윗입니다. 성경에 800번 이상 그 이름이 나오는 다윗이 된 것입니다. 그는 진정 소망의 사람입니다.

하나님께 소망을 두는 자의 복

오늘 성경을 통하여 하나님께서 우리에게 말씀을 주십니다. "하나님에게 자기의 소망을 두는 자는 복이 있도다." 이것은 영원한 진리입니다. '오직 하나님만을 소망하는 자는 복이 있도다.' 이것이 기독교 진리입니다. 하나님 외에 다른 것을 소망하는 사람은 복이 없습니다. 아니 복을 받지도 못합니다. 더 나아가서 하나님과 함께 다른 것을 소망하는 자도 주신 복을 누리지 못합니다. 그냥 애쓰고 고통만 있는 것입니다. 열매가 없습니다. 성경 전체에서 말하는 것은 바로 이 말씀입니다. '오직 하나님만을 소망하는 자는 복이 있도다.' 그래서 성경은 그러한 사람의 상태, 삶이 어떤 것인지를 간략하게 보여 주고 있습니다. '할렐루야 내 영혼아 여호와를 찬양하라 나의 생전의 여호와를 찬양하며 나의 평생에 내 하나님을 찬송하리로다.' 이런 사람입니다. 복 받은 사람입니다. 여호와를 소망하기에 그 마음에 복이 넘칩니다. 충만합니다.

그는 이미 현재적 복을 누리고 있습니다. '내 평생에 지금부터 죽을 그때까지 항상 하나님을 찬송하리로다.' 이 사람이 가장 복 받은 사람 아닙니까? 소망으로 충만해서 그 인격이, 성품이, 삶의 태도가 다 변했습니다. 상황적으로, 상대적으로 하나님을 찬양한다는 말이 아닙니다. 우리가 신앙생활을 하면서 자주 경험하는 것이지만, 기쁘고 좋은 소식이 있으면 하나님을 찬양합니다. 그런데 문제는 시련이 있고, 아픔이 있고, 뜻하지 않은 사고가 있고, 역경이 있고, 고난이 있습니다. 미래가 깜깜한 것 같습니다. 어둠이 있습니다. 그럴 때는 찬양이 나오기 어렵지요. 왜냐하면 소망이 바로 서지 않았기 때문입니다. 아직 소망에 대한 믿음이 없기 때문입니다.

사도 바울은 감옥에서 편지를 쓰며 이것을 증언하지 않습니까? '나는 기뻐하노라. 항상 기뻐하노라. 너희도 기뻐하라. 항상 기뻐하라.' 소망의 사람입니다. 소망이 있습니다. 소망이 있기에 기뻐합니다. 소망의 역사입니다. 그런데 잘못된 소망, 헛된 소망은 항상 염려가 있고, 불안이 있고, 긴장감이 있고, 낙심이 있고, 절망이 있고, 두려움이 있습니다. 그런 경우 우리가 항상 생각하고 경험하는데, 기쁨도 없습니다. 찬송도 없습니다. 왜냐하면 소망이 없기 때문입니다. 이것이 현대인의 삶입니다. 그래서 성경은 분명히 말씀합니다. '귀인들을 의지하지 말며 도울 힘이 없는 인생들을 의지하지 말지니라.' 사람을 의지하지 말라는 것입니다. 아무리 권력 있는 자도, 성공한 자도 의지하지 말라고 합니다. 의지하는 자는 어리석은 것입니다. 그 어리석음으로 어리석은 삶과 불행을 자초하는 것이라고 말씀합니다.

소망의 사람_하나님을 향한 한 마음

동시에 두 마음을 가진 자는 하나님의 복을 누리지 못합니다. 예수님께서 말씀하시지 않습니까? 하나님과 재물을 겸하여 섬길 수 없다고 말씀합니다. 재물을 소망해서는 하나님을 섬길 수 없습니다. 하나님과 겸하여 재물을 소망한 자는 하나님께 욕을 돌리는 자이고, 불신앙의 삶을 사는 것입니다. 그 이유를 오늘 성경은 말씀합니다. "그의 호흡이 끊어지면 흙으로 돌아가서 그날에 그의 생각이 소멸하리로다." 죽으면 끝입니다.

언젠가 크리스천이 아닌 한 실업가를 만난 적이 있는데 참 똑똑합니다. 계획도 많고, 정말 일을 잘하고 있습니다. '야, 정말 총명한 분이다'라고 생각했는데 한편으로는 지독한 일중독인 것 같습니다. 물론 그가 하는 일의 결과도 다 좋습니다. 그런데 가만 생각해 보니 그가 모르는 것이 하나 있었습니다. 끝을 모르는 것 같았습니다. 언제 끝날지 모르고 저러다가 죽을 것 같았습니다. 그래서 그 얘기를 해드렸지요. 이 모든 것이 죽으면 다 끝나는 건데 누가 기억하겠느냐고 물었습니다. 당장 병원에만 입원해도 끝날 판인데 끝을 알고 일하시라고 말씀드렸습니다. 그랬더니 정신이 번쩍 나나봅니다. 그래서 다시 말씀해 달라는 요청에 성경 말씀을 얘기했더니 받아 적더라고요.

죽으면 다 끝나는 것입니다. 아무리 위대한 계획도, 행위도 소멸됩니다. 허무합니다. 결국은 그렇게 될 것을 의지하고 의존하며 사는 삶이 얼마나 한심합니까?

예수님께서 누가복음 12장을 통해서 어리석은 부자에게 말씀하십니다. 이것을 묵상하라고 주시는 말씀이라고 저는 생각됩니다. 큰 부자가 있었습니다. 많은 소유를 가졌습니다. 이제 자신의 미래를 생각합니다. '내 영혼아, 먹고 마시고 즐기며 살자.' 조건을 다 갖췄잖아요. 그런데 하나님께서 밤에 이렇게 말씀하셨다는 것 아닙니까? '이 어리석은 자여, 네 영혼을 오늘 취하면, 네가 오늘 죽으면 네 그 자랑이, 소유가 누구의 것이 되겠느냐?'

성도 여러분, 소망의 사람은 사람을, 사람의 힘과 계획을, 또 어떤 유명인이나 영웅을 의지하지 않습니다. 더불어 자신의 힘과 능력도 의지해서는 안 됩니다. 비록 그것이 선행이고 하나님의 일에 대한 충성이라도 그 일 자체에 매이면 안 됩니다. 왜냐하면 율법주의에 빠지게 되기 때문입니다. 기쁨이 없습니다. 봉사를 하고 헌신을 하지만 기쁨이 없습니다. 찬양이 없습니다. 일에 매입니다. 일을 의존합니다. 어떻게 해서든지 이것을 잘해야 하겠다는 마음은 좋은 마음이지만 일을 의지하였기에 가장 소중한 은총을 잃어버립니다.

소망의 사람_인내로 열매 맺음

무엇보다 중요한 것은 참 소망은 인내로 열매를 맺는 것입니다. 이것을 항상 기억하십시오. 그래서 소망이 인내인 것입니다. 소망의 사람은 인내의 사람이 됩니다. 소망이 역사하기 때문입니다. 소망이 살아 있는 한 그 사람을 바꿉니다. 인내의 사람으로 바꿉니다. 내가 타고난 성품을 말씀하지 마십시오. 이는 신적 성품입니다. 소망이 있으면 인내하게 됩니다. 현재적 인내의 삶을 보여 주게 됩니다. 히브리서 6장 15절을 보면 아주 간략하게 아브라함의 삶이 언급되어 있습니다. "그가 이같이 오래 참아 약속을 받았느니라."

하나님께서 엄청난 약속을 주셨습니다. 복을 주셨습니다. '저가 오래 참아 약속을 받았느니라.' 열매를 맺었다는 것입니다. 아브라함의 인생을 다시 한 번 생각해 보십시오. 약속의 자녀를 준다고 하신 것이 그의 나이 70세 때입니다. 그게 처음 시작입니다. 그러다 다시 85세 때 확인시켜 주십니다. 그런데 언제 자녀를 갖습니까? 100세 때입니다. 하나님께서 직접 말씀을 주신 아브라함이지만 100세입니다. 무엇을 계시합니까? 인내로 소망의 열매를 맺는 것입니다. 인내하지 못하면, 소망을 잃어버리면 아무 것도 아닙니다. 부도수표입니다.

그런가 하면 땅과 민족에 대한 복을 주셨습니다. 그런데 아브라함은 살아생전에는 그 복을 누리지 못합니다. 죽은 다음에 후손이 누립니다. 그래서 믿음의 조상이 됩니다. '오래 참아 소망의 인내로 소망을 이루었느니라.' 이것이 하나님의 섭리입니다. 그런고로 소망의 인내는 단지 수동적인 것이 아닙니다. 단순히 참는 그런 것이 아닙니다. 소망의 인내는 능동적입니다. 극복하는 것입니다. 이기는 것입니다. 고난과 시련을 이깁니다. 소망이 있기 때문에 견디는 것입니다. 세상의 유혹을 이깁니다. 소망이 있기 때문에 이 찰나의 기쁨을 넘어서 저 앞을 보는 것입니다. 소망의 역사입니다. 무엇보다 중요한 것은 소망의 인내는 확실하게 결말을 압니다. 최종 결론이 어떻게 될 것인지를 압니다. 하나님의 뜻대로 될 것입니다. 하나님 말씀대로 될 것입니다. 그래서 인내할 수 있습니다. 이는 성령의 역사입니다. 타고난 성품이 아닙니다.

찬송가 488장의 작사가 에드워드 모트(E. Mote)라는 사람의 역사적인 일화를 하나 소개하겠습니다. 그는 젊은 시절 영국 런던에서 살았는데, 양철 캐비닛을 만들면서 살았습니다. 그래서 항상 열등의식이 있었고, 반항심이 있었고, 원망이 있었습니다. 일하면서 '겨우 이런 공장에서 망치나 두들기며 살다니, 이 망치나 두드리며 한평생을 살아야 되는 것인가'라는 부정적인 세계관으로 꽉 차 있었습니다.

어느 날 런던을 배회하다가 너무 추워서 찾아들어간 곳이 근처의 자그마한 교회였습니다. 마침 예배 중이었는데 하이아트 목사가 거듭남에 관하여 설교를 하고 있었답니다. 그런데 이것이 마음에 와 닿는 것입니다. '쾅쾅' 그의 마음을 두드리는 것입니다. '나는 거듭나야 돼. 나는 거듭나야 돼. 나는 이대로 살수 없어. 거듭나야 돼.' 그런데 성령께서 진짜 임하셔서 예수 믿고 그날 구원받아 거듭난 하나님의 자녀가 됩니다. 이 일 후에 그는 일기에 이렇게 썼습니다. "내 망치는 이제는 노래하며 춤을 춘다. 그리고 내 눈동자에는 생기가 돌고 마음속에 생수가 솟는다. 예수님이 내 마음에 오셨기 때문이다."

이제는 행복한 일꾼이 되었습니다. 이 망치를 두드리는 것이 즐겁습니다. 그러다 보니까 성실하게 됐고, 일에 능력도 나타나고, 의미도 얻고, 신용도 얻어 성공한 사업가가 됩니다. 그때 그는 큰 결단을 내리게 됩니다. 그래서 모든 소유를 팔아서 교회에 헌금을 하고 자신은 신학교에 들어갑니다. 결국 침례교 목회자가 되어서 26년간 복음을 전했습니다. 그리고 그는 주님의 사랑을 생각하고, 소망이신 예수 그리스도를 기억하면서 감사의 시를 기록하게 됩니다. 그것이 찬송가 488장의 가사입니다. 그 첫 부분이 이렇게 됩니다. "이 몸의 소망 무언가 우리 주 예수뿐일세. 우리 주 예수밖에는 믿을 이 아주 없도다. 굳건한 반석이시니 그 위에 내가 서리라. 그 위에 내가 서리라."

소망의 사람_ '예수 소망'을 고백

성도 여러분, 그리스도인은 정말 '예수 소망'이란 고백 속에 오늘을 살아 갑니다. 예수 그리스도 안에서 하나님만을 소망하는 사람으로 변해 갑니다. 이것을 잘 기억하십시오. '예수 소망.' 정말 교회 이름으로 끝내주는 것입니다. 성경의 극치입니다. 대한민국의 미래, 이 민족의 회복과 번영과 영광은 어디에 있는 것입니까? 적어도 그리스도인은 사람을 의지해서는 안됩니다. 아무리 뛰어난 지도자가 나와도 아무 것도 아닙니다. 그의 계획은 잠시 잠깐입니다. 더욱이 UN도, 미국도 필요하긴 하지만 그것으로 이 나라와 민족의 영광이 나타나는 것도 아닙니다. 더욱이 힘을 기르고 능력을 길러서 그렇게 된다고 생각하는 것도 어리석은 일입니다.

진정 소망은 하나님뿐입니다. 하나님의 손에 달려 있습니다. 그래서 그리스도인은 기도해야 합니다. 나라를 위해서 기도해야 합니다. 가만히 보면 '우리나라를 잘 살게 해주세요'라고 기도하는데, 그런 기도 하지 마십시오. 적어도 예수소망교회 교인은 '이 나라와 민족을 하나님만을 소망하는 나라와 민족이 되게 해주세요'라고 기도해야 하는 것입니다. 지도자를 위해서 기도해야 됩니다. 그런데 저들에게 좋은 생각을 달라는 그런 얘기는 하지 마십시오. '저들이 예수 믿고 구원받아 하나님을 경외하는 사람이 되게 해주세요.' 그러면 다 끝나는 것입니다.

그리고 꼭 해야 될 기도는 이것입니다. '내가 먼저 해야 할 것을 하게 해주세요. 소망의 사람으로 살게 해주세요. 복음의 증인으로 오늘을 살게 해주세요.' 여기에 하나님의 역사가 나타납니다. 진정 그리스도인은 부활, 소망, 부활의 영광을 가지고 천국을 바라보면서 십자가의 길을 가는 사람입니다. 예수 그리스도도 이 소망으로 승리하신 분입니다. 그래서 히브리서 12장 2절에 이렇게 기록되어 있습니다. "믿음의 주요 또 온전하게 하시는 이인 예수를 바라보자 그는 그 앞에 있는 기쁨을 위하여 십자가를 참으사 부끄러움을 개의치 아니하시더니 하나님 보좌 우편에 앉으셨느니라."

예수님도 부활 소망으로 십자가를 참을 수 있으셨던 것입니다. 성령의 역사입니다. 성령께서 모든 그리스도인으로 하여금 부활 소망을 가지고 부활의 영광을 예수님처럼 바라보게 하시며 소망의 사람으로 소망의 인내를 이루어 열매 맺게 하십니다. 최종 승리의 삶으로 인도하실 것입니다.

기 도

전지전능하신 하나님 아버지, 소망 없는 자를 참 소망의 사람으로 예수 그리스도 안에서 부르시고 택하셔서 새 사람이 되게 하심을 진심으로 감사드립니다. 그러나 부지불식간에 소망을 잃은 자로 헛된 것을 구하며 잘못된 것을 구하며 주의 약속을 잊어버리고 하나님만을 바라보지 못하며 세상의 휩쓸려 살아가는 죄인을 불쌍히 여겨 주시옵소서. 진실로 예수 그리스도와 같이 주의 영광을 바라보며 부활의 소망 속에 천국을 소망하며 소망의 인내로 하나님의 뜻을 이루며 아름다운 열매를 맺는 우리 모두가 될 수 있도록 복을 내려 주시옵소서. 우리 주 예수 그리스도의 이름으로 간절히 기도드리옵나이다. 아멘.

15장

은밀한 중에 보시는 하나님

금식할 때에 너희는 외식하는 자들과 같이 슬픈 기색을 보이지 말라 그들은 금식하는 것
을 사람에게 보이려고 얼굴을 흉하게 하느니라 내가 진실로 너희에게 이르노니 그들은 자
기 상을 이미 받았느니라 너는 금식할 때에 머리에 기름을 바르고 얼굴을 씻으라 이는 금
식하는 자로 사람에게 보이지 않고 오직 은밀한 중에 계신 네 아버지께 보이게 하려 함이
라 은밀한 중에 보시는 네 아버지께서 갚으시리라(마 6:16-18).

저명한 과학자인 아인슈타인(Albert Einstein) 박사가 상대성원리를 발견했
을 때의 일입니다. 그는 오랜 연구 끝에 이 과학적 진리를 발견해서 놀랍고
한편으로는 너무도 기뻤습니다. 그래서 이 진리를 좀 더 알리고자, 당시에
최고의 과학자로 인정받는 11명을 초청해서 직접 이 과학적 진리를 자세하
고도 친절하게 설명했습니다. 그런데 그 11명 중 대다수인 9명의 과학자가
말도 안 되는 소리라며 비난하고 조롱했습니다. 도무지 알아듣지 못했던
것입니다. 그런가 하면 나머지 2명도 고개를 끄떡일 뿐, 정말 그 진리를 이
해하고 받아들이는 것 같지 않습니다. 감격이나 놀람이 없었던 것입니다.
성도 여러분, 여러분의 지성은 어떠합니까? 얼마나 이 세상 안에 있는 사

실과 진실을 이해하며 오늘을 살아가십니까?

인간 지성의 한계

　모든 인간에게는 지성의 한계가 있다는 사실을 잊어서는 안 됩니다. 이미 알고 있겠지만 또 알아야 됩니다. 내가 학습된, 학습한 지식 너머 타인의 세계를 이해하는 것은 어려운 일입니다. 내가 경험하지 못한 것을 상대방이 말할 때 더욱더 받아들이기 어렵습니다. 이것이 자신의 지성의 한계입니다. 세상 안의 일도 이럴 것인데, 세상 밖에, 세상 위에 있는 진리에 대해서는 어떠하겠습니까? 이 점을 항상 기억해야 합니다.

　하나님을 아는 지식에 대해 얼마나 안다고 생각하십니까? 더욱이 얼마나 바르게 안다고 생각하십니까? 하나님을 아는 지식은 오직 성경 말씀을 통하여 하나님의 말씀을 믿을 때 가능합니다. 그 외의 방법으로는 알 수도 없고 깨달을 수도 없습니다. 다시 말해서 성경 말씀 밖에 있는 더 크고 오묘한 신비의 세계, 창조주 하나님의 지혜, 그분의 생각은 우리가 다 알 길이 없는 것이지요.

　어떤 사람이 주일에 예배드리기 위해서 집을 나서고 있는데, 마침 옆집 사람이 물었습니다. "어느 교회에 다니십니까?" 그랬더니 이 사람이 "조금 멀리 다닙니다. 저는 이곳 근처가 아니라 한 백 킬로미터 떨어진 교회에 갑니다"라고 대답했습니다. 옆집 사람이 이상해서 "이 주변에도 교회가 많은데요. 왜 거기까지 가십니까?"라고 물었습니다. 이 사람이 이렇게 대답했

늘그메의 하노읏

다고 합니다. "근처 교회에 있는 하나님은 내가 얼마나 나쁜 사람인지 잘 알 것 같아서 멀리 다닙니다." 이 우스꽝스러운 사건 속에 내 신앙의 현주소가 있다는 것을 알아야 합니다.

하나님의 속성

성도 여러분, 인간은 피조물입니다. 창조된 존재입니다. 창조주가 아닙니다. 하나님은 창조주십니다. 유일한 창조주십니다. 절대 잊어서는 안 됩니다. 이것을 잊으면 다 잊는 것입니다. 이제 생각해 보십시오. 피조물인 인간이 세상 안과 밖에 있는 창조주 하나님의 지혜와 능력, 그 마음을 얼마나 알 수 있다는 말입니까? 다 이해하십니까? 이해하는 것만 믿고 싶습니까? 그는 참 신앙인이 아니지요. 이것을 성경적 교리로 '하나님의 불가해성'이라고 말합니다. 어떻게 한낱 인간이 피조물을 다 이해할 수 있습니까? 이해되는 것부터 믿는 것입니다. 거기부터 시작하면 더 깊은 하나님의 세계로 나아갈 수 있습니다.

종교개혁자 칼빈(John Calvin) 목사님이 이렇게 말했습니다. "하나님께서는 우리에게 어린아이의 혀짤배기소리로 말씀하신다." 이것이 옳습니다. 마치 부모가 어린아이, 갓난아이에게 말할 때처럼 그 아이의 언어로 옹얼옹얼 대면서 그 수준으로, 혀짤배기 수준으로 말하는 것과 같습니다. 그래야 대화가 통하기 때문입니다. 그것이 성경입니다. 피조물인 인간이 반드시 알아야 되고 깊이 상고하면 알 수 있는 하나님을 아는 지식, 그것이 성경에 기록된 것입니다. 그런데 그것이 다가 아니지요. 우리가 하나님에 대해서도 의문가는 것이 많지 않습니까? 그건 신비의 영역입니다. 내가 모른다고 잘못되는 것이 아니지요. 그래서 성경은 이렇게 말씀합니다. '하나님과 인간은 다르다. 동(東)이 서(西)에서 먼 것처럼, 하늘이 땅에서 높은 것처럼 나는 너희 생각과 다르다.' 이처럼 차원이 다릅니다. 이것이 진리입니다.

또한 하나님은 언제나 계셨고 지금도 계십니다. 모든 존재의 근원입니다. 출애굽기 3장 14절에 말씀하십니다. "나는 스스로 있는 자니라." 이것을 교리적으로 '하나님의 편재'라고 합니다. 영으로서 모든 창조세계에 하나님은 계십니다. 오늘도 계시고, 내일도 계십니다. 여기에 신앙인의 고백이 있습니다. 그리고 하나님은 모든 것을 아십니다. 이것을 신학적으로 '하나님의 전지'라고 합니다. 우리는 그 전지전능하신 하나님을 믿음으로 고백하며 오늘을 살아갑니다. 성경은 하나님을 아는 지식을 아주 명료하게 반복하여 우리에게 나타내 주고 있습니다.

진짜와 가짜

저는 한 6개월 동안 주일마다 여러 교회를 탐방하며 예배에 참석해 보았습니다. 교회를 보는 눈은 딱 두 가지입니다. 본 교회도 마찬가지입니다. '예배'와 '설교'입니다. 큰 교회라서 좋은 것이 아니고, 작은 교회라서 나쁜 것도 아닙니다. 얼마나 바르게 예배드리고 바른 말씀이 선포되느냐가 기준입니다. 그런데 너무나도 실망스러웠고 아주 절망적이었습니다. 주로 3천

명 이상 되는 큰 교회를 다녔는데, 한마디로 경건한 예배라는 것을 눈 씻고 찾아보려 해도 찾아볼 수가 없습니다.

성도 여러분, 예배의 중심은, 예배의 청중은 하나님이십니다. 예배는 하나님이 받으시고, 하나님이 기뻐하시는 것입니다. 하나님 앞에 우리가 예배드립니다. 그런데 하나님이 없는 것 같습니다. 사람 중심입니다. 사람을 기쁘게 하는 것에 초점이 있습니다. 그러다 보니까 이벤트도 많고, 소리도 많이 지르고, 광고도 많이 합니다. 다 부질없는 짓입니다. 정말 하나님이 청중입니다. 하나님 앞에서 우리가 어떤 예배를 드릴지에 대한 그 하나만을 생각해야 됩니다. 경건한 예배가 사라졌습니다. 본질이 없습니다. 너무나도 슬펐습니다. 왜 이렇게까지 됐을까? 성경적인 답은 하나밖에 없습니다. 하나님을 아는 지식이 없어서입니다. 하나님을 말하지만, 하나님을 아는 지식이 없습니다. 왜곡됐습니다. 이것은 불신앙입니다.

성도 여러분, 구약성경을 아주 간단한 스토리로 생각해 보십시오. 이스라엘 백성은 하나님의 교회입니다. 그 모두가 하나님께서 택하신 자입니다. 오늘날로 생각하면 큰 대형교회에서 수백만이 되는 많은 사람들이 아주 열심히 예배드렸습니다. 처음부터 끝까지 그들은 예배 중심으로 살았습니다. 하나님께서도 예배를 엄격하게 가르치셨습니다. 그래서 하나님께 예배하는 민족, 항상 예배하는 민족, 그들이 이스라엘입니다. 엄청난 열정과 엄청난 숫자로 하나님께 예배를 드렸습니다. 오직 하나님, 정말 하나님께 예배드렸습니다.

그런데 하나님은 싫어하셨습니다. 증오하셨습니다. 심지어 그 예배가 잘못됐다고 심판하셨습니다. 이것이 구약성경의 이야기입니다. 오늘까지 이스라엘 사람들은 안식일 중심이고, 아직도 자기 예배만이 참 예배라고 말합니다. '오직 하나님, 오직 하나님' 하지만 이것이 거짓입니다. 그래서 호세아 4장 6절에 하나님께서 말씀하십니다. "저들이 내 지식을 버렸노라." 하나님을 아는 지식이 없어서, 왜곡시켜서 결국은 잘못된 예배를 드리고 하나님을 우상화합니다. 이것을 깊이 깨닫고 회개해야 합니다.

제가 질문을 드릴 테니까 마음속으로만 대답해 보십시오. 가짜 휘발유라는 것이 요즘 많지요? 가짜 휘발유를 만들 때 가장 많이 들어가는 재료가 무엇이겠습니까? 대다수 사람들은 물이라고 생각합니다. 아닙니다. 진짜 휘발유가 제일 많이 들어갑니다. 물이 많으면 즉시 가짜인 줄 알아서 그렇게 만들 수가 없습니다. 불도 안 붙고 자동차 시동도 꺼집니다. 여기서 중요한 것은 바로 이것입니다. 진짜 휘발유가 아무리 많이 들어가 있어도, 적은 양의 가짜가 진짜를 가짜로 만듭니다.

하나님의 진리, 하나님의 말씀, 이보다 적은 양의 가짜를 집어넣으면 진짜가 가짜 됩니다. 잘못된 열심만 남습니다. 이단이라고 하나님, 예수님, 성령님, 성경 얘기를 안 하지 않습니다. 합니다. 어떻게 보면 성경 얘기를 더 많이 합니다. 예수 믿으라고 더 많이 말합니다. 그런데 가짜입니다. 적은 양의 가짜가 진짜를 무너뜨립니다. 이건 남의 얘기가 아니라 우리 얘기요, 우리 교회 얘기요, 우리 자신의 얘기입니다. 하나님에 대한 잘못된 지식과 이해는 곧 불신앙으로 빠집니다. 적은 양의 가짜가 진짜를 변질시킵니다. 이것이 교회 위기요, 내 신앙의 위기입니다.

예수 그리스도_하나님의 유일한 계시자

성도 여러분, 바른 신앙은 온전한 하나님의 지식을 믿음으로 나타납니다. 굳센 믿음, 바른 믿음은 그가 하나님을, 예수님을, 성령님을 바르게 아느냐에 의해 결정됩니다. 결국 잘못 믿기 때문에 엉망진창이 됩니다. 순식간에 무너집니다. 오직 예수 그리스도를 통해서만 하나님을 아는 참 지식을 얻을 수 있습니다. 그래서 예수님께서 이 땅에 오셨습니다. 예수님만이 유일한 하나님의 계시자입니다.

오늘 성경 말씀을 보면 예수님께서 하나님을 계시하십니다. 잘못 알고 있는 이스라엘 백성을 향하여, 오늘 이 시대를 향하여 하나님을 온전히 계시하십니다. 하나님께서 예수 그리스도를 통하여 하나님이 누구신지를 명백하게 계시하시는 것입니다. 그 사건을 18절에서 이렇게 기록합니다. "은밀한 중에 계신 하나님"(Your father who is in secret) 또는 "은밀한 중에 보시는 하나님"(Your father who sees in secret).

성도 여러분, 은밀한 중에 계시고 은밀한 중에 보시는 하나님을 믿으십니까? 여기에 나의 신앙이 있습니다. 여기에 우리의 교회가 있습니다. 창조주 하나님, 그분은 은밀한 중에 계시고 은밀한 중에 보시는 분입니다. 이것을 정말 믿을 때, 믿고 살아갈 때 바른 신앙인이 됩니다. 내 의지로, 내 계획으로 되는 것이 아닙니다. 하나님이 계시하시는 진리를, 복음을 그대로 믿을 때 믿는 만큼 변할 것입니다. 그런데 세상 지식으로, 자기 판단으로 가감해 버립니다. 그러는 중에 가짜가 진리가 되는 것입니다.

은밀한 중에 보시는 하나님

특별히 구체적인 사건인 금식을 통해서 예수님께서 기억나게 하시고, 우리에게 말씀해 주십니다. 당시의 유대인은 금식을 굉장히 중요한 신앙적 덕목으로 여겼습니다. 적어도 세 가지 면에서 그렇습니다. 첫째가 하나님의 주의를 끌게 하는 의식입니다. 자기가 스스로 고통 받으면서 하나님과 가까워지고자 하는 의식입니다. 두 번째는 회개에 대한 표시입니다. 세 번째는 대속적인 의미로 합니다. 나 자신을 위한 것이 아니라, 이 민족을 하나님께서 긍휼히 여겨 달라며 금식을 했습니다. 그러므로 성경적으로 금식은 좋은 것입니다. 오늘날은 금식을 나쁜 것으로 생각하는데, 그런 것이 아닙니다. 예수님께서 40일 금식하셨잖아요? 그러면 좋은 것입니다.

그러나 문제가 있습니다. 그것을 경고하십니다. 그것은 영적 교만입니다. 영적 위선입니다. 금식 자체는 아무 힘이 없습니다. 40일을 했든 100일을 했든, 중요한 것은 금식하는 자의 마음, 동기, 믿음입니다. 그게 잘못되면 이건 우상숭배와 같은 것입니다. 그래서 예수님께서 간절히 하나님과 함께하고, 하나님 앞에서 소원하는 그 신앙을 놓고, 사건을 놓고 말씀하십니다. '사람에게 보이려고 하지 마라. 아무리 선하고 좋은 것일지라도 사람에게 보이려고 하지 마라. 그러면 끝이다.' 강하게 말씀하십니다.

'이미 상을 받았느니라.' 실제 그렇거든요. 정말 40일 금식기도하면, 한 일주일만 금식기도 해도 '아, 저 사람은 참 진실한 하나님의 사람인가 보다. 다른 사람보다 더 경건한 사람인가 보다'라고 사람들이 생각합니다. 즉 이미 의도된 바입니다. 그래서 이미 상을 받았습니다. 하나님께서 자신과는 아무 상관없는 행위라고 선언하십니다. 이 얼마나 어리석은 일입니까? 그렇게 금식하면서 하나님의 사람으로 하나님과 가까워지려 하는데, 왜 아무소용없는 짓을 하며 스스로 몸에다가 고통을 줍니까? 이 사건 속에서 오늘도 말씀하시는 것입니다.

은밀한 중에 갚으시는 하나님

마태복음 6장을 한번 읽어 봅시다. 6장 전체가 그렇습니다. '사람에게 보이려고 하지 마라.' 왜요? 지금 하나님을 부르면서 예배하고, 찬송하고, 구제하고, 기도하는데 다 잘못된 것입니다. 이 모두가 위선입니다. 적어도 하나님을 알지 못하는 행위입니다.

먼저는 구제에 대하여 1절부터 4절까지를 보면 이렇게 말씀합니다. '구제란 오른손이 하는 것을 왼손이 모르게 해라.' 왜냐하면 은밀한 중에 계시는 하나님께서 은밀하게 보시기 때문입니다. 그래야 하나님께서 갚으시고 보상해 주십니다. 그런데 그렇게 안했거든요. 하나님의 이름으로 한다면서 다 소문내고 합니다. 오늘날도 마찬가지입니다. 정말 은밀하게, 끝까지 은밀하게 하라고 하면 열심을 안 냅니다. 이름을 불러줘야 됩니다.

어느 교회에 가니까 천만 원 이상 헌금한 사람은 이름을 얘기해 주더라고요. 담임목사님을 개인적으로 잘 아는데, 깜짝 놀랐습니다. 뭐하는 짓입니까? 그렇게 해서 열심을 유도하는 것이지요. 그것이 망치는 것입니다. 그 죄가 큽니다. 말씀 그대로, 정말 하나님을 믿고 하나님의 이름으로 한다면 오른손이 하는 것을 왼손이 모르게 해야 합니다. 그래야 하나님께서 복을 주십니다. 그럼에도 좀처럼 은밀하게 하려 하지 않습니다. 자기 이름을 드러내려고 하고 그래서 꼭 누군가 알아야 됩니다. 내가 주는 것을 받는 사람이 알아야 됩니다. 그래서 광고도 많이 합니다. 그러나 일대일로 맺어 주면서 아무도 몰라야 됩니다. 하나님과 나만 알아야, 그래야 복을 받습니다.

또한 기도에 대해서 5절부터 8절까지 말씀하십니다. 그러면서 주기도문을 가르쳐 주십니다. 왜냐하면 매일 기도하고 정성스럽게 예배드리는데, 중언부언하게 되고 길게 해야 된다고 생각합니다. 그런데 이렇게 기도하는 것은 근본적으로 사람을 가장 두려워하기 때문입니다. 사람들 앞에서 하는 것이 익숙해져 사람이 의식되고 두려운 것입니다. 그러나 빨리 바꾸십시오. 사람을 보지 말아야 됩니다. 아무도 없다고 생각하십시오. '오직 하나님만이 이곳에 계시다.' 그러면 마음이 편안합니다. 이것이 바른 기도입니다. 그래서 골방에서 기도하라고 하십니다. 하나님과 나만의 은밀한 관계를 맺으라는 것입니다.

제가 한 6개월 동안 다녀보니까, 예배 중에 기도를 하는데 이건 기도가 아닙니다. 고함을 지르고, 심지어 5분에서 10분씩 통성으로 기도한다고 하는데 계속해서 반복되는 기도를 합니다. 하나님이 이곳에 안 계셔서 그렇게 하는 것일까요? 그러면 이미 교회가 아니지요. 하나님이 이곳에 함께 계십니다. 하나님의 편재를 믿는다면 왜 이렇게 소리를 지릅니까? 은밀함이 전혀 없습니다. 그래서 예수님께서도 말씀하십니다. 은밀한 중에 계시는, 은밀한 중에 보시는 하나님 앞에 기도하라고 하십니다.

그런가 하면 19절 이하는 재물에 대해 말씀하십니다. '땅에 재물을 쌓아

두지 마라. 복 받지 못한다. 누리지도 못하고 다 남의 것 되고 만다. 하늘에 보화를 쌓아 두라. 하나님께서 알고 계신다. 두 마음을 품지 마라. 물질과 하나님을 동시에 섬길 수 없다.' 다 속여도 하나님을 어떻게 속이겠어요? 은밀한 중에 보시는 하나님 앞에서 물질을 바르게 사용하라고 말씀하십니다.

성도 여러분, 십일조를 내십니까? 십일조란 내 모든 삶에 있어 특별히 물질에 대한 것, 그 모든 것이 하나님의 것임을 의미합니다. 하나님의 선물임을 신앙으로 고백하는 표지요, 기준입니다. 십일조도 안 하면서 '하나님, 내 모든 것이 하나님의 것입니다. 하나님은 나의 주인이십니다'라고 얘기하지 마십시오. 물질적 복을 받지도 누리지도 못합니다. 그래서 성경은 십일조를 내지 않는 자에게 하나님의 것을 도적질한다고 했습니다. 십일조를 내는 그 믿음의 고백 위에 물질로부터 자유해집니다. 세속적인 것으로부터 멀어집니다. 그리고 하나님의 은혜와 평강이 임합니다. 이것을 분명히 알아야 합니다. '사람에게 보이려고 하지 마라. 은밀하신 하나님께서 오늘도 살아 계시고 역사하시며 너희를 보고 계신다.' 이것을 6장에서 내내 말씀하십니다.

그러면서 결정적인 말을 반복하십니다. 오늘도 말씀하십니다. "은밀한 중에 계시고, 은밀한 중에 보시는 하나님께서 갚으시리라." 보상의 비밀입니다. 우리 모든 인간은, 특별히 크리스천은 하나님께 복 받기를 원합니다. 우리 선행에 대해서, 기도에 대해서, 예배에 대해서 보상받기 원합니다. 이것은 자연스러운 것입니다. 그런데 그 길은 오직 예수님의 말씀뿐입니다. 하나님과 나와의 비밀이 있어야 됩니다. 은밀한 인격적 관계, 그 안에 소망이 있고 믿음이 있어야 됩니다. 하나님과 나만이 아는 약속, 소원, 은총의 기억이 있어야 됩니다. 그 외에 하나님의 보상은 없는 것입니다.

말씀의 문제_임마누엘 하나님

마태복음 4장 4절에 보면 예수님께서 40일 동안 금식기도 하시다가 놀라운 말씀을 우리에게 주십니다. "예수께서 대답하여 이르시되 기록되었으되 사람이 떡으로만 살 것이 아니요 하나님의 입으로부터 나오는 모든 말씀으로 살 것이라 하였으니라 하시니."

이 위대한 진리 속에 인간의 본성, 타락한 죄의 본성이 있습니다. 왜냐하면 떡을 먹으면서도 떡을 주시는 하나님을 기억하지 못하는 것입니다. 떡을 쥐고 있으면서도 떡 안에 계신 하나님을 망각하는 것입니다. 이것이 타락한 세상입니다.

그러나 하나님의 사람은 떡의 문제가 아닙니다. 말씀의 문제입니다. 오늘날 경제 문제가 어렵고 온통 세상이 경제 문제로 들끓습니다. 경제 문제가 해결되면 세상이 좋아질 것 같고 사람들이 행복할 것이라고 유도하지만, 아니지요. 떡의 문제가 아닙니다. 하나님의 말씀이 사라지는 것이 문제입니다. 내 소원이 이루어지면 평안하고 행복할 것 같지만, 아닙니다. 하나님의 뜻이 내 안에 이루어져야 내 안에 평강이 있습니다. 나는 피조물이요 하나님은 창조주이시기 때문입니다. 그래서 은밀한 중에 보고 계시는 하나님께서 갚으시리라는 믿음이 있어야 하나님께 맡길 수 있습니다. 내가 맡

긴다고 맡길 수 있는 것입니까? 하나님을 바르게 알아야 그 믿음 위에 전인적 위탁(Total Commitment)이 가능한 것입니다. 그래야 아무리 어렵고 힘들어도 마음의 평강이 유지됩니다. 아무리 즐거운 일이 있고 성공이 있어도 교만하지 않는 것입니다.

성도 여러분, 예수님께서 이 땅에 오셨고 십자가에 달려 죽으셨으며 부활하셨습니다. 우리 모두 다 아는 사실입니다. 그런데 이 엄청난 계시적 사건에서 가장 중요한 메시지가 무엇입니까? 이 질문에 뭐라고 대답하시겠습니까? 준비된 답을 갖고 계십니까? 그건 '임마누엘'입니다. 임마누엘은 '하나님이 우리와 함께 계시다'는 것입니다. 역사 위에, 세상 위에 계신 것이 아닙니다. 역사 안으로, 세상 안으로 오신 예수님, 그 안에 하나님이 계시된 것입니다. '임마누엘'(God is with us, Immanuel), 우리와 함께하시는 하나님, 이 하나님을 아는 지식에 대한 믿음으로 우리는 구원받습니다.

그런데 이 믿음이 사라졌습니다. 이 임마누엘 신앙이 없는 상태로 기도하고, 구제하고, 봉사하고, 예배하니 다 헛것입니다. 그래서 예수님이 '하나님을 바로 알아라. 은밀한 중에 보시고 은밀한 중에 계시며 은밀하게 갚으시는 하나님을 알라'고 말씀하십니다. 오직 예수 그리스도를 통해서만 하나님을 바로 알 수 있습니다. 우리의 기쁨도 우리의 만족도 여기에 있습니다. 예를 들어 내가 누군가를 도울 때 아무도 모르고 나만이 압니다. 하나님만이 아십니다. 그때 이 기쁨은 날마다 내 안에 남아 있습니다. 그러나 누군가 알아보십시오. 끝나는 것입니다. 그 기쁨이 사라집니다. 비교할 수 없는 기쁨은 하나님과 나 사이의 비밀입니다. 하나님과 나만의 인격적 관계에서의 비밀, 은밀한 관계의 기도, 구제, 봉사, 예배, 헌신이 귀합니다. 예수님의 말씀대로 은밀한 중에 하나님께서 갚아 주십니다.

본 교회 6층에 '묵상의 방'이라는 곳이 있습니다. 예수소망교회의 신앙적 바로미터가 되는 공간입니다. 왜냐하면 일상적인 삶 속에서 어떻게 신앙생활을 해야 하는지를 이 묵상의 방이 가르쳐 줍니다. 은밀하게 조용하게 침묵하며 하나님과 나만의 비밀한 관계를 맺는 것입니다. 그것을 한번 훈련하고 맛보는 중에 가정에서나, 직장에서나, 어디서나 그런 인격적 신앙생활을 하도록 하나의 예표로 만든 것입니다. 잊으셨거든 다시 올라가 보십시오.

예수 그리스도 안에서 영적인 눈이 떠져야

신약성경에 기록된 초대교회의 사건 중에 정말 충격적이고 기억하고 싶지 않은 한 사건이 있습니다. 사도행전 5장에 있는 아나니아와 삽비라의 사건입니다. 앞의 4장까지만 해도 성령 충만해서 참으로 기뻐하고, 즐거워하고, 부유한 사람들은 자신의 전 재산을 내놓아 그것으로 가난한 사람들 도와 핍절한 사람이 하나도 없는 정말 이상적인 교회가 잠깐 있었습니다. 그러는 중에 아나니아와 삽비라는 하나님께 대한 열성이 있었습니다. 예배도 있었습니다. 하나님의 말씀을 사모했습니다. 많은 사람을 구제하고자 했습니다. 그래서 누가 강제로 시킨 것도 아닌데 자기 전 재산의 반을 내놓습니다. 그런데 하나님의 심판으로 죽게 됩니다.

성도 여러분, 이것이 말이 됩니까? 말이 안 되잖아요. 안 내는 사람도 많은데 말이죠. 이건 대표적인 사건입니다. 그래서 성경은 분명히 기록합니다. 저가 하나님을 속이고 성령을 속이는 죄를 범했다고요. 남이 보기에는 참 하나님의 사람인 줄 알았는데, 오히려 이것이 더 망칩니다. 은밀하게 보고 계시는 하나님을 왜곡되게 가르치는 것입니다. 어떻게 속일 분이 없어서 하나님을 속입니까? 그 죄가 가장 크다는 것입니다. 하나님을 다시 알도록 사건을 내리신 것입니다. 하나님은 은밀한 중에 계시고, 모든 것을 보시며 판단하십니다.

성도 여러분, 예수 그리스도 안에서 영적인 눈이 활짝 떠져야 합니다. 그리고 하나님이 누구이신지를 알아야 됩니다. 하나님을 아는 지식을 사모하고 얻어야 됩니다. 창조주 하나님을 바로 알 때, 바른 신앙생활을 할 수 있습니다. 이것은 몇 년 신학공부를 했고, 몇십 년 교회를 다녔다는 그런 문제가 아닙니다. 전혀 아닙니다. 오직 예수 그리스도에서 얼마나 명료하게 창조주 하나님을 바로 알았느냐, 믿었느냐 하는 문제입니다. 거기로부터 완전히 다른 삶을 살아가는 것입니다.

한번 생각해 보십시오. 내가 믿는 창조주 하나님이 은밀한 중에 계시고, 은밀한 중에 보시며, 은밀한 중에 역사하십니다. 그것을 생각한다면 나의 삶이 바뀌지 않겠습니까? 정직하라고 하지만 어떻게 매일 정직할 수 있습니까? 그런데 길은 하나입니다. 은밀한 중에 보고 계신 하나님을 믿으면 정직해집니다. 그걸 안 믿으니까 삐딱한 것 아닐까요? 은밀한 중에 보고 계신 하나님이 정말 믿어지면 날마다 회개합니다. 그리고 하나님께 바르게 예배하고, 정말 하나님께 소망을 두고 오늘을 살아갈 수 있는 것입니다. 하나님은 분명히 약속하셨습니다. 예수 그리스도를 통해서 약속하셨습니다. 하나님의 자녀와 항상 함께 계신다고 말입니다. 거듭난 하나님의 자녀와 항상 함께 계십니다. 은밀한 중에 계십니다. 은밀한 중에 보시면서 오늘도 하나님의 지혜와 능력을 하나님의 자녀에게 허락하십니다. 오직 그 믿음 위에 사는 자에게 하나님께서 지혜와 능력과 평강을 더하십니다. 이 놀라운 은총이 항상 우리 안에 있어야 할 것입니다.

기 도

전지전능하신 하나님 아버지, 창조주 하나님을 예수 그리스도 안에서 믿음으로 영접하며 고백하지만 실제 삶 속에서는, 아니 하나님께 예배하는 중에도 살아 계신 하나님을, 그 임재를 갈망하지 아니하고 믿음으로 고백하지 못해서 자행자지하며 하나님을 우상화하는 미련한 죄인을 불쌍히 여겨 주시옵소서. 진실로 창조주 하나님이, 나의 하나님이 은밀한 중에 계시고 보시며 모든 것을 하나님의 뜻 가운데서 보상하시고 역사하심을 기뻐하고 찬양하며 증거하는 복음의 증인으로 이 시대를 살아 복 있는 자의 삶을 살고, 하나님과 함께하는 삶을 회복토록 우리와 함께하여 주시옵소서. 우리 주 예수 그리스도의 이름으로 간절히 기도드리옵나이다. 아멘.

16장

우리에게 믿음을 더하소서

사도들이 주께 여짜오되 우리에게 믿음을 더하소서 하니 주께서 이르시되 너희에게 겨자씨 한 알만한 믿음이 있었더라면 이 뽕나무더러 뿌리가 뽑혀 바다에 심기어라 하였을 것이요 그것이 너희에게 순종하였으리라 너희 중 누구에게 밭을 갈거나 양을 치거나 하는 종이 있어 밭에서 돌아오면 그더러 곧 와 앉아서 먹으라 말할 자가 있느냐 도리어 그더러 내 먹을 것을 준비하고 띠를 띠고 내가 먹고 마시는 동안에 수종들고 너는 그 후에 먹고 마시라 하지 않겠느냐 명한 대로 하였다고 종에게 감사하겠느냐 이와 같이 너희도 명령받은 것을 다 행한 후에 이르기를 우리는 무익한 종이라 우리가 하여야 할 일을 한 것뿐이라 할지니라(눅 17:5-10).

한 무신론자가 많은 군중들 앞에서 하늘에다 대고 크게 소리쳤습니다. "나는 신을 믿지 않는다. 만약 당신이 존재한다면 나를 당장 쳐서 죽이시오." 그러나 아무 일이 일어나지 않았습니다. 그때 그가 주위에 있는 사람들에게 말했습니다. "이것 봐라. 신은 없다." 그때 한 사람이 이렇게 말했답니다. "깊이 생각해 봐라. 하나님이 얼마나 자비로우신지." 성도 여러분은 하나님에 대한 어떤 믿음을 가지고 오늘 이 시대를 살아가십니까?

믿음의 특징

흔히들 20세기 최고의 신학자로 칼 바르트를 말합니다. 개인적으로도 제게 가장 큰 영향을 끼친 신학자입니다. 그가 쓴 「교회학개요」라는 책에 나오는 내용을 좀 소개하겠습니다. 그는 기독교의 믿음을 이렇게 정의합니다. "기독교의 믿음은 모든 것에도 불구하고 유일회적, 배타적, 전적으로 굳게 붙드는 방식이다."

그러면서 믿음의 특징을 이 정의를 풀어서 이렇게 설명합니다. 함께 생각해 보시기 바랍니다. 첫째, 믿음은 '~에도 불구하고'와 관계됩니다. 하나님의 말씀을 믿는 사람은 모든 경우에 '그것에 반대하여 말하는 모든 것에도 불구하고' 그 말씀을 자발적으로 굳게 붙들 수 있습니다. 이것이 믿음입니다. '오직 한 분이신 창조주께서 세상을 창조하셨다.' 이 진리에 대해서 세상은 반대합니다. 말도 안 되는 얘기하지 말라고 합니다. 그러나 그리스도인은 '그럼에도 불구하고' 자발적으로, 굳게 이 진리를 믿고 살아갑니다. 구원과 심판에 대해서, 천국과 지옥에 대해서, 성령의 역사에 대해서, 모든 진리에 대해서 '그럼에도 불구하고' 그 많은 반대 속에서도 굳게 믿고 기뻐하며 오늘을 살아갑니다.

둘째, 믿음은 영원히 '유일회적인' 결단의 문제입니다. '믿음은 다른 견해에 대체될 수 있는 견해가 아니다. 믿음은 하나님께 관계되며, 하나님께서 우리를 위해서 영원히 유일회적으로 행하신 것에 관계된다. 그러므로 오직 믿음만이 진지하게 취급되어야 한다.' 돈 문제, 경제 문제, 건강 문제, 자기 삶의 문제, 이런 것들과 비교할 수 없을 만큼 가장 진지하게 취급되어야 할 것이 믿음입니다. 구체적으로 진실하게, 신중하게 숙고해야 합니다. 그리고 답해야 합니다. Yes 또는 No입니다. 그 중간은 없습니다.

셋째, 우리는 '배타적으로' 하나님만 붙들어야 합니다. '하나님께서는 유일하게 신실하신 한 분이기 때문에 배타적이어야 한다. 믿음은 전적으로 오직 그분만 신뢰하는 자유이며 오직 은혜, 그리고 오직 믿음이다.' 세상은 배타적으로 기독교를 욕하지만, 오히려 그 배타적인 신앙 속에 오늘을 살아가는 것이 참된 믿음이요, 은혜임을 기억해야 합니다.

넷째, 우리는 하나님의 말씀을 '전적으로' 붙들어야 합니다. '믿음은 어떤 특별한 영역에만 관계되지 않는다. 오히려 믿음은 현실적 삶의 완전한 전체에 관계된다. 그것은 우리의 생명 전체, 죽음 전체의 문제이다.' 어느 부분이거나 또는 죽음 다음의 천당, 이런 식의 믿음이 아닙니다. 삶 전체, 죽음 전체에 관한 믿음으로 오늘을 살아가야 합니다. 성도 여러분은 이런 믿음이 있습니까? 여러분은 이 믿음으로 오늘을 살아가십니까? 깊이 생각해야 할 것입니다.

사람들의 요청_믿음을 더하소서!

오늘 본문에 보면 제자들이 예수님께 한 가지 간청을 합니다. "우리에게 믿음을 더하소서"(Increase our faith). 이것을 깊이 생각해 보면, 제자들 자신들도 믿음이 있었습니다. 또 예수님과 3년을 함께하고 있는 중입니다. 그런데 예수님 앞에서 지금 큰 깨달음을 얻었기 때문에 이러한 요청을 합니다.

성도 여러분, 우리가 예수님을 묵상한다는 것은 항상 예수님 앞에서 깨달음을 얻는다는 것입니다. 생각의 변화가 항상 있습니다. 이것이 가장 자연스러운 결론입니다. 그 깨달음 속에 회개가 있고, 기도가 있고, 결단이 있습니다. 그래서 성경은 "존귀에 처하나 깨닫지 못하는 자는 멸망하는 짐승과 같다"고 말씀합니다(시 49:20).

그들이 깨달은 것은 이것입니다. 예수님의 믿음과 나의 믿음이 다르다는 것입니다. 하나님에 대해서 믿는 것이 같은 것 같은데, 예수님의 믿음과 우리의 믿음이 전혀 다르다는 것을 깨달은 것입니다. 그들이 생각할, 그들의 삶의 경험을 볼 때 예수님의 믿음은 곧 지혜요, 힘이요, 능력이었습니다. 그런데 자신들은 그런 믿음이 없는 것입니다. 분명히 하나님을 믿는다고 하지만 추상적인 것입니다. 이것을 회개합니다. 그리고 예수님께 간청합니다. "우리의 믿음을 더해 주소서."

마가복음 8장에는 제자들이 경험한 일이 나옵니다. 큰 바다 같은 호수를 배를 타고 건너가는데 엄청난 광풍이 몰려옵니다. 그들은 경험상 '이제 죽었구나!' 싶었습니다. 성경에 보면 "무서워서 공포에 떨었다"고 기록합니다. 그런데 그 와중에 예수님은 광풍을 아시면서도 주무시고 계십니다. 그리고 일어나서 하시는 말씀이 "어찌하여 무서워하느냐? 믿음이 적은 자들아" 하십니다. 이것은 믿음의 문제라고 예수님께서 지적하신 것입니다. 그리고 명하여 광풍을 멈추십니다. 그들은 생각했습니다. '이게 결국은 믿음의 문제구나!'

또한 한 백부장이 자신의 하인이 중풍병에 걸려 죽게 되었을 때 예수님께 와서 청합니다. 그때 예수님께서 이렇게 말씀하신 것을 그들은 들었습니다. "네 믿음대로 될지어다." 그리고 치유됩니다. '아, 이것도 지금 믿음의 문제구나!' 그들은 깨달았습니다.

그리고 혈루병을 앓는 여인이 예수님의 옷자락을 붙들고 치유를 받습니다. 그때 예수님께서 이렇게 확증해 주십니다. "네 믿음이 너를 구원하였다." '어, 이것도 믿음의 문제네!' 또한 야이로의 딸이 죽었을 때, 예수님께 와서 치유를 부탁합니다. 예수님께서 말씀하십니다. "두려워 말고 믿기만 하라." 그리고 죽은 자가 살아납니다. 이 또한 믿음의 문제인 것입니다.

제자들은 지금 예수님이 말씀하신 믿음과 자기들이 하나님을 믿는 믿음과는 차원이 다르다는 것을 깨달았습니다. 그래서 예수님께 "그 믿음을 우리에게 주소서" 이렇게 청하고 있습니다. 더불어 생각해 보니까 예수님께서 자신들과 같은 죄인을 일방적으로 부르시고 택하셔서 제자가 되게 하셨습니다. 자신들이 생각할 때 자기들은 그럴 만한 자격이 없습니다. 그런데 끝까지 믿어 주시고 제자 삼으셨습니다. 자신들은 그런 은혜를 받고도, 그런 신뢰를 입고도 서로 싸우고 시기와 질투로 세상을 비난하고, 이웃을 비난하고, 서로 불신으로 가득 차 있었습니다. 그럼에도 예수님은 그런 자신들을 세상 끝까지 믿어 주시는 것입니다. 이런 차원이 다른 믿음을 현실에서 발견한 것입니다.

불신의 시대

최근에 전국 130여 개의 대학에서 대학생 2,300명을 상대로 설문조사를 했습니다. '정치인과 국회를 신뢰하는가?'라는 질문에 '신뢰한다'고 답한 비율이 각각 2.6%, 4.8%밖에 안 되었습니다. 많은 조사 대상 가운데 가장 신뢰도가 떨어집니다. 이는 외국인 8.3%, 처음 만난 사람 8.4%보다도 더 낮습니다. 아니 한 나라의 지도자들인데 처음 본 낯선 사람, 외국인보다도 믿을 만한 인간이 못 된다는 것은 한마디로 사람이 아니라는 것입니다. 신뢰할 수 없는 인간이라는 것이지요. 오늘 이 시대의 불신을 말해 주는 것입니다.

그런가 하면 세계경제포럼이 발표한 '2014년 WEF 국가경쟁력평가'에 따르면 우리나라 정치인에 대한 신뢰도가 우간다보다도 낮은 97위에 머물러 있었습니다. 또한 우리나라 정부의 정책 결정 과정의 투명성이 144개국의 최하위인 133위에 머물러 있는 것으로 나타나 있습니다. 이것이 오늘의 현실입니다. 불신을 말해 줍니다.

이런 우스운 얘기가 있습니다. 세기의 과학자들이 한국에 다시 태어났답니다. 퀴리 부인은 우수한 성적으로 졸업한 후 취직하려 했으나 얼굴이 못생겨서 면접에서 떨어졌습니다. 에디슨은 발명특허를 내려 했으나 초등학교밖에 못 나왔다고 접수가 안 됐습니다. 아인슈타인은 수학만 잘하고 다른 과목은 못한다고 대학에 떨어졌습니다. 갈릴레이는 우리나라 과학 현실에 대하여 입바른 소리를 하다가 연구비 지원이 끊겨 버렸습니다. 마지막으로 뉴턴은 대학원까지 갔는데 어떤 교수도 졸업논문을 이해하지 못해서 결국 사과장수가 되고 말았답니다. 오늘 우리나라의 현실을 말하는 것입니다. 불신을 말하는 것입니다. 대충 들을 얘기가 아닙니다.

성도 여러분, 나라가 망하는 것은 경제와 국방력, 이런 것 때문이 아닙니다. 정치제도와 지식의 문제도 아닙니다. 불신, 서로 불신하는 사회가 살 만한 세상이 못 되게 합니다. 그러나 어느덧 그런 사회가 되어버렸습니다.

생각해 보십시오. 왜 이렇게 된 것입니까? 먼저는 대상에 대해서 실망하고 절망한 것이지요. 그것은 우리가 다 아는 바입니다. 그러나 더 큰 문제가 있습니다. 그런 것을 판단하는 자가 이기적인 마음과 개인주의에 갇혀서 세상을 보기 때문입니다. 먼저 자신을 바라보십시오. 나는 정말 사람을 믿고 이해하는 사람입니까? 그 질문이 먼저지요. 이웃으로부터, 친구로부터 정말 신뢰할 만한 사람이라는, 믿을 만한 사람이라는 말을 듣고 살아갑니까? 아니면 불신의 대상인 줄도 모르고 살아갑니까?

예수님이 말씀하시는 믿음_하나님의 복음에 대한 믿음

믿음이란 세계관이 바뀌는 것입니다. 예수님은 이 세상이 얼마나 악한지를 다 아셨습니다. 그러나 불쌍히 여기시고 믿어 주신 것입니다. 그리스도인의 믿음이란 예수 그리스도의 믿음을 본받아 살아가는 것입니다. 이것은 현실의 문제요, 실제적인 문제입니다. 제자들은 사건을 통해서 이제 자신의 잘못된 믿음을 깨닫게 됩니다. 그리고 예수님께 간청합니다. "우리의 믿음을 더하여 주소서." 우리 모두의 기도입니다.

그러면 예수님은 어떤 믿음을 가지신 것입니까? 무엇을 믿으신 것입니까? 성경에서 무엇을 말씀합니까? 한마디로 표현할 수 있습니다. 예수님의 믿음은 '하나님의 복음에 대한 믿음'입니다. 다른 무엇이 아닙니다. 하나님의 복음을 온전하게 믿은 믿음입니다. 그래서 오직 하나님만 믿고, 하나님의 말씀만 믿었습니다. 그 외의 것은 믿지 않았습니다. 나머지는 믿을 만한 것이 못 됩니다. 오직 하나님의 뜻, 하나님의 능력, 하나님의 사랑, 하나님의 역사, 하나님의 말씀, 하나님의 성품과 오직 한 분이신 하나님만 믿었습니다. 그래서 하나님과의 관계를 믿었습니다. 하나님이 나를 사랑하시고 나와 함께하십니다. 항상 함께하십니다. 그것을 믿고 살아간 것입니다.

또한 하나님을 믿음으로 예수님은 오직 하나님의 뜻만을 구하셨습니다. 어떤 상황에서도 하나님의 뜻이 무엇일지를 물으셨습니다. 온 마음으로, 모든 능력으로 하나님의 뜻을 나타내고자 하셨습니다. 예수님이 수많은 이적을 나타내셨지만 단 한 번도 개인적인 이유나 자신을 위해서 이적을 행하신 적이 없습니다. 능력이 있으셨으나 그 능력을 오직 하나님의 영광을 위하여 쓰셨습니다. 그래서 능력을 사용하지 않으시고 십자가에서 죽으신 것입니다.

성도 여러분, 우리는 예수님과 같은 지혜와 능력으로 살아갈 수 없습니다. 우리는 인간이기 때문에 죄인입니다. 그러나 예수님과 같은 믿음으로는 살 수 있습니다. 예수님과 같은 믿음으로 살아가는 사람이 하나님의 자녀입니다.

비유란 누구나 쉽고 또 누구나 기억할 수 있는 것입니다. 그런 장점이 있습니다. 오늘 이 비유를 통해서 믿음을 구체적으로 설명해 주십니다. 믿음의 중요성, 믿음의 정의, 어떻게 해야 믿음이 자라나는지, 어떤 믿음을 가져야 하는지에 대해 답을 주십니다. 먼저 첫 번째 비유, 이것은 누구나 쉽게 기억하는 비유입니다. 이 비유를 통해서 지금 예수님께서는 믿음의 본질, 믿음의 중요성을 말씀하십니다. "주께서 이르시되 너희에게 겨자씨 한 알만한 믿음이 있었더라면 이 뽕나무더러 뿌리가 뽑혀 바다에 심기어라 하였을 것이요 그것이 너희에게 순종하였으리라"(눅 17:6).

먼저 겨자씨라는 것을 의도적으로 말씀하십니다. 겨자씨는 그 당시 가장 작은 씨입니다. 지금 봐도 정말 조그마합니다. 무엇을 말씀하는 것입니까? 지금 제자들은 예수님께 무엇을 구하고 있습니까? '내가 갖고 있는 믿음을 더 크게 만들어 주세요'(Increase our faith). 믿음의 양을 말하고 있습니다. '좀 더 굳센 믿음을 주세요.' 그런데 예수님은 그것을 무시하신 채 정곡을 찌르는 답을 주십니다. 즉 믿음은 양의 문제가 아니라 질의 문제라는 것입니다. 겨자씨 한 알만한 믿음, 이거면 충분하다는 것이죠. 양의 문제가 아니라는 것입니다. 이것을 깊이 생각해야 합니다.

믿음의 대상은 오직 한 분이신 하나님이십니다. 한 분입니다. 그 외의 것은 믿을 것이 못 됩니다. 의존하면 안 됩니다. '내가 하나님을 믿는다. 하나님의 자녀다'라고 하면서 나를 믿고, 내 능력을 믿고, 세상을 믿고, 지혜를 믿고, 타종교를 믿고, 사람을 믿고, 돈을 믿고, 권력을 믿어서는 이미 잘못된 믿음입니다. 양의 문제가 아닙니다. 질의 문제입니다. 오직 창조주 하나님, 그분만을 믿는 믿음, 이것이 예수님의 믿음이거든요.

한 기업인의 자살로 인해서 온 나라가 시끄러웠습니다. 저는 다른 데는 관심이 없습니다. 이런 일은 계속 있는 것이니까요. 그러나 하나 알아야 될 것이 있습니다. 저도 방송을 통해서 알았습니다. 그는 장로였습니다. 그래서 교회장으로 장례식을 치렀습니다. 그런데 얘기를 쭉 들어보니, 너무 신기하고 정말 웃지 못할 일입니다. 그 옆에서 말하는 사람들이 그러더라고요. "아, 저분이 장로인데 어떻게 저렇게 살았을까요?" 믿지 않는 사람들이 하는 얘기입니다.

또 하나는 이것입니다. "이미 장로인데도 죽기 한 20년 전부터 절에 다녔어요." 스님이랑 그렇게 가까이 지냈더랍니다. 그것도 참 희한한 일입니다. 그래서 그런지 방송에서도 이러더라고요. "원래 기독교인은 저럽니까?" 더 한심한 것은 평생 중요한 사건 때마다 무속인을 찾아다녔다는 것입니다. 그래도 다행인 것은 스님이랑 같이 갔답니다. 교인들이랑, 목사랑 갔다면 어떻게 되는 것입니까? 더 웃긴 것은 그 스님이 마지막에 20만원을 내줬다는 것 아닙니까?

거기다가 우리가 잘 아는 대로 돈을 믿고 권력을 믿었습니다. 이것은 구원받은 믿음이 아닙니다. 겨자씨만한 믿음이 아닙니다. 하나님이 기뻐하시는 것은 겨자씨 한 알만한 믿음입니다. 오직 한 분이신 창조주 하나님, 그분만 믿은 것입니다. 나머지는 믿지 않는 것입니다. 의존하지 않는 것입니다.

예수님이 말씀하시는 믿음_깨끗한 믿음의 동기

또한 믿음의 동기가 깨끗해야 합니다. 저나 여러분이나, 처음 교회 왔을 때는 각자 이유가 있었습니다. 그 동기가 자기애에 있었고 세상에 있었습니다. 그러나 적어도 거듭났고 구원받은 자녀라면 그때부터는 믿음의 동기가 바뀌어야 합니다. 깨끗해져야 합니다. 믿음의 동기가 하나님께 있어야 됩니다. 하나님의 성품, 하나님의 은혜, 하나님의 사랑, 하나님의 말씀 등 정말 하나님께 있어야 됩니다. 그 외에 동기가 있으면 안 됩니다. 예수 믿고 형통하고, 소원성취하고, 자녀가 잘되고, 사업이 잘되고 등 이런 것이 믿음을 타락시킵니다. 믿음을 변질시킵니다.

예수님의 제자들은 동기가 깨끗하지 못했습니다. 끝까지 이스라엘의 번영, 나라의 회복, 자신의 소원 성취를 구했습니다. 그래서 메시아를 기다렸습니다. 메시아 대망사상, 즉 메시아가 오면 이 나라가 잘되고 이 민족이 잘될 것이라고 믿었습니다. 그런데 이런 믿음은 아무 힘이 없습니다. 겨자씨 한 알만한 믿음이 안 됩니다. 동기가 깨끗해야 됩니다.

인간관계도 그리스도인은 깨끗해야 합니다. 전에는 어떤 이유로 만났건, 이제는 그게 아닙니다. 저 사람을 그대로 받아들이는 것입니다. 사람은 믿을 사람이 하나도 없습니다. 믿음의 대상은 오직 하나님뿐입니다. 그러나 믿어 주는 관계로 바뀐 것입니다. 그가 잘못했든 잘했든, 한 인격으로 받아들이는 것입니다. 하나님께서 나를 받아 주셨듯이 믿음으로 우리도 믿어 주는 것입니다. 이것이 성도의 인간관계입니다.

부부관계도 마찬가지입니다. 적어도 구원받았거든, 그 이전에는 어떻든 간에 이제부터는 믿음의 동기가 깨끗해야 됩니다. 그대로 받아 주어야 합니다. 내 기대에 못 미치고, 내 뜻대로 안 되어도 말입니다. 그렇게 못하면 그것은 불신이지요. 불신이 무엇입니까? 내 마음대로 안 되는 것이 불신입니다. 성도 여러분, 겨자씨 한 알만한 믿음이면 충분하다고 예수님께서 말씀하십니다. 이것은 질적인 것입니다.

예수님이 말씀하시는 믿음_생명력과 불가능의 가능성

또한 겨자씨 하나는 생명력입니다. 이 겨자씨는 죽은 상태가 아니거든 요. 그런데 추상적인 믿음은 죽은 것입니다. 힘이 없습니다. 성경은 말씀합 니다. "행함이 없는 믿음은 죽은 것이니라." 믿기는 믿는데, 하나님을 믿고 하나님의 뜻을 믿는데, 하나님 말씀에 순종도 안 하고 하나님께 영광을 돌 리지도 않습니다. 이것은 죽은 믿음입니다. 그러다 보니까 믿음 따로 행함 따로입니다. 구원받는 믿음과 생활하는 믿음이 따로입니다. 교회용과 사회 용, 가정용과 구역예배용이 다릅니다. 이런 믿음이 세상 어디에 있습니까? 세상이 손가락질합니다. 생명력 있는 믿음이 내 안에서 나를 변화시킵니 다.

또한 이 겨자씨 비유에는 불가능을 가능케 한다는 메시지가 있습니다. 그래서 뽕나무한테 명하십니다. 조그만 겨자씨만한 믿음이 있으면, 뽕나무 더러 바다로 가서 심기라고 말하면 그대로 된다고 하십니다. 이것이 무엇 이냐 하면 불가능이 가능해진다는 말씀입니다. 믿음의 역사가 있다는 것을 말씀합니다. 실제로 우리가 체험하고 고백하는 것이 많습니다.

오직 예수 그리스도의 십자가 보혈을 믿음으로 죄사함을 받습니다. 어떤 종교인에게든 이 얘기를 해보십시오. 말 같지도 않은 미련한 얘기하지 말 라고 그러지요. 그럼에도 불구하고 불가능의 가능성을 믿는 것입니다. 확 증하며 삽니다. 구제 불능한 자녀이지만, 하나님의 자녀의 신분으로 오늘 을 살아갑니다. 어느 누구도 안 믿습니다. 그러나 믿음으로 우리는 확증하 며 살아갑니다. 불가능의 가능성입니다.

이 세상은 잠깐입니다. 영원한 영생의 세계가 있고, 천국이 있고, 천국의 영화가 약속되어 있습니다. 이 사실을 이 세상 누구에게 말해 보십시오. 안 믿습니다. 그러나 우리는 믿음으로 그것을 소망합니다. 불가능의 가능성이 내 삶에서 구체화됩니다. 모든 것이 그렇습니다. 믿음으로 새로워집니다. 분명 하나님의 복음을 믿음으로 이 믿음이 우리에게 주어집니다.

예수님이 말씀하시는 믿음_자라나는 믿음

그리고 이 믿음은 자라나야 됩니다. 씨와 같습니다. 자라나야 됩니다. 생명력이 있습니다. 그런데 우리 현실에서 우리의 믿음이 올라갔다 내려갔다 (up & down)하는 것은 괜찮은데, 문제는 자꾸 예수 믿기 이전으로 돌아갑니다. 믿음이 타락한 것이지요. 잘못된 것입니다.

그래서 두 번째 비유를 주십니다. 그게 무익한 종의 비유입니다. 이 비유를 통해서는 어떻게 해야 믿음이 자라나는지 말씀해 주십니다. 하나님의 뜻에 합당할 때까지, 그리스도의 장성한 분량에 이르기까지 믿음이 자라나야 된다고 성경은 말씀합니다. 어떻게 해야 그렇게 될 수 있는지 그 비결을 말씀해 주십니다.

먼저 오늘 성경 말씀에 있어서 당시 문화권에 대한 이해가 필요합니다. 노예제도에는 주인과 종이 있습니다. 종이 하루 종일 일을 해도 집에 돌아와서는 주인의 명령에 따라 일을 합니다. 그러면 보상이 무엇입니까? '나를 칭찬해 주세요. 나를 인정해 주세요.' 이런 얘기를 하지 않습니다. 할 수가 없습니다. 오히려 종은 이렇게 말합니다. "나는 무익한 종입니다. 할 바를 행한 것일 뿐입니다. 이건 내 도리요 내 의무입니다." 그 마음으로 살아야 믿음이 자라난다는 것입니다.

성경공부 많이 하고, 봉사 많이 한다고 믿음이 자라나는 게 아닙니다. 오히려 자기 의에 빠질 때가 더 많습니다. 믿음은 은혜로 시작되어서 은혜로 끝나야 됩니다. 우리는 하나님의 복음을 들어 믿음으로 구원받았습니다. 모든 것이 은혜입니다. 하나님의 부르시고 택하신 섭리 가운데 이루어진 것입니다. 그래서 자랑할 것이 없습니다. 자랑할 것은 오직 예수 그리스도의 십자가뿐입니다. 복음뿐입니다.

그래서 은혜 중심의 삶을 살아갈 때 믿음이 자라나는 거예요. 왜냐하면 나는 자격 없는 죄인이기 때문입니다. 나 같은 죄인을 하나님께서 쓰고 계시다는 이 실존적 고백 위에 나도 모르는 사이에 내 믿음이 커지는 것입니다. 한번 생각해 보십시오. 나 자신을 돌아보든지, 주변 분을 살펴보든지 해보십시오. 신앙생활 처음 할 때, 예수 믿고 구원받았을 때, 특히 복음을 듣고 거듭남의 확신이 있을 때는 정말 깨끗한 믿음이에요. 동기도 깨끗하고 예수님이면 족해요. 예수 그리스도면 만족합니다. 너무나 감사합니다. 그래서 봉사도 하고, 전도도 하고, 하나님께 헌신하기 시작합니다.

그런데 시간이 지나가면서 믿음이 더 자라가고 삶이 변해야 되는데, 대다수가 고꾸라집니다. 여기에 사탄의 역사가 있습니다. 왜냐하면 '무익한 종'이라고 생각을 안 합니다. 칭찬을 기대합니다. 보상이 있어야 된다고 생각합니다. 내가 열심히 헌금하고 열심히 봉사했으니, 소원도 성취되고 잘되어야 한다고 생각합니다. 또 무엇인가가 잘되면 물론 하나님의 은혜라고 하지만, 자꾸 거기다가 초점을 맞춥니다. 그러니까 진리관이 잘못되었습니다. 그러다 보니까 믿음이 곤두박질칩니다. 너무나 많이 보는 삶의 현실입니다.

그러나 이런 것이 아니거든요. 그럼에도 오늘의 세상을 생각하면 이것이 맞는 것입니다. 기업에 들어가 조직생활을 하면서 열심을 냅니다. 헌신을 합니다. 왜냐하면 보상을 기대하니까 그렇습니다. 경쟁에서 이겨야 되니까요. 인정받고 칭찬받기 위해서 그렇게 합니다. 그러나 이 자체가 굉장히 나쁜 것입니다. 왜냐하면 칭찬이 없고 보상이 없으면 곧 실망합니다. 절망하잖아요? 이것이 세상입니다.

그런데 이런 삶의 패턴이 신앙생활에 그대로 들어왔습니다. 전혀 새로운 관계인데, 오직 하나님의 은혜와 믿음으로 구원받았는데도 계속해서 옛 생활과 세속적 방법이 도입됩니다. 그러니까 칭찬해 주지 않고 인정해 주지 않으면 다 믿음이 떨어져나갑니다. 담임목사가 내 이름 기억 못한다고 떨치고 나갑니다. 더 나빠지는 것입니다.

예수 그리스도 안에 나타난 하나님의 복음

예수님께서 이 말씀을 삶으로 보여 주셨습니다. 그 완성이 십자가입니다. 그렇게 희생하시고, 봉사하시고, 많은 능력을 행하시고, 선을 행하셨지만 다 도망갔습니다. 여기서 칭찬과 인정과 보상을 기대했으면 십자가를 못 지셨습니다. 그러나 하나님 앞에서 무익한 종의 자세로 마땅히 행해야 할 바를 행한 것으로 묵묵히 도살장에 끌려가는 양처럼 십자가를 지십니다. 여기에 승리가 있습니다. 믿음의 완성이 있습니다. 오직 한 분이신 하나님을 믿음으로 현실의 악한 상황에도 불구하고 하나님께 순종합니다. 하나님을 기뻐합니다. 이 믿음에 하나님의 지혜와 능력이 나타납니다.

옛날에 속세를 떠나서 오직 수도에만 전념한 존경받는 수도사가 있었습니다. 많은 사람들이 그를 찾아왔습니다. 어느 날 수많은 군중들이 그를 찾아와서 간청합니다. "우리는 수도사님이 전해 주는 하나님의 말씀을 통해 은혜 받기를 원해 먼 길을 찾아왔습니다. 꼭 필요한 말씀을 우리에게 해주세요." 그때 이 수도사가 이렇게 말했답니다. "이미 우리는 하나님의 말씀을 충분히 들었습니다. 그런데 실천하지 않고 늘 새로운 것만 듣기를 원합니다. 하나님께서는 더 이상 하실 말씀이 없습니다. 이미 들은 것을 가지고 가서 실천하시기 바랍니다." 그리고 입을 다물었답니다.

생각해 보십시오. 예수 그리스도 안에 나타난 하나님의 복음이면 충분합니다. 문제는 믿느냐 안 믿느냐입니다. 진지하게 생각하십시오. '그럼에도 불구하고' 이 복음을 믿고 복음의 사람으로 살아가십니까? 이것이 결정적인 문제입니다. 정말 나는 복음적인 사람인지 질문해 보십시오. 예수님을 믿는다는 것은 예수님을 생각한다는 것이요, 예수님 앞에서 깨달음을 얻는 것입니다. 무엇보다도 예수님을 믿음으로 오늘을 살아가는 것입니다. 깨끗한 믿음으로, 오직 한 분이신 하나님을 믿음으로, 그 믿음을 통해서 예수님께 속한 사람으로 변해 가는 것입니다. 하나님의 복음을 믿는다는 것이 바로 이것입니다. 복음이 나를 변화시킵니다. 예외가 없습니다. 깨끗하게 믿을 때 복음이 나를 변화시킵니다. 새로운 세계를 보고, 신령한 세계를 보고, 믿을 수 없는 것을 믿게 되고, 하나님의 은혜와 진리를 체험하고 찬송하게 됩니다.

예수님께서 말씀하십니다. "내 믿음을 본받아라. 겨자씨 한 알만한 믿음을 가져라." 양의 문제가 아니라 질의 문제입니다. 이 신앙고백 속에 하나님과 함께하는 삶이 약속되어 있습니다. 승리의 삶이 여기에 있습니다. 그럴 때 그는 고백할 것입니다. 무익한 종을 써 주신 하나님만을 찬양하게 될 것입니다. 그 고백 속에 믿음은 날마다 자라날 것입니다. 하나님의 뜻에 합한 자로 새로운 인생을 살게 되는 것입니다.

기 도

전지전능하신 하나님 아버지, 예수 그리스도와 하나님의 복음을 듣게 하시고, 믿게 하시고, 찬양케 하시어 믿음의 사람으로 이 시대를 살게 해주심을 진심으로 감사드립니다. 그러나 언제 어디선가부터 잘못된 믿음을 가졌고, 때로는 바른 믿음을 가졌으나 자기 유익과 이기적인 탐심과 세상 풍조에 휩쓸리어 혼탁한 믿음으로 추상적인 믿음에 빠져 살아가는 나약한 죄인을 불쌍히 여기어 주시옵소서. 오, 살아 계신 주님, 사도들과 같이 주님 앞에 "우리의 믿음을 더하여 주소서" 기도함으로, 이 말씀으로 겨자씨 한 알만한 믿음을 받고 새로운 차원의 믿음의 삶을 사는 모든 주의 자녀되게 복을 내려 주시옵소서. 우리 주 예수 그리스도의 이름으로 간절히 기도드리옵나이다. 아멘.

17장
—

착하고 충성된 종

그 주인이 이르되 잘하였도다 착하고 충성된 종아 네가 적은 일에 충성하였으매 내가 많은 것을 네게 맡기리니 네 주인의 즐거움에 참여할지어다 하고 한 달란트 받았던 자는 와서 이르되 주인이여 당신은 굳은 사람이라 심지 않은 데서 거두고 헤치지 않은 데서 모으는 줄 내가 알았으므로 두려워하여 나가서 당신의 달란트를 땅에 감추어 두었었나이다 보소서 당신의 것을 가지셨나이다 그 주인이 대답하여 이르되 악하고 게으른 종아 나는 심지 않은 데서 거두고 헤치지 않은 데서 모으는 줄로 네가 알았느냐 그러면 네가 마땅히 내 돈을 취리하는 자들에게나 맡겼다가 내가 돌아와서 내 원금과 이자를 받게 하였을 것이니라 하고 그에게서 그 한 달란트를 빼앗아 열 달란트 가진 자에게 주라 무릇 있는 자는 받아 풍족하게 되고 없는 자는 그 있는 것까지 빼앗기리라 이 무익한 종을 바깥 어두운 데로 내쫓으라 거기서 슬피 울며 이를 갈리라 하니라(마 25:23-30).

일제 강점기 시대 때에 있었던 일입니다. 많은 민족지도자를 배출한 평안북도 정주에 있는 오산학교에서 전해져 내려오는 이야기인데, 당시 남의 집 머슴살이를 하는 한 청년이 있었습니다. 그는 아주 똑똑하고 성실하며 충성된 청년이었습니다. 비록 집이 무척 가난해서 머슴살이를 하지만 자신의 처지를 비난하거나 부끄러워하지 않았고 열심히 주어진 인생을 살았습니다. 그는 매일같이 주인의 요강을 깨끗이 닦는 일을 했다고 합니다. 이처럼 천한 일에도 성실하게 임하는 이 머슴의 자세를 본 주인은 감동을 받게 되지요. 이에 주인은 '비록 머슴이지만 이대로 끝날 인생은 아니다!'라고 생각하고는 그에게 학비를 대주어 평양에 있는 숭실학교에 보내 줍니다.

이 청년은 우수한 성적으로 졸업하고 고향에 돌아와 오산학교의 선생님이 되었습니다. 이 청년이 바로 민족주의자이며 독립운동가로 유명한 조만식 선생님입니다. 그는 항상 제자들이 인생의 성공의 비결을 물을 때 이런 준비된 대답을 했다고 합니다. "여러분이 사회에 나가거든 요강을 닦는 사람이 되십시오." 그 의미를 깊이 생각해 보시기 바랍니다.

세상의 유혹과 영적 게으름

성도 여러분, 구원받은 하나님의 자녀는 오직 하나님을 믿고 하나님께 충성하는 사람입니다. 구원에 이르는 믿음이란 하나님의 존재와 역사, 그 능력에 대한 믿음과 충성을 약속하는 것입니다. 그래서 모든 그리스도인은 하나님을 향하여 '나의 주! My Lord!'라고 말합니다. '나의 하나님' 그 고백에 믿음이 있고 충성과 헌신이 약속되어 있습니다. 왜 그렇습니까? 나의 하나님이기 때문이지요. 그런데 세상이 이 믿음을 계속 변질시킵니다. 그리스도인으로 살도록 내버려 두지 않습니다. 이 믿음, 충성, 헌신을 자꾸 무너뜨립니다. 이것이 세상 풍조요, 세상의 가치관이요, 세상의 문화요, 세상의 방식입니다.

그런데 요즘 이 시대의 가장 큰 유혹은 이것입니다. 세상이 급변한다는 것입니다. 너무 빨리빨리 변합니다. 20세기 중반, 그때만 해도 그렇게 급변하지 않았습니다. 그런데 과학기술문명이 빨리 변하면서 계속 바뀝니다. 이 변화에 발맞춰 가기가 쉽지 않습니다. 계속 새로운 것을 익히고 그 방식에 익숙해져야 됩니다. 그러다 보니 사람들이 다 새로운 것만을 추구합니다. 옛것의 소중함을 모릅니다. 계속 새로운 것을 찾고, 그 새로운 것에 익숙해져야 세상에서 성공하고 정체성을 가지고 살아갈 수 있다고 생각하는 것입니다.

그 가운데서 절대 가치, 절대 진리를 잃어버렸습니다. 이제는 충성, 헌신과 같은 단어들을 찾기가 어렵습니다. 헌신이란 것이 무슨 말이냐고, 그게 그렇게 필요하냐고 묻습니다. 왜냐하면 그만큼 세상이 급변하기 때문입니다. 여기서 인간의 존엄성이 무너집니다. 인간의 존엄, 크리스천의 가장 중요한 가치관인 충성, 믿음, 헌신, 순종이 그냥 무너집니다. 필요가 없어지는 것입니다.

또 하나의 유혹은 이 세상이 믿을 만하지 못하다는 것입니다. 믿을 만한 사람, 믿을 만한 가치, 믿을 만한 대상이 점점 없어집니다. 그러다 보니 이제는 믿을 필요가 없습니다. 헌신의 대상이 내가 되었습니다. 왜 다른 사람에게 충성해야 하냐며 의문을 가집니다. 내게 충성하면 된다고 생각하기 때문입니다. 그것이 행복의 지름길이 되어갑니다. '나의 행복, 나의 유익, 나의 성공' 말입니다. 여기에 모든 정성과 시간과 물질을 쏟아 붓습니다. 스스로 이기적인 사람이 되어갑니다. 우리가 사는 세상이 그런 사람을 요구합니다. 아주 개인주의로 치닫고 있습니다. 이러한 세상의 풍조 속에 그리스도인다움이 무너지고 있습니다.

성도 여러분, 하나님께 충성하지 않고 하나님께 헌신하지 않는 것은 죄입니다. 이것을 신학적으로는 '영적 게으름'이라고 말할 수 있습니다. 세상에서는 바쁘게 지내는데, 나를 위해서는 바쁜데, 하나님의 일에 대해서는 바쁘지 않습니다. 오직 하나님께 영광 돌리는 것이 그리스도인의 삶의 목적임을 고백하면서도 삶은 그렇지 않습니다. 충성, 헌신을 거북스럽게만 생각합니다. 싫은 것입니다. 대신 나의 영광을 좋아합니다. 영적 게으름을 통해서 삶이 무너집니다.

「아직도 가야 할 길」(The Road Less Traveled)을 쓴 스콧 펙(Scott Peck) 박사는 저명한 정신과 의사입니다. 그가 한 유명한 말이 있습니다. 체험적 신앙고백입니다. "영원의 성숙에 장애가 되는 것들이 있다. 많은 것들이 있지만 궁극적으로 오직 한 가지 장애물이 있는데, 그것은 게으름이다."

인간의 인간됨을 막는 것이 게으름입니다. 그대로 두면 인간되지 못합니다. 예를 들어 세상에서 성공한 사람들을 한번 보십시오. 과거, 현재, 미래, 다 부지런한 사람들입니다. 그 사람이 착한 사람인지 나쁜 사람인지는 잠시 접어두고 얘기한다면, 기본적으로 부지런합니다. 보통 사람보다 더 부지런합니다. 그런고로 성공을 막는 가장 큰 장애물은 게으름입니다. 하물며 하나님의 사람됨입니까? 우리는 하나님의 사람으로 재창조되었는데 이것을 가로막는 것, 즉 하나님께 향한 믿음, 충성, 순종, 헌신을 왕창 무너뜨리는 것은 나 자신이요, 오늘 이 세상의 방식입니다. 그 안에 게으름이 있습니다. 하나님에 대해서 너무 게으릅니다. 이는 큰 죄입니다. 그런데 이것이 죄인지도 모르고 살아간다는 것에 문제가 있습니다.

다음과 같은 교훈적인 이야기가 있습니다. 평생 게으름을 피우며 아내를 고생시킨 남편이 있었습니다. 이 남편이 임종을 앞두었을 때 장의사가 와서 물었습니다. 부인의 눈치를 보면서 물었습니다. "매장을 할 겁니까, 화장을 할 겁니까?" 그런데 부인이 남편의 의견을 묻지 않고 거침없이 말합니다. "화장할 겁니다!" "그 유골은 어떻게 하시겠습니까? 납골당에 모실까요? 수목장으로 할까요?" 부인이 가만 생각하더니 "그 둘 중에 하나를 해야 합니까?"라고 반문합니다. 그래서 장의사가 "아니, 뭐 꼭 그럴 필요 없습니다. 그러면 유골은 어떻게 하실 것입니까?"라고 했습니다. 그러자 아내가 이렇게 대답하더랍니다. "저희 집 모래시계에 넣어서 일을 시킬 거예요!"

끝났다고 생각하지만 아직 끝난 것이 아닙니다. 오직 한 분이신 창조주 하나님, 그분은 구원의 하나님이십니다. 심판으로부터의 구원입니다. 하나님의 진노가 없는데 구원받을 필요가 없잖아요? 하나님의 은혜로, 사랑으로 구원의 길을 우리에게 주셨습니다. 하나님은 심판하시는 하나님이십니다. 죄를 반드시 심판하십니다. 결국 모든 인류는 하나님의 최후 심판대 앞에 나아가야 합니다. 그날을 향해 살아가고 있습니다. 이 신앙고백 속에 어찌 하나님께 충성하지 않을 수 있겠습니까? 그날이 있는데 어떻게 하나님 앞에서 게으르게 살 수 있겠습니까?

달란트 비유_종말론적 메시지

오늘 성경 본문은 참으로 유명한 이야기입니다. 세상에 널리 알려져 있는 달란트 비유입니다. 14절에서 30절까지 이어집니다. 주인이 타향에 가면서 자기의 소유를 종들에게 맡깁니다. 다섯 달란트, 두 달란트, 한 달란트. 그리고 돌아와 결산을 했다는 유명한 이야기입니다. 이 비유의 주제는 '하나님 나라'입니다. 모든 예수님의 비유는 주제가 하나님 나라입니다. 그런고로 이성적으로, 세상적으로, 경험적으로 해석하면 안 됩니다. 마음대로 짜깁기하면 안 됩니다. 철저하게 영적으로 이 속에 나타난 하나님의 계시를 받아들여야 됩니다. 하나님 나라의 진리를 깨달아야 합니다. 이 메시지는 종말론적 메시지입니다. 마태복음 24장과 25장은 예수님께서 십자가를 지시러 예루살렘을 향해 가시면서 주신 말씀입니다. 이번 주간에 이 두 장을 읽으시면서 묵상하시기 바랍니다. 종말론적 메시지입니다.

오늘 비유에 보면 각각 그 재능대로 달란트를 주었다고 되어 있습니다. 이 달란트(talent)는 '은사'를 말합니다. 주인, 즉 하나님께서 '은사를 주셨다'라는 것입니다. 어떻게 줬습니까? 각각 그 재능대로 다양하게 줬습니다. 이것을 항상 인정해야 합니다. 그렇기에 세상은 모자이크와 같습니다. 언어, 민족, 문화에서도 모자이크지만, 사람마다 그 얼굴 생김새처럼 다릅니다. 정말 다릅니다.

저는 하나님께서 쌍둥이를 주셔서 이란성 쌍둥이를 기르는데, 똑같은 교육과 똑같은 기도를 받고 똑같은 환경에서 사는데도 기질 자체가 다릅니다. 커서 다른 것이 아니라 한 살, 두 살, 세 살 때부터 너무 달라서 깜짝 놀랐습니다. 각각 하나님께서 주신 고유한 기질, 성품입니다. 서로 다른 것입니다. 그런데 이것은 하나님의 것을 우리에게 주신 것입니다. 주인의 것을 주셨습니다. 이것을 알아야 합니다.

창조주 하나님께서 모든 피조물에게 은혜를 베푸셨습니다. 은사를 주셨습니다. 그런고로 그리스도인은 내게 주신 은사를 알아야 합니다. 아니 감사해야 됩니다. 내게 주신 은사가 무엇인지 모르고 살아가는 사람이 많습니다. 어떤 사람은 일찍 알고, 어떤 사람은 나중에 압니다. 그러나 내게 주신 은사가 있습니다. 그 은사가 내 분복입니다. 그 안에서 내가 무엇인가를 할 수 있는 거거든요. 예를 들어 하나님께서 좋은 기억력을 주신 사람과 공부로 비교하면 어떻게 이기겠습니까? 못 이깁니다. 아무리 밤새 공부해도요. 그러나 다른 은사가 있습니다. 그건 그 머리 좋은 애가 못 이깁니다. 이처럼 내게 주신 은사가 있다는 것을 알아야 됩니다. 여기에 감사해야 합니다.

불공평 속의 공평

그런데 이 다양성 속에 성경은 말씀합니다. 주인이 맡겼다는 것입니다. 맡겼다는 것은 주인이 뜻을 이루기 위한 것입니다. 주인의 목적이 있습니다. 내 것이 아닙니다. 청지기입니다. 여기에 공평이 있습니다. 많이 받은 자에게는 하나님께서 많이 요구할 것이요, 적게 받은 자에게는 적게 요구하실 것입니다. 이 불공평 속에 공평이 있습니다. 사람의 눈으로 보기에 어떤 사람은 외모가 뛰어나고, 또 어떤 사람은 공부를 잘하고 지식이 많습니다. 반면, 어떤 사람은 아무리 열심히 해도 일등을 못합니다. 인간적인 시각에서 보면 뭔가 다른 것 같지만 그 불공평 속에 공평이 있습니다. 세상의 기준으로는 나타나지 않지요. 그러나 하나님 나라 기준으로는 보면 그 안에 공평이 있습니다. 왜냐하면 책임이 있기 때문입니다. 누군가 많이 가졌는데도 남을 돕지도 않고, 이웃을 사랑하지도 않고, 하나님의 일도 안 하고 그런다면 그걸로 벌을 받을 것입니다. 우리가 책임질 일인 것이지요. 불공평 속에 공평, 여기에 하나님의 지혜가 있습니다.

더욱이 하나님의 지혜와 능력에서 보면 그런 것들은 다 적은 것입니다. 그래서 오늘 성경을 보면 다섯 달란트 받은 자나 두 달란트 받은 자나, 모두에게 말합니다. "너희들이 적은 일에 충성했다." 사람이 보기에는 양이 다른데, 하나님이 보시기에는 다 적을 뿐입니다. 이 시대에 대통령으로 일하나, 청소부로 일하나 하나님이 보시기에 다 적은 것입니다. 여기에 공평이 있습니다. 그리고 각자에게 한 달란트, 두 달란트, 다섯 달란트를 줍니다. 여기서 금 한 달란트는 육천 데나리온입니다. 그 당시 한 데나리온은 보통 사람 1일 평균 임금입니다. 잘 계산해 보면 20년 연봉을 한꺼번에 줬다는 것입니다. 다시 말해서 한 달란트나 다섯 달란트나 모두 하나님 주신 은사가 풍성하다는 것입니다. 이런 맥락에서 이 비유를 받아들여야 합니다.

가장 중요한 메시지는 이것입니다. 각각 주신만큼 기대하신다는 것입니다. 종말론적인 메시지입니다. 성도 여러분, 내가 원하든 원치 않든 하나님의 결산, 하나님의 심판은 나타납니다. 궁극적으로 구원과 심판으로 나타나며, 현재적으로 하나님의 결산이 나타납니다. 하나님의 방식으로 하나님의 때에 나타납니다. 반드시 있습니다.

오늘 주신 메시지는 이것입니다. 그 결산, 그 끝이 어떻게 나느냐 하는 것입니다. 착하고 충성된 종, 아니면 악하고 게으른 종입니다. 하나님 앞에서, 하나님 보시기에 이것이 성공이냐 실패냐 하는 문제가 아닙니다. 하나님 보시기에 착하고 충성된 종이냐, 아니면 악하고 게으른 종이냐 둘 중 하나입니다. 착하고 충성된 자가 아니면 다 악하고 게으른 것입니다. 성도 여러분, 중간은 없습니다. 여러분은 어떻습니까? 지금 하나님 앞에서 착하고 충성된 자라는 말을 들으며 그런 사람으로 살아가십니까?

착하고 충성된 사람

이 달란트의 비유를 아주 왜곡하여 이해하는 사람이 있습니다. 소유로, 결과로 생각하는 사람들이 많습니다. 그러나 전혀 아닙니다. 이것은 세상 방식입니다. 세상에서는 항상 성공해야 됩니다. 소유가 있고, 권력이 있고, 명예가 주어져야 됩니다. 그러나 하나님의 방식은 그게 아닙니다. 착하고 충성되느냐 그렇지 않으냐, 이것이 결정적인 것입니다. 착하다는 것은 'good' 곧 '선한 것'입니다. 선하다는 것, 그건 하나님 앞에서 죄가 없어야 됩니다. 그 죄의 문제는 오직 하나님의 복음을 믿음으로, 십자가의 은혜를 믿음으로 해결됩니다. 우리는 죄사함을 받습니다. 그가 하나님 앞에 선한 자이고 착한 자이면, 사람이 볼 때는 착한 기준이 다르겠지만, 하나님 보시기에 결정적인 것은 죄가 없는 것입니다. 내게 은사가 없는 것은 하나님이 그렇게 하셨으니 내 잘못이 아니잖아요? 그러나 착한 것, 죄 없는 것, 이것은 중요한 문제거든요.

그리고 충성이라는 것은 'faithful'입니다. '신실한' 것입니다. 말 그대로 믿음이 지속되는 것입니다. 믿음이 있는 자가 충성된 자입니다. 이미 하나님께서 예수 그리스도 안에서 우리를 착하고 충성된 자로 재창조하셨습니다. 깊이 생각해 보십시오. 예수님께서 인간으로 오셔서 이것을 보여 주셨습니다. 예수님은 하나님께 착하고 충성된 분입니다. 예수님이 무슨 성공, 소유와 명예, 권력을 가졌습니까? 비참하게 십자가에 죽으셨습니다. 그러나 하나님이 보시기에 가장 착하고 충성된 분입니다. 스데반은 복음을 전하다 죽습니다. 세상적으로는 실패한 자입니다. 그러나 하나님 보시기에 착하고 충성된 자입니다. 다윗은 허물이 컸습니다. 그러나 하나님이 보시기에 착하고 충성된 자입니다. 오래 살았느냐 빨리 죽었느냐, 세상에서 부하냐 가난하냐의 문제가 아닙니다. 착하고 충성된 자, 그가 복 있는 사람입니다.

그런데 유감스럽게도 오늘 성경에 착하고 충성된 사람만 있는 것이 아닙니다. 악하고 게으른 사람이 있습니다. 왜 이렇게 됐겠습니까? 태어날 때는 다 착하게 태어났을 것 같은데, 왜 누군가는 악하고 게으른 자라는 말씀을 듣고 또 하나님의 심판을 받습니까? 오늘 그 종의 고백 속에, 이 비유 속에 그 이유가 나타납니다. 24절을 보십시오. "한 달란트 받았던 자는 와서 이르되 주인이여 당신은 굳은 사람이라 심지 않은 데서 거두고 헤치지 않은 데서 모으는 줄을 내가 알았으므로." 내가 알았다는 것입니다. 내가 주인을 알고, 하나님 당신을 안다는 것이죠. 전지전능하신 분이라서 꼭 심은 데서 거두지 않아도 되는 분입니다. 내가 당신을 아는데 당신은 엄한 분, 한마디로 엄격한 분이라는 것이죠.

무슨 말입니까? 은혜와 자비가 없는 엄격한 분이라는 것입니다. 죄를 심판하시고 죄 없는 자를 구원하시는 그런 분이라는 것이죠. 어떻게 생각하면 틀린 말도 아닙니다. 그러나 잘못된 지식입니다. 하나님에 대해서 띄엄띄엄 아는 것입니다. 하나님을 아는 지식이 왜곡되어서 영적 무지의 결과가 이렇게 드러납니다. 우리 삶의 결과를 영적으로 보십시오. 세상이 이래서, 세상이 잘못되어서, 환경이 어때서의 그런 문제가 아닙니다. 불신앙의 결과입니다.

하나님에 대한 바른 지식

우리는 이러한 영적 무지, 하나님에 대한 잘못된 지식을 가볍게 여깁니다. 그게 무슨 죄가 되느냐고 말합니다. 그러나 엄청난 죄가 됩니다. 하나님을 잘못 알면 잘못된 삶을 살아가고 멸망에 이르게 됩니다. "당신은 굳은 사람이라." 진노의 하나님을 말합니다. 정말 하나님은 진노의 하나님이십니다. 죄를 진멸하십니다. 노아의 홍수가 말하고, 소돔과 고모라의 멸망이 그것을 말해 줍니다. 또 이스라엘을 통해서 많이 보여 주셨습니다. 출애굽 역사 때 애굽에 수많은 재앙을 내리셔서 많은 고난과 시련을 주셨습니다. 죄에 대한 심판이지요.

이처럼 이 사람은 부분만 생각했습니다. 전지전능하시지만 엄격한 분입니다. 그 부분은 맞지만, 하나님은 또한 구원의 하나님이십니다. 언제든지 하나님께 돌아오고 회개하는 자를 용서해 주십니다. 은혜의 하나님이시며, 자비의 하나님이시요, 사랑의 하나님이십니다. 그런데 그는 하나님을 잘못 알았습니다. 충성된 하나님의 사람은 하나님을 바로 압니다. 진노의 하나님이시지만, 은혜의 하나님이십니다. 그 은혜로 내가 구원받는 것입니다. 내 능력으로는 하나님의 진노를 피할 길이 없습니다. 끝까지 죄인으로 살 수밖에 없습니다. 그러나 하나님의 은혜로, 복음을 믿음으로 나는 죄사함을 받습니다. 그리고 하나님께 '착한 자'라는 말을 듣습니다.

당시 유대인들, 지금까지도 마찬가지입니다. 그 종교지도자들을 보십시오. 대제사장, 바리새인, 서기관들 모두 다 하나님을 알았습니다. 굉장한 열심과 충성을 가졌습니다. 오늘까지도 그렇잖아요? 특별히 그들은 안식일을 철저히 지킵니다. 좋은 덕목입니다. 그런데 이 안식일에 매입니다. 그래서 예수님께서 말씀하십니다. "안식일이 먼저냐, 사람이 먼저냐? 안식일이 사람을 위한 것이냐, 사람이 안식일을 위한 것이냐?" 이들이 아는 지식은 뒤바뀌어 있다는 것입니다. A.D. 70년에 로마가 예루살렘으로 쳐들어올 때, 로마 장군이 이 사실을 알고 안식일에 쳐들어갑니다. 정말 아무 것도 안 하다가 다 죽었습니다. 나라를 빼앗겼습니다. 이것은 실재하는 역사적인 기록입니다. 이만큼 유대인들, 종교지도자들은 안식일을 철저히 지키고 율법을 지켰습니다. 율법을 소유하고, 율법을 정말 열심히 지켰습니다. 다시 말해서 충성했습니다. 그런데 잘못된 충성입니다. 결국 나라가 망했을 뿐 아니라, 그들은 구원받지도 못합니다. 율법을 지키고, 전통과 제도와 관습을 지키는 것이 외적으로는 충성되게 보이지만 다 멸망으로 가는 것입니다.

오늘날 교회에 닥친 위기가 이것입니다. 충성의 대상은 오직 하나님이십니다. 예수 그리스도십니다. 그런데 이것이 뒤바뀌었습니다. 온통 율법적 신앙, 거기다가 전통, 제도, 관습을 붙들고 있습니다. 아무 소용이 없습니다. 장로교여서 좋고 감리교여서 나쁘고, 뭐 이런 것이 아닙니다. 예수 그리스도, 예수 그리스도에 대한 충성이 있어야 됩니다. 그런데 이 악하고 게으른 자는 주인의 마음, 주인의 뜻을 왜곡했습니다. 회개하지 않습니다. 나는 알았다는 것입니다. 이 잘못된 충성과 앎이 결국 개인의 멸망으로 끝납니다. 그게 핵심입니다. 주인의 뜻에 따라 사용하지 않았습니다. 결국 주인을 원망하게 됩니다. 그래서 악하고 게으른 종입니다.

성도 여러분, 하나님의 일에 무관심하고, 하나님의 일에 집중하지 아니하고, 하나님의 일에 헌신하지 않는 것 모두가 큰 죄입니다. 영적 게으름입니다. 하나님의 사람은 하나님의 일에 하나님을 위하여 헌신하도록 재창조되었습니다. 그런데 하나님이 주신 은사, 내게 주신 것 모두 하나님께서 주신 것임을 고백하면서도 온통 그 은사를 나를 위해 씁니다. 나를 위해 헌신합니다. 더 나아가서는 세상에 발맞춰 나가느라고 바쁩니다. 세상을 위한 시간과 물질과 건강과 열정, 이것은 잘못된 충성입니다. 마태복음 6장 33절에 예수님께서 말씀하십니다. "먼저 그의 나라와 그의 의를 구하라." 이것이 그리스도인입니다. 왜 그렇습니까? 하나님은 살아 계셔서 그렇지요. 나의 충성은 오직 하나님입니다. 오직 예수님입니다. 그게 우선입니다. 그 마음으로 오늘을 사는 것입니다.

복음의 증인으로 부름 받은 그리스도인

모든 그리스도인은 복음의 증인으로 부름 받았습니다. 왜냐하면 믿음 자체가 하나님과 예수님에 대한 증인으로 살 수밖에 없습니다. 이것이 우리에게 허락된 사명입니다. 마태복음 28장 18절 이후부터 마지막 절까지 예수님께서 승천하시면서 말씀하십니다. 거기에 위대한 계명(The Great Commandment)이 나타납니다. "그러므로 너희는 가서 모든 민족을 제자로 삼아 아버지와 아들과 성령의 이름으로 세례를 베풀고 내가 너희에게 분부한 모든 것을 가르쳐 지키게 하라 볼지어다 내가 세상 끝날까지 너희와 항상 함께 있으리라 하시니라."

한마디로 하나님의 복음을 전하라는 것입니다. 그리고 '내가 너희와 항상 함께하리라'고 말씀합니다. 우리 삶의 모습이 어떻든 우리에게는 하나님께서 주신 고유한 사명이 있습니다. 그 믿음으로 살아갈 때 하나님과 동행하는 삶을 누리며 기뻐할 수 있습니다. 하나님의 일에 집중하지 않는 게으름 속에서는 하나님의 지혜와 능력을 체험할 수 없습니다.

미국에 '무디 기념 교회'가 있습니다. 하나님께서 크게 들어 쓰신 무디(Dwight Moody)를 기억하는 많은 사람들이 그의 삶을 기뻐하며 교회를 지었습니다. 그래서 이름이 무디 교회였지요. 이 교회 담임목사였던 헤리 아이언사이드(Harry Ironside) 박사의 일화를 하나 소개해 드립니다. 그는 소년시절에 양화점, 곧 구두를 만들고 파는 곳의 직공이었습니다. 당시 구두를 어떻게 만들었습니까? 가죽을 발에 맞추어 치수를 잰 다음 재단을 해서 이 가죽을 튼튼하게 만들기 위해 물에 담갔다가 빼내는 일을 반복하고 계속 망치로 두드립니다. 그는 양화점에서 수제 신발을 만들 때 가죽을 계속 두드리는 것을 보았습니다. 그렇게 단단하게 마를 때까지 두드리는 일을 반복한 가죽으로 신발을 만들면 좋은 상품이 나옵니다. 이 일을 매일매일 반복적으로 하는 것을 보다보니 모든 관심이 이 일에 집중되어 있었지요.

그런데 어느 날 거리를 지나는데, 다른 양화점들은 구두를 너무 쉽게 만드는 것입니다. 발에 맞게 가죽을 재단해서는 물에 잠갔다가 꺼내서 건조하고는 못을 박아 구두를 만드는 것입니다. 그래서 물어봤습니다. "이렇게 해도 좋은 품질의 구두가 나옵니까?" 그랬더니 그 구두 만드는 사람이 하는 말이 이렇습니다. "빠른 시간에 많이 만들어서 돈을 벌어야지 그거 두드릴 시간이 어디 있어요?" 눈에 보이기에는 다 똑같거든요. 그래서 이 소년이 달려와서 주인에게 이렇게 하면 돈을 벌수 있다고, 시내의 큰 구두점에서 이렇게 구두를 만들더라고, 그러니 우리도 이렇게 해야 된다고 말했습니다. 그러자 주인이 소년을 놓고 이렇게 말하더랍니다. 골로새서 3장 23절을 펴서 읽어 준 것입니다. "무슨 일을 하든지 마음을 다하여 주께 하듯 하고 사람에게 하듯 하지 말라."

그러면서 주인이 이 소년에게 말했습니다. "나는 돈을 벌기 위해서 구두를 만드는 것이 아니란다. 하나님의 영광을 위해서다. 나는 심판 날, 주님 앞에서 '너는 참으로 비열한 짓을 했다. 최선을 다하지 못했다'라는 말을 듣고 싶지 않다. 주님께서 웃으시면서 '참 잘했다, 착하고 충성된 나의 종아'라고 말씀하시는 것을 듣고 싶단다." 이 교훈이 어린 소년의 마음에 확 닿았습니다. 그리고 훗날 하나님의 일에 헌신하여 주의 종이 되었다고 합니다.

예수님을 향한 그리스도인의 충성

성도 여러분, 예수님과 그리스도인은 분리될 수 없습니다. 연합되었습니다. 예수님의 은혜, 예수님의 사랑, 예수님의 진리, 예수님 십자가의 은총, 우리는 오직 믿음으로 아무 선함 없이, 행함 없이 구원받았습니다. 그래서 우리는 예수님께 '나의 주님, my Lord'라고 말합니다. 나의 믿음, 나의 충성, 나의 헌신이 오직 예수님께 있다는 말입니다. 그 믿음으로 복을 받습니다. 이미 받았고 복을 누립니다. 그런데 오늘날 교회와 그리스도인의 모습을 보면 그렇지 않습니다. 헌신의 대상, 충성의 대상이 나입니다. 나의 행복, 나의 성공, 나의 성취, 나의 꿈만을 추구합니다. 모든 것이 나입니다. 그래서 하나님께서 주신 고귀한 은사, 시간, 건강, 물질, 이 모든 것을 여기다 쏟아 붓습니다. 아직 미련을 떨치지 못합니다. 아직 회개하지 못합니다. 거기에는 하나님의 약속이 임하지 않습니다.

더욱이 세상에 자꾸 발맞춰 갑니다. 물론 필요합니다. 그러나 거기다가 모든 것을 쏟아 부어서는 하나님께 착하고 충성된 종이라는 말을 들을 수가 없습니다. 그것이 인생의 목적이 아니기 때문입니다. 깊이 생각해야 합니다. 심지어 사역을 하고 봉사를 하면서도 그 자체에 매이는 경우가 있습니다. 그러나 기억해야 하는 것은 그 일에 봉사하는 것이 아니라는 것입니다. 그 위의 예수님께 충성하고 봉사해야 합니다. 그 자체는 하나의 은혜의 방편이거든요. 그러니까 거기에 매여서 시기와 질투로 다른 사람을 비난하기도 합니다. 이러다가 망가지는 것입니다. 나의 시간, 노력, 중심, 모든 것이 예수님께로 향해야 합니다.

은혜의 바다

하나님의 일은 눈에 보이기에는 나의 결단, 나의 힘, 지혜, 노력, 나의 물질, 나의 헌신으로 되는 것 같지만 결코 아닙니다. 그것만으로는 하나님의 일이 되지 않습니다. 세상적인 방식으로 생각하지 마십시오. 하나님의 일은 하나님의 방식이어야 됩니다. 하나님께서 나를 쓰셔야 됩니다. 내게 주어진 은사를 하나님을 위해 쓸 때 하나님의 일이 되고, 필요한 것을 하나님께서 공급해 주십니다. 여기에 성령의 은사가 있습니다. 성령의 은사는 예수 믿기 전에 있는 것이 아닙니다. 예수 믿고 난 이후에 다시 주시는 것입니다. 하나님의 일을 하기 위해서 주십니다. 복음의 증인으로 살게 하기 위해서 하나님께서 주십니다. 하나님께서는 충성된 자를 쓰십니다. 고린도전서 4장 2절은 말씀합니다. "맡은 자에게 구할 것은 충성이니라." 정말 하나님을 믿음으로 하나님께 충성을 약속하고 하나님을 향한 마음으로 살아갈 때 하나님께서 함께하십니다.

그리스도인의 충성은 하나님이 두려워서가 아닙니다. 물론 하나님은 두려운 존재이십니다. 또한 하나님의 심판에 대한 무서움으로 충성하는 것이 아닙니다. 물론 무섭습니다. 그러나 그렇다고 하나님께 충성하는 것이 아닙니다. 십자가의 은혜가 너무 커서, 예수 그리스도에 나타난 하나님의 사랑이 너무 커서, 감사함으로, 기쁨으로, 믿음으로 충성하는 것입니다. 그래서 그리스도인의 충성은 예수 그리스도를 향한 충성이요, 복음에 대한 충성이요, 은혜에 대한 충성입니다. 하나님께서 그 충성된 사람을 쓰십니다. "잘하였도다, 착하고 충성된 종아!" 하나님께서 함께하실 것입니다. 그리고 "주인의 즐거움에 참여할지어다" 즉 천국의 영광, 천국의 지혜와 능력을 우리에게 허락하실 것입니다.

기 도

전지전능하신 하나님 아버지. 오직 하나님의 복음을 믿음으로 새 사람 되고, 착하고 충성된 자로 우리를 새롭게 해주심을 진심으로 감사드립니다. 그러나 이 세상에 빠지고, 이 세상 풍조에 휩쓸리고, 세상 유혹에 넘어지고, 이기적인 마음과 나의 행복, 나의 성공을 꿈꾸며 불신앙에 빠져 어느덧 원망과 불평 중에 살며, 하나님과 상관없는 열심으로 방황하고 낙심하며 절망하는 죄인을 불쌍히 여겨 주시옵소서. 하나님 앞에 착하고 충성된 자로, 지음 받은 자로, 믿음으로 끝까지 지속하여 하나님의 지혜로 살고, 능력으로 살고, 하나님의 평강으로 살아 하나님의 약속이 우리 안에 성취되며 하나님께 쓰임 받으며 천국의 영광에 참여하는 은총을 누릴 수 있도록 주여 우리를 주의 길로 강권하여 주시옵소서. 우리 주 예수 그리스도의 이름으로 간절히 기도드리옵나이다. 아멘.

18장

나를 단련하소서

내가 나의 완전함에 행하였사오며 흔들리지 아니하고 여호와를 의지하였사오니 여호와여 나를 판단하소서 여호와여 나를 살피시고 시험하사 내 뜻과 내 양심을 단련하소서 주의 인자하심이 내 목전에 있나이다 내가 주의 진리 중에 행하여 허망한 사람과 같이 앉지 아니하였사오니 간사한 자와 동행하지도 아니하리이다 내가 행악자의 집회를 미워하오니 악한 자와 같이 앉지 아니하리이다 여호와여 내가 무죄하므로 손을 씻고 주의 제단에 두루 다니며 감사의 소리를 들려 주고 주의 기이한 모든 일을 말하리이다(시 26:1-7).

교훈적인 설화를 하나 말씀드리겠습니다. 어느 깊은 산속에 절이 있었는데, 그곳에 긴 층계가 놓여 있었습니다. 하루는 이 돌층계가 아주 불만스러운 목소리로 절 안에 있는 돌부처를 향하여 이렇게 말했습니다. "이봐, 돌부처 양반! 우리 둘 다 똑같이 돌로 만들어졌는데, 누구는 매일 밟히고 누구는 높은 자리에 앉아 공양을 받다니, 너무 불공평하지 않소?" 그러자 돌부처가 온화하게 웃으면서 이렇게 말했답니다. "당신은 고작 대여섯 번 정도 정을 맞고 돌층계가 되었지만, 나는 수백 수천 번 넘게 정을 맞으며 깨지고 깎인 후에야 비로소 지금의 모양이 된 것이오." 깊이 생각해 보시기 바랍니다.

영적 훈련의 필요성

서울과학종합대학원의 한근태 교수가 쓴 「몸이 먼저다」라는 책이 있습니다. 이 책의 주제는 건강을 위해서는 적절한 근육을 만드는 것이 가장 중요하다는 것입니다. 근육은 가장 큰 당분 저장소이며, 동시에 인체의 쓰레기를 소각하는 역할을 한다고 합니다. 이 근육이 있어야 우리 몸의 지방을 태워버립니다. 그러면서 근육을 만드는 메커니즘에 대하여 일곱 가지로 설명합니다. 함께 생각해 보십시오.

첫 번째는 '근육을 만드는 중에는 가장 힘들 때 가장 기뻐하라'입니다. 왜냐하면 힘들지 않으면 근육은 생기지 않기 때문입니다. 두 번째는 '가장 하기 싫은 운동을 하라'입니다. 하기 싫은 그 운동이 당신의 약한 고리이고, 다른 고리가 강하더라도 약한 고리 부분을 방치하거나 무시하면 안 된다고 합니다. 세 번째는 '가장 하기 싫을 때 가장 많이 변할 수 있다'입니다. 유독 운동을 하기 싫은 날이 생기는데, 그것은 조금만 더 하면 몸을 변화시킬 수 있다는 신호라는 것입니다. 네 번째는 '근육은 실패를 먹고 자란다'입니다. 부러진 뼈는 붙으면서 더욱 강해지기 때문입니다. 다섯 번째는 '아픈 만큼 성숙해진다'입니다. 여섯 번째는 '조급하게 성과를 기대하지 말라'입니다. 일곱 번째는 '점진적으로 과부하를 주는 것이 중요하다'입니다. 조금씩 서서히 부하를 늘려가는 것이 중요한데, 몸이 그 변화에 적응을 잘하게 되기 때문입니다.

한마디로 건강을 위해서는 근육이 필요한데, 이것이 단번에 저절로 만들어지지 않습니다. 운동을 해야 됩니다. 저는 운동의 정의를 이렇게 내립니다. '몸을 괴롭히기.' 항상 운동하면 몸이 괴롭더라고요. 그래서 하기 싫은 것입니다. 그러나 이런 반복적인 훈련이 없다면 근육은 생기지 않습니다. 다시 말해서 건강을 잃어갑니다. 저는 운동하기를 싫어합니다. 좋은 습관이 없습니다. 그런데 또 오래 앉아 있습니다. 어쩔 수 없이 생활 습관이 그렇습니다. 그래서 올해부터 결단한 바가 있습니다. 제 책상에 의자를 없애 버렸습니다. 설 수밖에 없는 것입니다. 설교 준비도 서서 합니다. 책도, 성경도 서서 봅니다. 사무 일도 서서 합니다. 강제로 이렇게 해서라도 몸을 괴롭혀야 근육이 생깁니다. 좌우간 6개월 하니까 5kg이 빠지더라고요. 운동하기 싫거든 좌우간 의자를 없애버립시다.

성도 여러분, 사람의 인격은 어떻습니까? 단번에 온전한 인격을 갖지 못합니다. 평생 걸리는 겁니다. 나이가 많다고 저절로 되는 것이 아닙니다. 평생 훈련하지 않으면 70세, 80세가 되어 한방에 망가지더라고요. 그런 경우를 보지 않습니까? 건강한 마음, 깨끗한 마음, 지정의(知情意), 이런 것은 한 번에 생기는 것이 아닙니다. 평생을 거쳐서 지속적인 훈련 과정을 통해 완성됩니다. 그리스도인은 하나님의 자녀입니다. 하나님의 복음을 듣고 믿음으로 단번에 하나님의 자녀가 되었습니다. 이것이 기독교입니다. 단번에 하나님의 은혜로, 믿음으로 됩니다.

그런데 하나님의 자녀답게 사는 것은 단번에 되는 것이 아닙니다. 단번에 믿음으로 구원받지만, 믿음으로 계속 살아가는 것은 단번에 되는 것이 아닙니다. 평생 걸립니다. 영적 훈련을 받아야만 하나님의 자녀로, 온전한 믿음의 사람으로 변할 수 있습니다. 이것이 하나님의 뜻입니다. 단번에 믿음으로 하나님의 자녀되게 선물을 주셨습니다. 그리고 믿음으로 하나님의 자녀답게 이 시대를 살기를 기뻐하십니다. 다른 종교는 수많은 고행과 시련과 수련을 통해서 구원받는다고 생각합니다. 그러나 기독교는 오직 믿음으로 단번에 됩니다. 그리고 그 은혜로 오늘을 살아야 되는 것입니다. 믿음으로 살지 아니하면, 은혜로 살지 아니하면 하나님과의 관계가 깨집니다. 또 내 힘으로, 내 노력으로, 내 의로 살도록 유혹받는 것입니다. 그럴 때 하나님의 복을 누리지 못합니다. 하나님의 약속이 내게 성취되지 않는 것입니다.

성도의 영적 훈련 과정

출애굽의 역사, 구약은 전체로 이것을 말합니다. 하나님의 은혜로 430년간 노예가 되었던 이스라엘 백성이 단번에 출애굽하게 됩니다. 하나님의 지혜와 능력을 믿고 따라만 오면 됩니다. 단번에 하나님의 은혜로 출애굽을 했습니다. 그 놀라운 은혜를, 하나님의 은총을 마음으로 믿고 이제 하나님을 바라보며, 하나님을 의존하며 하나님의 자녀답게 살면 되는 것입니다. 그런데 이것을 하지 못합니다. 불신앙입니다. 두려움에 빠지고 눈에 보이는 현실에 끌리며 매여서 무너집니다. 원망과 불평, 분노와 결핍된 삶을 살아가게 됩니다. 하나님께서는 인간을 잘 아시는지라 그들을 출애굽시키셔서 곧바로 가나안 땅에 집어넣지 않으십니다. 대신 의도적으로 광야 길로 가게 하십니다. 홍해를 건너게 하시고, 광야를 지나 가나안, 곧 약속의 땅에 이르게 하십니다.

이 광야 길이 바로 영적 훈련입니다. 하나님께서 강권하여 가게 하십니다. 그 여정을 통해서 온전한 믿음의 사람으로, 하나님의 자녀로 재창조됩니다. 모든 그리스도인에게 이 하나님의 계획과 섭리는 동일하게 나타납니다. 왜냐하면 단번에 하나님의 자녀가 되었고, 천국 백성이 되었기 때문입니다. 천국 시민권을 얻었습니다. 하나님은 하나님의 자녀답게 정말 천국을 믿으며 오늘을 살아가기를 강력하게 원하십니다. 그것을 기뻐하십니다. 그래서 그러한 영적 훈련의 과정이 꼭 필요합니다.

하나님의 사람 다윗은 이것을 알았습니다. 하나님의 뜻을 너무도 잘 알았습니다. 믿음으로 알았고, 삶으로 알았습니다. 그래서 그는 '하나님의 마음에 합한 자'라는 말을 듣습니다. 성경에 그 이름이 800번 이상이나 나옵니다. 모든 그리스도인이 가장 선망하는 복 있는 자가 다윗입니다. 그는 하나님의 자녀됨이 중요하고, 하나님의 자녀가 복 받은 자이며 하나님의 자녀로 살아가야 복을 누릴 수 있다는 것을 너무도 잘 알았습니다. 그것이 형통의 길이요, 복의 길임을 알고 그 삶을 지향했습니다. 그래서 오늘 성경 2절에서 다윗은 하나님께 간절히 기도합니다. "여호와여 나를 살피시고 시험하사 내 뜻과 내 양심을 단련하소서" 곧 '하나님께서 나를 살피시고 시험하사 나를 단련해 주십니다'입니다. 한마디로 '나를 하나님의 사람으로 살게 만들어 주세요'라는 기도입니다. 그래야 하나님의 복을 누리며 약속의 자녀로 승리할 수 있기 때문입니다. '하나님, 나를 하나님의 사람으로 만들어 주십시오. 단련시켜 주십시오' 하고 간절히 기도합니다.

다윗의 일생을 한번 생각해 보십시오. 어느 날 갑자기, 하나님께서 선지자 사무엘을 보내서 양을 치고 있던 다윗에게 기름을 붓습니다. 이건 왕으로 선택했다는 징표입니다. 자기가 기도한 것도 아니요, 원한 것도 아닙니다. 아무나 왕이 됩니까? 왕이 된다면 왕답게 지도력을 펼쳐야 하는데, 이건 또 다른 문제 아닙니까? 그때부터 문제가 생깁니다. 왜냐하면 왕으로 등극하는 것이 그의 나이 30세입니다. 10여 년간의 공백기가 있는데, 구약의 상당한 분량에 그때 있었던 사건이 기록되어 있습니다. 한마디로 엄청난 고난과 역경의 과정이었습니다.

거꾸로 생각해 보면 왕으로 택함 받지 않았으면 그냥 아버지와 형제와 함께 잘 살았을 것입니다. 그런데 왕으로 택함 받았기에, 현재 왕인 사울이 그것을 알고 죽이려 듭니다. 온갖 시기, 질투 속에 다윗은 집을 떠나야 했습니다. 광야에서 헤매며 동굴 속에 숨어서 몇 달씩 지냈습니다. 별별 상황이 다 나타납니다. 다윗이 죄가 있어서 그런 것이 아닙니다. 하나님께서 그를 택했기 때문입니다. 한마디로 의인의 고난입니다. 이 과정이 영적 훈련입니다. 하나님께서 강권하여 그를 광야 길로 내모셨습니다. 그리고 감당하게 하시고 그곳에서 그의 인격을, 그의 신앙을, 믿음을 성숙하게 하십니다.

그리고 이제 나이 30세가 되어 왕으로 등극할 때, 그는 위대한 왕으로 기억됩니다. 그럼에도 불구하고 또 잘못을 하고 죄를 짓습니다. 그때마다 하나님께서 그를 훈련시키십니다. 단련시키십니다. 그리고 회개하여 치유되어서 위대한 왕으로, 위대한 하나님의 사람으로 성경의 역사에 기록됩니다. 하나님께서 다윗을 만들어 가신 것입니다.

영적 성장의 장애물_세상과 나

성도 여러분, 우리 솔직하게 하나님 앞에서 한번 생각해 봅시다. 내가 예수 믿고 단번에 하나님의 자녀가 되었는데, 왜 하나님의 자녀답게 살지 못하는 것입니까? 왜 말씀 중심, 은혜 중심, 하나님 중심으로 살지 못합니까? 마음은 있는데, 왜 안 되는 것입니까? 장애물이 무엇입니까? 나를 하나님의 사람이 되게 하는 것을 막는 강력한 방해물이 무엇입니까? 이것을 분명히 알아야 합니다. 성경에서 그 답을 두 가지로 줍니다.

첫째가 세상 때문입니다. 이 세상의 눈에 보이는 것들이 나를 하나님의 자녀되지 못하게 합니다. 영적인 것은 눈에 보이지 않는데, 자꾸 눈에 보이는 것에 끌려갑니다. 이 세상의 세계관, 지식 체계가 하나님이 없는 가치관입니다. 이런 불신앙의 세대와 함께 어울려 있다 보니 이것이 참 힘든 것입니다. 어려워서 자꾸 유혹받습니다. 자꾸 세상에 안주하려고 듭니다. 세상에서 성공하고, 번영하고, 유명하고, 명예를 얻고, 행복하게 되는 것이 기도제목이 됩니다. 그런데 그것은 하나님의 자녀됨과는 아무 상관이 없습니다. 여기서 큰 영적 장애물을 만납니다.

두 번째는 나 자신입니다. 나의 자아가 문제입니다. 구원받지 못한 나의 자아가 계속 성취를 향해서 애쓰고 노력합니다. 내 꿈을 실현하고자 하는 욕망이 있습니다. 이 탐심이 나를 하나님의 사람에서 자꾸 멀어지게 합니다. 자꾸 세속적인 사람으로 만들어 갑니다. 결국 바른 삶이란 무엇이 옳으냐를 묻고 그 길을 가야 하는 것인데, 이것에는 별로 관심이 없습니다. 자꾸 나의 유익에만 관심을 둡니다. 무엇이 내게 유익한지가 궁극적 관심입니다. 이것이 나라는 존재입니다. 나의 행복, 내 가족의 안녕, 나의 기쁨, 내 나라의 안위가 하나님의 뜻과 이웃을 사랑하는 것에서 나를 점점 멀어지게 만듭니다. 이것이 장애물인 것입니다. 이 이기적인 마음, 욕망이 하나님의 자녀되지 못하게 하는 장애물이라는 것을 알아야 합니다.

그런데 이것을 알면서도 제거할 수 없습니다. 명백히 눈으로 보면서도, 깨달으면서도 내 능력, 내 힘, 내 열심을 없앨 수가 없습니다. 다윗은 이것을 알았습니다. 처절한 인생의 불행과 비극, 고통을 겪습니다. 그래서 하나님께 기도합니다. '하나님 나를 단련시켜 주소서. 모든 것을 아시고 모든 것이 가능하신 하나님, 나를 살피시고 시험하사 나를 단련시켜 주소서.' 내 힘으로 불가능하니까요. 하나님의 자녀됨이 먼저니까요. 하나님의 자녀가 되어야 하나님의 복을 누리고, 하나님의 자녀답게 살아야 하나님의 은총을 누리며 살아갈 수 있기 때문입니다. 그런데 이것이 자꾸 가로막히는 것입니다. 그래서 하나님의 사람은 다윗과 같이 기도해야 합니다. '하나님, 나를 살피시사 나를 시험하시고 나를 단련시켜 주소서.' 항상 간절히 기도해야 합니다.

오래 전에 신앙이 좋은 한 청년과 이야기를 나누었습니다. 그런데 많은 고민을 안고, 많은 기도제목을 가지고 번민을 하고 있더라고요. 제게 상담을 청하기에 문득 다윗의 이 기도가 생각나서 이렇게 권면했습니다. "다 알았는데, 하나님께서도 다 알고 계시니까 너무 시름하지 말고 이렇게 한번 기도를 바꿔봐라. '하나님, 내가 먼저 하나님의 사람이 되게 해주세요. 이 문제의 해결보다는 먼저 하나님의 자녀가 되게 해주세요. 하나님, 나를 단련시켜 주세요.' 그렇게 한번 기도하며 살아봐라."

그랬더니 조금 생각해 보고는 싫다는 것입니다. "아, 목사님! 무서워요. 싫어요." 그래서 "뭐가 무섭냐?" 물었더니, 성경을 많이 알았던 그 청년은 성경 곳곳에 나오는 인물을 조목조목 언급하면서 그런 자들이 결국 엄청난 역경 속에 살았다는 것입니다. 욥을 예로 들더라고요. 욥이 얼마나 큰 고난과 역경을 받았는지, 그러나 후에 하나님을 직접 만나고 더 큰 복을 받았음을 설명하더라고요. 그런데 자신은 그런 인생이 싫답니다. "그런 복 안 받아도 좋으니까 제발 이대로 좀 편안하게 살면 안 될까요? 시련 없이, 역경 없이 저 예수 잘 믿으며 살게 기도해 주세요."

그러나 그게 내 마음대로 됩니까? 성도 여러분, 어떻게 생각하십니까? 하나님의 뜻이 이미 명백한데, 하나님의 자녀됨이 먼저인데 말입니다. 그래서 이렇게 기도하라고 했습니다. "먼저 하나님의 자녀가 되게 해주세요." 그게 단련시켜 달라는 기도와 똑같은 것입니다.

예수님의 생애를 한번 보십시오. 인간으로 이 땅에 오셨습니다. 육신을 입은 하나님이시기에 온갖 시련과 역경, 고통을 겪습니다. 그러나 그 안에서 빛이 납니다. 십자가에서 빛이 나타납니다. 십자가가 없다면 아무 것도 아닙니다. 그냥 위대한 인물로 끝납니다. 그러나 십자가 안에서, 역경 속에서, 고통 속에서 빛이 나는 것입니다. 그래서 예수님께서 말씀하십니다. "나를 따르라. 자기 십자가를 지고 나를 따르라."

자기 십자가라는 것은 단지 십자가를 들고 살라는 것이 아닙니다. 나를 부인하라는 것입니다. 세상 중심의 세계관을 버리라는 것입니다. 온전한 믿음으로, 하나님의 자녀로, 은혜로 살라는 것입니다. 그래야 하나님의 복을 누리며 하나님께 영광을 돌릴 수 있기 때문입니다.

우리 자녀를 위하여 드리는 기도를 다시 한 번 생각해 보십시오. 자녀 교육에 대해서도요. 저도 자녀를 기르지만 자녀가 행복하고, 건강하고, 공부 잘하고, 성공하게 해달라고 기도하지 않습니다. 왜냐하면 그렇게 기도하는 것은 하나님의 뜻이 아니기 때문입니다. 만일 이렇게 기도하신다면 당장 멈추십시오. 아무 소용없습니다. 우리는 성경대로 기도해야 합니다. "하나님, 우리 자녀가 하나님의 자녀가 되게 해주세요. 정말 하나님의 자녀로서 살게 해주세요." 그래야 하나님의 지혜와 능력을 체험하며 하나님의 사람으로 살게 됩니다. 하나님의 자녀로 단련시켜 주십니다. 이것이 바른 기도입니다.

이제부터 이렇게 기도해야 합니다. 오직 하나님만이 나 같은 구제 불능한 죄인을, 이기적인 사람을 하나님의 자녀되게 하실 수 있습니다. 하나님만이 재창조하실 수 있습니다. 위대한 존재로, 하나님의 자녀다운 삶으로 우리를 만들어 가실 수 있는 분은 오직 하나님이십니다. 이 세상의 교육이 아닙니다. 내 결심도 아닙니다. 어림도 없는 얘기하지 마십시오. 더 큰 유혹에 빠지고 맙니다.

하나님의 강권적인 역사

이런 재미있는 교훈이 있습니다. 유람선이 바다를 항해 중인데, 난간에 어떤 여인이 기대고 서 있다가 순간적으로 중심을 잃어 물속으로 풍덩 빠졌습니다. 많은 사람들이 지켜보고 있는데 한 사람만이 뛰어들어서 그 아가씨를 잡고 헤엄치면서 구명보트를 기다려 함께 구출됩니다. 그런데 물에서 나오는 것을 보니, 물에 빠진 아가씨를 구한 사람은 그 배에서 가장 나이가 많은 80대 노인이었습니다. 사람들이 다 부끄러워졌습니다. 그래서 그를 영웅이라 찬사를 보내며 함께 파티를 열고 그에게 한 마디 부탁했습니다. 그랬더니 그 노인이 천천히 일어나 두리번거리면서 이렇게 말하더랍니다. "누가 나를 떠밀었어?" 우스운 얘기지만, 하나님께서 나를 떠밀어 가셔야 우리는 사람이 됩니다. 하나님이 강권하셔야 우리는 하나님의 사람으로, 믿음의 사람으로 오늘을 살아갈 수 있습니다.

믿음의 조상 아브라함을 보십시오. 어느 날 갑자기 하나님께서 부르시고 택하셨습니다. 단번에 되었습니다. 그러나 그의 삶의 여정은 수많은 시련과 사건의 연속입니다. 일단 먼저 고향을 떠나야 됩니다. 모든 익숙한 것으로부터 결별하면서 믿음으로 나가야 됩니다. 하나님께서 부르셨으니, 하나님이 말씀하셨으니 그렇게 해야 합니다. 결국 하나님께서 하나님의 사람으로 만들어 가십니다. 그리고 믿음의 조상이 됩니다.

하나님의 사람 모세를 생각해 보십시오. 그의 타고난 성품, 애굽 왕궁에서 배운 지도력이 다가 아닙니다. 40년간 광야생활이 있어야 됩니다. 그래서 그는 광야에서 수많은 역경을 통하여 빛나는 위대한 인물이 됩니다. 그게 모세입니다. 하나님께서 만들어 가십니다.

하나님의 사람 다윗도 그렇습니다. 처음부터 끝까지 하나님께서 만들어 가십니다. 믿음으로 따라 온 것입니다. 살아 계신 하나님을 믿음으로, 하나님의 은혜와 사랑을 믿음으로 따라갔습니다. 그리고 그가 죄를 범했을 때 지은 시편을 보면 이런 기도를 합니다. 절규입니다. "하나님이여 내 속에 정한 마음을 창조하시고 내 안에 정직한 영을 새롭게 하소서"(시 51:10). 자신에게 믿음이 있고 정말 하나님의 사람인 줄 알았는데, 그런데 한 번에 무너지는 것입니다. 그래서 하나님께 다시 기도합니다. '하나님, 나를 단련시켜 주소서. 아니 그것 갖고는 안 됩니다. 아예 완전히 바꿔 주세요. 마음을 바꿔 주시고 영을 바꿔 주세요.' 그렇게 하나님께 기도하지 않습니까? 그 과정을 통해서 위대한 다윗, 하나님의 마음에 합한 다윗이 재창조되는 것입니다.

성도 여러분, 모든 그리스도인의 인생에 예외는 없습니다. 이와 같습니다. 하나님의 사람 존 칼빈(John Calvin)의 인생 고백을 저는 잊지 않습니다. 가장 존경받는 신학자인 그가 이렇게 말합니다. 자기 인생에 대해서, 마치 하나님께서 고삐로 소의 코를 꿰어서 끌고 가듯이 자신을 주의 길로 끌고 가신다는 것입니다. 그렇게 해서 하나님의 사람 칼빈이 만들어진 것이지, 타고난 노력과 지성과 의지와 인내와 인격으로 그렇게 된 것이 아닙니다.

나를 단련하소서_말씀과 사건과 기도

오늘 성경을 자세히 보면 2절에 세 단어가 집중적으로 표현됩니다. "나를 살피시고." 히브리어로 '바한'이라는 것입니다. "시험하사." 이것은 '나사'라는 말입니다. 그리고 "단련하소서." '차라프'라는 것입니다. 이것이 다 같은 의미입니다. 그런데 가장 강력한 의미는 마지막 "단련하소서"인 '차라프'입니다. 원어적 의미는 불로 귀금속을 녹여 불순물과 찌꺼기를 제거하는 것입니다. 분리시키는 것입니다. 하나님께서 우리를 단련시키셔서 우리의 불신앙을, 나약함을 제거시켜 주어야 됩니다. 옛 본성을 제거시켜 주어야 정말 하나님의 은혜를 누리며 기뻐하고 항상 감사하는 중에 오늘을 살아갈 수 있게 됩니다.

하나님이 원하시는 믿음은 100%입니다. 이것은 지식의 문제가 아닙니다. 믿음의 문제입니다. 100% 하나님을 믿는 것입니다. 50%로는 구원 못 받습니다. 적어도 한번이라도 100% 믿었어야 그 믿음으로 하나님의 자녀가 되는 것입니다. 그리고 그 믿음으로 살아야 복을 받습니다. 좌우간 역사적으로, 성경적으로 보면 제일 나쁜 것이 몇 %인 줄 아십니까? 5%, 10%, 50%, 이런 것이 아닙니다. 99%가 제일 나쁩니다. 성경에 나오는 거짓 사도들, 거짓 선생들은 다 99%입니다. 복음을 믿어, 예수를 믿어, 하나님을 믿어, 열심히 신앙생활을 합니다. 그런데 완전히 믿지를 않습니다. 자꾸 세속화시킵니다. 가감시킵니다. 자기 의를 내세웁니다. 이것이 교회 타락이요, 위기입니다. 100%의 믿음이어야 합니다. 이것은 하나님께서 하나님의 사람을 하나님의 경륜 속에 만들어 가시는 것입니다.

하나님께서 하나님의 사람을 단련시키는 은혜의 방편이 성경에 세 가지로 나타납니다. 아주 보편적인 것입니다. 그 첫 번째가 말씀입니다. 하나님은 말씀으로 우리를 지도하십니다. 말씀으로 훈계하십니다. 말씀으로 양육하십니다. 말씀으로 인도하십니다. 말씀을 행하게 하십니다. 하나님께서 행하시는 일입니다. 이 말씀으로 단련될 때 우리는 말씀 중심의 삶을 살게 됩니다. 그래서 그리스도인은 하나님의 말씀을 가까이하고 말씀을 묵상해야 됩니다.

이게 안 되면 그 다음 두 번째는 사건으로 단련시키십니다. 엄청난 사건으로요. 그것은 우리에게 시련이요, 역경이요, 고통입니다. 그 속에서 하나님만을 바라보게 하십니다. 내 교만, 내 지성, 내 인격은 다 없애버립니다. 오직 하나님만을 의존하게 하십니다. 그리고 하나님의 사람이 감당할 수 있도록 해주십니다. 강하게 만들어 가시기 위해서요. 이것은 유혹이 아닙니다.

그리고 세 번째는 기도로써 우리를 단련시키십니다. 하나님과 교제함을 통해 서서히 단련시키십니다. 기도로써 하나님의 뜻을 분별하게 하여 단련시키십니다. 그 뜻 안에서 하나님의 지혜와 능력을 체험하고 의존하게 하여 단련시키십니다. 평생을 통해 하나님은 이 세 가지로 우리를 단련시키십니다. 그리고 하나님의 뜻이 하나님의 자녀 속에 이루어지게 하십니다.

하나님의 사람 존 번연(John Bunyan) 목사의 일화를 하나 소개합니다. 그는 12년간 감옥 생활을 하는데, 그 이유는 복음을 선포하고 증거했다는 것입니다. 그런데 그는 이 감옥에서 놀라운 은혜를 체험합니다. 자유인으로 복음을 증거할 때는 맛볼 수 없었던 하나님의 섭리를, 하나님의 지혜와 능력을 체험하게 됩니다. 그는 이렇게 고백합니다. 시편 119편 71절에 나타난 다윗의 기도입니다. "고난 당한 것이 내게 유익이라 이로 말미암아 내가 주의 율례들을 배우게 되었나이다."

이 말씀을 깨닫게 됩니다. 물론 이전에도 깨달았지만, 이것은 차원이 다른 깨달음입니다. 그리고 이렇게 고백합니다. "나는 일생 동안 지금처럼 하나님의 말씀에 깊이 들어가 본 적이 없었다. 평소에는 그냥 지나쳤던 말씀이 감옥 안에서 내게 빛을 비춰 준다. 예수 그리스도가 지금처럼 내게 현실로 분명하게 다가온 적이 없었다. 이곳에서 그분을 보았고, 그분의 존재를 느낄 수 있었다. 하나님께서는 자비로우셔서 고통을 느끼지 않게 하시고, 성경 하나로 역경을 이기도록 강건케 하신다. 더 큰 위로를 받기 위해 더 큰 시련을 달라고 기도해도 될까?" 그리고 그는 감옥 안에서 존 번연이란 이름을 기억하게 하는 「천로역정」이라는 작품을 집필하게 됩니다.

나를 단련하소서

실제 신약성경만 봐도 그렇습니다. 예수님과 직접 공생애를 함께 보내지 않았는데도 사도 바울이 기록한 성경이 거의 3분의 1이 넘습니다. 왜냐하면 그는 수시로 감옥에 들락날락거렸거든요. 고난을 많이 받았습니다. 거기서 네 편의 옥중서신도 씁니다. 그곳에서 단련되었기에 그가 기록한 것이 성경이 된 것입니다. 이것이 하나님의 섭리입니다.

성도 여러분, 하나님은 사랑이십니다. 정말 사랑하십니다. 그래서 독생자 예수 그리스도를 이 땅에 보내셨습니다. 십자가가 그 증표입니다. 마지막 증표, 그것이 십자가입니다. 하나님은 사랑이십니다. 정말 하나님의 자녀를 사랑하십니다. 그래서 성경은 이렇게 말씀합니다. "너희가 참음은 징계를 받기 위함이라 하나님이 아들과 같이 너희를 대우하시나니 어찌 아버지가 징계하지 않는 아들이 있으리요 징계는 다 받는 것이거늘 너희에게 없으면 사생자요 친아들이 아니니라"(히 12:7-8).

부모와 자식 관계로 표현합니다. 부모가 자식을 사랑하면 사랑할수록 사람이 되라고 징계합니다. 사랑하니까요. 그러나 남의 자식은 그냥 내버려 둡니다. 하나님께서 사랑하시는 자를 징계하신다고 말씀합니다. 왜냐하면 사랑하니까요. 하나님의 사람이 먼저 되어야 하니까요. 하나님의 자녀라는 신분을 선물로 주셨는데, 아직 하나님의 사람이 되지 못한 것입니다. 하나님께서 이것을 만들어 가십니다. 하나님의 은혜와 진리로 만들어 가십니다. 그래서 그리스도인은 하나님의 은혜, 오직 은혜, 그 크신 사랑을 항상 기억하며 믿음으로 붙잡고 오늘을 살아가야 합니다. 예수 그리스도 안에서 하나님의 은혜와 진리를 항상 묵상하고, 의도적으로 생각하고, 기억하고, 찬송하며 살아가야 합니다.

그리고 다윗과 같이 기도해야 합니다. 우리의 한계를 항상 알기에 말입니다. 내가 내 자신을 잘 알잖요? '하나님, 내 능력으로는 도저히 하나님 자녀답게 살 수 없습니다. 주의 복을 누릴 존재가 되지 못합니다. 하나님, 나를 단련시켜 주세요. 나를 단련시켜 하나님의 사람으로 새롭게 만들어 주세요.' 여기에 평강의 길, 형통의 길, 복의 길이 약속되어 있습니다.

기 도

전지전능하신 하나님 아버지, 오직 하나님의 복음을 믿음으로 은혜로 하나님의 자녀되었습니다. 이 놀라운 은혜에 진심으로 감사를 드립니다. 그러나 아직도 연약한 믿음에 온전치 못한 인격과 마음으로 세상에 유혹되고, 나 자신에게 넘어지고 실족하여 하나님의 자녀로 살아가지 못하는 죄인을 불쌍히 여겨 주옵소서. 내 능력으로, 내 힘으로, 내 의지로는 도저히 감당할 수 없사오니 주여 나를 단련시켜 주옵소서. 다윗과 같이 단련시켜 하나님의 자녀로 정금같이 나아가는 믿음의 사람이 되어 하나님의 복을 누리며, 하나님의 은혜를 자랑하며, 하나님께 영광 돌리는 삶을 살아갈 수 있도록 지켜 주옵소서. 우리 주 예수 그리스도의 이름으로 간절히 기도드리옵나이다. 아멘.

4부

그리스도의 몸을
세우는 일

19장

그리스도의 몸을 세우는 일

그가 어떤 사람은 사도로, 어떤 사람은 선지자로, 어떤 사람은 복음 전하는 자로, 어떤 사람은 목사와 교사로 삼으셨으니 이는 성도를 온전하게 하여 봉사의 일을 하게 하며 그리스도의 몸을 세우려 하심이라 우리가 다 하나님의 아들을 믿는 것과 아는 일에 하나가 되어 온전한 사람을 이루어 그리스도의 장성한 분량이 충만한 데까지 이르리니(엡 4:11-13).

저명한 인도의 정신적, 민족적 지도자였던 간디(Gandhi)의 체험적 사건 하나를 소개하겠습니다. 그는 예수님을 잘 알고 성경 말씀을 깊이 연구한 사람입니다. 그러나 실제로는 그리스도인이 아니었습니다. 많은 사람들이 그에게 물었습니다. "당신은 그처럼 예수 그리스도를 높이 숭배하며 성경 말씀을 깊이 상고하면서 왜 교회에는 나가지 않는 것입니까?" 간디는 그때마다 입버릇처럼 이런 대답을 했습니다. "나는 예수는 좋으나 교회는 싫습니다."

이런 말을 한 것은 그에게 아주 뼈아프고 고통스러운 사건이 있었기 때문입니다. 그의 친구 중에 안두루스라는 영국 선교사가 있었는데 간디는 그와 깊은 인간적인 관계를 가졌습니다. 그리고 그로부터 전도도 받고, 함께 성경공부도 하고, 그의 설교도 듣고, 깊은 신앙을 나누었습니다. 그러던 어느 날 간디는 교회에 나가야겠다는 결심을 하게 됩니다. 그런데 교회에 간 첫날 평생 잊을 수 없는 광경을 목격하게 됩니다. 그가 간 교회에 어느 흑인이 예배를 드리러 왔는데, 그 교회의 백인 한 사람이 유색인종이라는 이유로 그를 내쫓습니다. "너희들이 올 데가 아냐." 이 광경을 목격하고 다시는 교회 나가지 않았다고 합니다. 성도 여러분, 이 일을 깊이 생각해 보시기 바랍니다.

교회_그리스도의 몸과 하나님이 거하실 처소

교회가 무엇입니까? 교회가 무엇이냐는 물음에 어떻게 대답하십니까? 성경적으로 준비된 답을 말할 수 있어야 합니다. 자신의 신앙고백을 말할 수 있어야 합니다. 에베소서 1장 23절은 말씀합니다. "교회는 그리스도의 몸이다." 또 2장 22절은 말씀합니다. "하나님이 거하실 처소이다." 성도 여러분, 교회는 그리스도의 몸입니다. 하나님의 처소입니다. 이것을 항상 기억하고 묵상해야 합니다. 그렇지 못하면 순식간에 잘못된 신앙생활을 하게 됩니다. 아무리 교회가 화려하고, 수많은 사람들이 있고, 예배를 하고, 찬송하고 봉사하지만, 하나님이 계시지 않으면 아무 것도 아닙니다. 살아 계신 예수 그리스도가 함께하지 않으신다면 한낱 종교단체일 뿐입니다. 세상이 그렇게 봅니다. 하나의 교파, 종파, 종교로 보는 것입니다.

성경에 보면 예수님 당시에 예루살렘 교회는 역사적으로 가장 큰 교회였습니다. 화려한 교회, 수십만 명이 모인 교회입니다. 그 당시 이미 매일 수만 명씩 드나들었고, 찬송이 있었고, 성경을 읽고 묵상하고, 교회의 이름으로 선행을 하고, 십일조와 헌금을 바치는 그런 교회였습니다. 그러나 예수님께서 말씀하십니다. "강도의 굴혈이다." 그래서 예수님이 죽으셨습니다. '만민이 기도하는 하나님의 전을 너희들이 강도의 굴혈로 만들었다'는 예수님의 말씀으로 인해 그들의 광기가 드러나게 되었습니다. 그리고 예수님을 죽입니다. 이것이 복음서에 나타난 사건입니다.

오늘도 마찬가지입니다. 아무리 사람들이 많이 모이고, 봉사하고, 선행하고, 하나님의 교회라고 말하지만, 정말 하나님이 안 계시면 아무 것도 아닙니다. 교회란 사람들이 모임이나 예배 행위 또는 선행을 하는 곳이 아닙니다. 부지불식간에 그런 생각을 갖지만 그런 것이 아닙니다. 교회는 그리스도의 몸이며, 하나님의 전입니다. 이것을 항상 기억해야 합니다.

역사적으로 보나 또는 오늘을 봐도 마찬가지입니다. 교회의 위기를 말합니다. 이것은 처음 있는 일이 아닙니다. 항상 교회의 위기, 교회의 타락, 교회의 변질을 말합니다. 교회의 진정한 위기가 무엇입니까? 교회의 위기란 교회가 인간의 기준에 의해서 만들어져 간다는 것입니다. 교회는 세상의 빛과 소금의 역할을 하는 곳인데, 거꾸로 세상 방식이 교회로 자꾸 들어옵니다. 세상에서 좋다고 하는 것들이 다 교회로 들어옵니다. 좋은 것이 좋은 것이라고 생각하기 때문입니다. 이건 엄밀히 말하면 교회가 아닙니다. 인간의 기준으로 교회를 보시면 안 됩니다. 이성적 차원에서 '교회가 이렇다' 말해서는 안 됩니다. 그건 교회가 아닙니다. 성경으로 말씀하십시오. 사람 중심의 교회는 이미 교회가 아닙니다. 자기들끼리 좋아하고 즐거워하는 것 뿐입니다. 이스라엘 사람들이 그랬습니다. 예수님이 말씀하십니다. "강도의 굴혈이다." 오늘도 똑같이 말씀하십니다.

이런 사건이 있었습니다. 오래 전 인종차별이 심할 때에 있었던 일입니다. 미국 남부의 어떤 교회에 흑인이 들어가려 하니까 교회 관리인이 막았습니다. "흑인이 감히 어떻게 백인교회에 들어와? 여기는 너희들이 기도하는 데가 아니야"라고 하면서 막았습니다. 그랬더니 흑인이 "저는 청소부입니다. 청소해야 되는데요?"라고 하니까 아주 의심스러운 눈초리로 보면서 이렇게 말하더랍니다. "그럼 빨리 들어가서 청소하고 나와라. 그러나 절대 기도하면 안 된다." 오늘도 이런 유사한 방식으로, 인간적 기준으로 교회를 생각하는 사람들이 많습니다. 이건 교회가 아닙니다.

영성신학자 마르바 던은 이렇게 고백합니다. "교회의 첫 번째 소명은 참 하나님을 예배함으로써 모든 다른 권세들을 탈신성화 하는 것이다." 이것이 옳습니다. 교회란 오직 하나님, 살아 계신 참 하나님만을 예배하는 곳입니다. 다른 것들은 작아지고 없어져야 됩니다. 한마디로 세상의 지식, 가치관, 좋은 것, 전통과 제도, 관습 등 익숙한 것은 다 작아지고 없어집니다. 그것이 교회입니다. 그러나 오늘 현실은 자꾸 세상 것이 교회로 들어옵니다. 이것이 좋다거나 저것이 좋다고 자꾸 가르치고 거기에 익숙해집니다. 사람들에게 유익한 것을 만들려고 애씁니다. 이건 교회가 아닙니다.

성도 여러분, 그리스도인이 누구인가를 생각하십시오. 그리스도인은 예수 그리스도 안에서만 존재합니다. 예수 그리스도의 이름으로, 예수 그리스도의 복음을 믿음으로 예수 그리스도께 속한 사람입니다. 그걸 그리스도인이라고 부릅니다. 예수 그리스도와 연합한 자입니다. 그런고로 그리스도인의 모임, 그리스도인의 공동체는 그리스도의 몸을 이룹니다. 그리스도가 머리요, 성도의 공동체는 그 지체들입니다. 교회의 교회됨의 기본은 하나님입니다. 하나님의 전이 되어야 하고 그리스도의 몸을 이루어야 합니다. 교회는 사람의 생각과 열심 또는 선행으로 되는 곳이 아닙니다.

교회의 부흥과 성장의 분별

성도 여러분, 우리는 교회의 부흥과 교회의 성장을 분별할 수 있어야 합니다. 이건 신학적인 말씀이지만 성경적입니다. 목회자뿐만 아니라 모든 성도가 구별할 수 있어야 합니다. 교회는 부흥되는 곳입니다. 이 부흥이라는 것은 영적으로 새로워지는 것입니다. 옛 사람이 새 사람 되고, 지옥 갈 사람이 천국 가고, 불신자들이 하나님의 자녀가 되는 것입니다. 거듭남의 역사가 나타나는 것입니다. 완전히 새로운 것입니다. 하나님만이 할 수 있는 것입니다.

그러나 성장은 사람이 하는 것입니다. 이 세상에 많은 종교가 있습니다. 그러나 그것은 하나님이 하시는 것이 아닙니다. 사람이 하는 것입니다. 얼마나 많은 종교의 성장이 있습니까? 불교나 이슬람, 하다못해 이단들도 얼마나 성장하는지 모릅니다. 그런데 그것은 사람이 하는 것입니다. 그 뒤엔 악한 영이 있겠지요. 분명한 것은 하나님이 하시는 일이 아닙니다. 이것이 구별되어야 합니다.

교회는 부흥해서 성장합니다, 이것이 교회입니다. 그런데 오늘날 교회는 자꾸 성장해서 부흥하려고 합니다. 이건 교회가 아닙니다. 여기서 망치는 것입니다. 하나님의 방식은 부흥이 먼저입니다. 몇 사람이냐가 중요한 것이 아니라, 진정으로 거듭난 하나님의 사람이 탄생하고 이루어지는 것이 교회입니다. 그것이 하나님의 섭리입니다.

이렇게 비유로 말씀드릴 수 있습니다. 열매가 아닙니다. 착한 일, 좋은 일, 선행, 이런 것으로 거듭난 사람이 되는 것이 아닙니다. 그건 역사가 말하고, 종교가 말하고, 철학이 말하고, 성경이 말해 줍니다. 그런 것이 아닙니다. 교회는 나무가 먼저 되어야 됩니다. 또한 좋은 나무가 되어야 합니다. 좋은 나무가 되면 저절로 열매를 맺습니다. 나무가 안 되었는데, 좋은 나무가 아닌데 어떻게 좋은 열매를 맺을 수 있겠습니까? 그럼에도 자꾸 열매를 거두려고 하고 열매를 맺으라고 하는 것은 세상 방식입니다. 세상은 결과를 중요시하잖아요? 아무리 과정이 좋아도 결과가 나쁘면 실패했다고 합니다. 이 방식이 교회를 타락시킵니다.

교회는 항상 부흥합니다. 거듭남의 역사가 일어납니다. 거기 계시는 하나님, 무소부재하시는 하나님이 교회를 채우시고 부흥케 하십니다. 이것을 믿어야 합니다. 성경이 말해 주고, 사도행전이 말해 주고, 초대교회가 이것을 말해 줍니다. 사도행전 2장을 보십시오. 초대교회가 어떻게 생겼습니까? 어느 날 갑자기 생겼습니다. 이런 교회를 만들어야겠다며 누가 계획한 것도, 베드로가 생각해 낸 것도 아닙니다. 복음이 전해졌고 성령이 역사하셨습니다. 그래서 단 하루에 남자만 세어도 3천 명이나 되는 초대형 교회가 나타납니다. 단 하루에 말입니다. 뭘 말해 주는 것입니까? 하나님이 하신 일이라는 것입니다.

그리고 그들은 죽음을 두려워하지 않습니다. 거듭났습니다. 정말 살아 계신 하나님을 믿습니다. 이것이 부흥이며 이것이 교회입니다. 이런 일을 갈망해야 합니다. 살아 계신 예수 그리스도께서 교회 안에서 역사하십니다. 교회 안에서 하나님의 주권과 통치를 나타내십니다. 이것이 진정한 교회입니다. 성경은 이것을 우리에게 가르쳐 주고 있습니다. 특별히 에베소서는 성경 전체 중에서 교회론을 계시한 하나님의 말씀입니다. 교회가 무엇이고 어떤 교회가 참 교회인지, 그리고 교인은 어떻게 해야 되고 목회자가 누구인지에 대한 전체적인 질문의 답은 에베소서에 있습니다. 에베소서를 보십시오.

교회 내 직분들

오늘 에베소서를 통해서 우리에게 주시는 하나님의 말씀을 보십시오. "그가 어떤 사람은 사도로, 어떤 사람은 선지자로, 어떤 사람은 복음 전하는 자로, 어떤 사람은 목사와 교사로 삼으셨으니"(엡 4:11). 부활하신 그리스도께서, 오늘도 살아 역사하시는 예수님께서 어떤 사람을 세우셨습니다. 하나님의 종으로 삼으셨습니다. 교회를 교회되게 하기 위해서, 교회를 시작하기 위해서, 교회를 하나님의 뜻에 합한 교회로 만들기 위해서 말입니다. 이런 일을 역사 안에 오늘도 행하십니다. 모든 교회가 그렇습니다.

먼저는 사도입니다. 잘 아시는 대로 사도는 예수님 당시에, 예수님이 택하신 자들입니다. 이것은 임시적이고 소멸된 것입니다. 이제는 사도가 없습니다. 이 사도의 자격이란 이렇습니다. 예수님의 부활을 직접 목격해야 됩니다. 그리고 예수님으로부터 임명되어야 됩니다. 그리고 계속적으로 예수님께서 말씀을 계시해 주셔야 됩니다. 그 사도들에 의해서 교회가 생겼습니다. 성경에 보면 거짓 사도들이 많습니다. 그들은 자격이 없습니다. 예수님이 지명하지도 않으셨거니와 예수님으로부터 계시를 받지도 못했고, 무엇보다도 부활하신 예수님을 만나지도 못했습니다. 이런 일이 계속 역사 안에 있습니다.

오늘도 사도라고 하는 직을 유지한 교파가 있습니다. 바로 교황입니다. 교황이 사도직이라는 것입니다. 베드로의 사도직을 계속 이어간다는 것입니다. 그러나 성경 어디에도 그런 말을 찾아볼 수 없습니다. 이성적으로, 전통적으로는 어떨지 모르지만 성경에는 없습니다. 그럼에도 온갖 가설을 만듭니다. 교황은 무오하다고 합니다. 죄가 없다는 것입니다. 말 같지도 않은 소리를 하는 것입니다. 새로운 전통을 만듭니다. 제일 악한 것은 새로운 질서, 새로운 전통을 만들어 놓고 모든 교회는 교황 아래 있어야 된다고, 하나의 교회를 이룬다고 합니다. 이것이 가톨릭입니다. 그래서 종교개혁이 일어났습니다. 사도 시대는 끝났습니다.

두 번째는 선지자입니다. 이것도 임시적인 것으로 소멸되었습니다. 구약성경에 보면 선지자가 나오는데, 마지막 선지자는 세례 요한입니다. 이들은 예수님이 오시기 전까지 하나님께서 교회를 세우기 위해서 세운 하나님의 사람들이었습니다. 하나님의 말씀을 대언한 사람들이었습니다. 그러나 그런 시대는 지났습니다.

세 번째는 복음 전하는 자입니다. 이것도 임시적이고 소멸된 것입니다. 이들은 사도들이 직접 세운 사람입니다. 사도들이 임명했습니다. 성경에는 디모데를 복음 전하는 자라고 합니다. 빌립, 디도처럼 사도들이 직접 복음 전하는 자로 세워 교회를 세우고 지키게 합니다. 하지만 이 시대도 지났습니다.

마지막으로 남은 것은 목사와 교사입니다. 이는 영구적이고 계속적입니다. 예수님이 다시 오시기 전까지 교회를 세우기 위해서 살아 계신 예수 그리스도께서 목사와 교사를 세우셨다고 성경은 말씀합니다. 일반적으로 목사 따로, 교사 따로 생각하는데 그렇지 않습니다. 한 사람입니다. 두 직분이 아닙니다. 한 직분입니다. 본질상 목사입니다. 그러나 기능상 교사입니다. 성경 말씀을 가르치니까요.

목사의 직무

성도 여러분, 예수 그리스도께서 교회를 세우기 위해서 목사를 삼으셨습니다. 어떤 자격이 있는 것이 아니라 이것으로 끝입니다. 어느 대학 나왔는지, 인물이 좋은지, 키가 큰지, 나이가 몇 살인지를 묻는 것은 아니지요. 오늘 말씀 그대로 "그가 삼으셨다"고 합니다. 그걸 믿으면 목회자입니다. 믿지 않으면 천사의 방언을 하고 이적을 나타내도 아무 소용이 없습니다. 그리고 예수님께서 목회자에게 세 가지 직무를 주셨습니다. 고유직무입니다. 이건 목회자에게 주신 것이지만, 예수님의 말씀이므로 모든 성도가 인정하고 받아들여야 합니다. 그것이 12절에 나옵니다.

첫 번째는 "성도를 온전하게 하여"입니다. 이것이 목회자의 역할입니다. 이 직무를 받았습니다. 성도를 온전하게 한다는 것을 어렵게 생각하지 마십시오. 거듭남의 역사입니다. 세상 방식이 아닙니다. 거듭나서 새 사람 되는 것입니다. 정말 천국의 사람이 되는 것입니다. 하나님의 복음을 믿음으로 새 사람으로 출생합니다. 그러나 영적으로는 어린아이와 같지요. 그래서 복음으로 온전하게 하는 것입니다. 다시 말해서 복음적인 사람으로, 정말 하나님의 사람으로 만들어가는 것입니다. 이 직무를 주셨습니다.

비유로 말씀드리면 나무를 만드는 것입니다. 열매를 걷자고 하는 것이 아닙니다. 예수 믿은 지 얼마나 됐다고 하나님을 사랑하고 복음을 전하겠습니까? 가당치 않습니다. 오히려 망치지 않으면 다행이지요. 그러나 좋은 나무가 되면 저절로 열매를 맺습니다. 교회는 좋은 나무를 창조하는 곳입니다. 거듭남의 역사가 나타나고, 거듭난 사람이 예수 그리스도 안에서 목회자의 설교를 통해서 이루어져 가는 것입니다. 그것이 교회입니다.

두 번째는 "봉사의 일을 하게 하며"입니다. 이를 두고 흔히 목사로 하여금 교인들 봉사하게 하는 것이라고 하는데 그 말이 아닙니다. 문맥을 보십시오. 예수님께서 목사를 통하여 목사에게 봉사하게 하는 것입니다. 하나님의 교회를 세우기 위해서입니다. 어떤 봉사입니까? 하나만 생각하십시오. 설교입니다. 왜 그렇게 얘기할 수 있습니까? 사도가, 선지자가, 복음 전하는 자가, 종교개혁자가 오직 복음을 전했거든요. 다른 일은 다른 사람이 하면 되는 것입니다. 항상 복음을 전했습니다. 성경을 가르친 것도 아닙니다. 복음입니다. 율법을 가르치는 것도 아닙니다. 복음입니다. 왜냐하면 복음으로만 거듭남의 역사가 나타나기 때문입니다. 정말 복음을 믿음으로 그리스도인이 되고 그리스도인다워집니다. 누가 목회자입니까? 설교자입니다. 누가 바른 설교자입니까? 오직 복음을 전하는 자입니다. 예수님께서 이 직무를 주시고 이 일을 가능케 하십니다.

세 번째는 "그리스도의 몸을 세우려 하심이라"입니다. 교회를 세우게 하십니다. 깊이 말씀을 보십시오. 목사나 성도가 교회를 세우는 것이 아닙니다. 그리스도가 목사를 세우고, 성도를 온전케 하십니다. 그리스도께서 이 일을 하십니다. 목회자와 그리스도인은 참여자입니다. 정확하게 따지면 고용된 것입니다. 좋은 표현으로는 동역자입니다. 살아 계신 그리스도께서 목회자와 성도를 세워 교회를 이루고, 그리스도의 몸을 세우는 일을 지금도 하십니다. 이것이 교회입니다.

그런데 오늘날의 교회는 어떻습니까? 전부 인간 주도적입니다. 계속 새로운 것을 찾지요. 새로운 프로그램, 새로운 이벤트, 새로운 광고를 만듭니다. 그러나 이런 것은 성경 어디에도 없습니다. 세상에서 좋다고 하는 것을 다 교회로 끌어들입니다. 그것이 때로는 유익해 보이지만 결국 교회는 그것으로 무너져 내립니다. 영적 권세가 없어집니다. 온통 사람들의 모임으로 점점 변질됩니다. 종교화됩니다. 예수님의 말씀으로 따지면 강도의 굴혈을 만드는 것입니다. 교회는 그리스도인의 모임이나 예배 행위 그 자체가 아닙니다. 교회는 그리스도의 몸입니다. 정말 그리스도께서 그리스도의 몸을 세우시고 일으키시는 것을 믿어야 합니다. 성경 말씀을 그대로 받아들여야 됩니다. 그럴 때 교회가 교회됩니다.

하나님의 아들을 믿는 것과 아는 일

그리고 목회자와 성도들에게 아주 구체적인 목표를 정해 주셨습니다. 그 것이 13절의 말씀입니다. "우리가 다 하나님의 아들을 믿는 것과 아는 일에 하나가 되어." 여기서 하나가 되는 것입니다. 잘 생각하십시오. 내가 하나 님을 믿고 예수님을 믿는데, 그 믿는 일과 아는 일이 별개가 되면 그는 우 상숭배자요 또는 종교인입니다. 더 나아가서 철학자밖에 안 됩니다.

성경에 보면, 이스라엘 백성이 출애굽했을 때 그들은 온갖 이적을 경험 했습니다. 홍해가 갈라집니다. 광야에서, 반석에서 물이 나옵니다. 정말 하 나님을 믿었습니다. 전능하신 하나님을 믿었습니다. 그런데 하나님을 알지 못했습니다. 거기 계시는 하나님을 알지 못했습니다. 하나님의 전지함을 알지 못했습니다. 금송아지를 만들고 예배드리면서 자기들끼리 좋아했습 니다. 우상숭배를 했습니다.

오늘도 마찬가지입니다. 각 개인이 생각해 보십시오. 나는 정말 예수님 을 믿는데 예수님을 아는 지식이 충만합니까? 하나님의 뜻과 일치하지 못 하면 스스로 하나님을 우상화합니다. 그런고로 교회는 예수님을 믿는 일과 아는 일에 하나되게 하는 곳입니다. 오직 교회만이 이 사명에 충실할 때 세 상의 빛과 소금이 됩니다. 유대 종교, 그들은 성경을 묵상하고 하나님을 믿 었습니다. 정말 믿었습니다. 그런데 하나님을 아는 지식이 잘못됐습니다. 하나님의 뜻에 일치하지 않았습니다. 믿는 것과 아는 것이 별개입니다. 결 국 하나의 종교가 되고 맙니다. 그래서 예수님께서 강도의 굴혈을 만든다 고 하신 것입니다. 오늘 우리에게 주신 말씀입니다.

기복신앙이 무엇입니까? 믿는 것과 아는 것이 잘못된 것입니다. 봉사하고 헌금하면 복 받는다는 그런 것이 성경 말씀 어디서 나옵니까? 그건 유대교식 해석입니다. 그리고 열심을 냅니다. 특히 이단일수록 열심을 냅니다. 열심을 내는 것은 좋으나 하나님을 우상화하는 것입니다. 종교화하는 것입니다. 율법적 신앙, 이것이 교회를 망칩니다.

교회의 주인_예수 그리스도

성도 여러분, 성경 말씀 그대로 교회의 주인은 예수 그리스도입니다. 살아 계신 예수 그리스도의 역사가 나타납니다. 말씀이 나타납니다. 오직 예수 그리스도께 집중해야 합니다. 정말 예수 그리스도를 믿어야 됩니다. 나의 주로, 나의 구세주로 말입니다. 그리고 그분을 아는 지식과 믿음이 일치되어야 됩니다. 예수님이 누구시며 무슨 일을 하셨는지를 명확하게 알아야 합니다. 성경 한 권밖에 안 됩니다. 신약성경은 얼마 되지도 않습니다. 분명하게 알아야 합니다. 왜냐하면 성경이 분명히 기록으로 남겨졌기 때문입니다.

이런 참 해학적인 이야기가 있습니다. 어느 교회에서 분쟁이 생겼습니다. 문제가 시끄럽습니다. 아무리 목사님과 성도들이 다 기도하며 해결하려고 하지만 해결이 안 됩니다. 오늘 이 시대를 보면 한번 사건이 생기면 해결이 안 되더라고요. 계속 싸웁니다. 그래서 어느 누가 이런 아이디어를 냈답니다. "최신 만능 컴퓨터에 의존해서 해결해 보자." 그래서 온갖 교회 문제와 관련된 정보를 다 컴퓨터에 집어넣고 해결책을 받아봤답니다. 그런데 정말 해결책이 나왔습니다. 뭐라고 기록되었는지 아십니까? "예수 잘 믿으세요." 그러더랍니다.

한번 잘 생각해 보십시오. 어느 교회나 문제가 있습니다. 분쟁이 있습니다. 다툼이 있습니다. 깊이 생각해 보십시오. 뭐가 문제입니까? 예수 잘못 믿어서 그렇습니다. 각자가 정말 예수님을 잘 믿어 보십시오. 아니 교회가 정말 예수님의 몸이라고 믿어 보십시오. 그러면서 서로 다투고 내가 옳다고 주장하겠습니까? 아니지요. 성도 여러분, 예수 그리스도는 교회를 세우셨습니다. 교회 안에 역사하십니다. 거기서부터 교인의 믿음이 생겼고 자라납니다. 그것을 잊어버리면 교회가 교회되지 못합니다. 아무리 내가 예배드리고, 기도하고, 찬송하고, 봉사해도 교회가 하나님의 전이요, 그리스도의 몸임을 조금이라도 잊어버린다면 또 다시 사람들의 모임이 되는 것입니다.

모든 그리스도인은 그리스도의 몸을 세우는 일을 위하여 부름 받은 자녀입니다. 예수 그리스도의 사람이란 그런 것입니다. 우리 눈에 예수 그리스도가 안 보입니다. 그러나 보이는 교회, 예수 그리스도의 몸, 그것이 교회입니다. 사람의 손으로 세운 것 같지만 아닙니다. 하나님의 섭리, 예정이 있고 뜻이 나타난 것입니다. 거기에 그리스도인의 믿음이 있어야 합니다. 살아 계신 그리스도께서 교회를 세우시고 역사하십니다. 모든 그리스도인은 각자가 그 교회의 책임 있는 구성원이 되어야 합니다. 구경꾼이 아닙니다. 관람객도 아닙니다. 내가 하지 않으면 하나님께서 다른 사람을 세우십니다. 모두가 교회의 책임 있는 지체로 하나님께서 부르신 것입니다.

성도 여러분, 예수소망교회가 어떤 교회입니까? 하나님께서 세우신 교회입니다. 저나 여러분이 세운 것이 아닙니다. 저 같은 구제 불능한 죄인을 목사로 삼으셔서, 그리고 죄인인 여러분들을 부르셔서 교회를 세우셨고 교회되게 하셨습니다. 교회는 하나님의 전이며 그리스도의 몸입니다. 절대 잊어서는 안 됩니다. 인간적 기준으로 생각하지 마십시오. 그건 스스로 교회를 망치는 것입니다. 교회는 이래야 되고, 교회는 저래야 된다고 이성적으로 생각하지 마십시오. 그것이 교회를 망칩니다. 세상 것을 교회에다가 자꾸 끌어들이지 마십시오. 교회를 종교화시키는 것입니다.

교회는 처음부터 끝까지 하나님이 기준이어야 합니다. 성경 기준이어야 합니다. 의문이 생기고 고민이 생기면 성경을 보십시오. 그리고 그 말씀이 말씀되도록 기도하시며 그 일에 책임 있는 그리스도인으로 오늘을 살아가십시오. 모든 그리스도인은 그리스도의 몸을 세우는 일에 부름 받은 자녀입니다. 이것이 은혜입니다. 복음 안에서 이 일이 시작된 것입니다. 누가 시작하셨느냐? 그리스도께서 하신 일입니다. 그것을 고백하는 교회가 참교회입니다. 그러므로 교회는 오직 하나님만이 예배의 대상이요, 하나님을 찬미하는 곳이 되어야 합니다. 그래서 교회는 예배당입니다.

저희 교회 입구에 뭐라고 쓰여 있습니까? '예수소망교회 예배당.' 교회(教會)라는 것이 한문으로 교리를 가르친다는 뜻이지만, 그 원 뜻은 예배당이라는 말이거든요. 그래서 성전 입구에 '예수소망교회 예배당'이라고 썼습니다. 오직 하나님만을 경외하는 곳입니다. 그러면 다른 것은 다 없어져야 됩니다. 세상의 자랑, 세상의 권력, 세상의 성공, 세상의 부, 세상의 좋은 것, 세상의 가치관, 세상의 지식, 인간적 경험이 계속 작아져 소멸되는 곳이 교회입니다. 내가 은혜 받았다는 건 그것입니다. 하나님을 만나고 하나님의 말씀을 들었더니, 세상의 일이 작아지는 것입니다. 하나님께 맡기는 것입니다. '주신 자도 하나님이시요, 취하신 자도 하나님이시다'라고 고백되는 곳입니다.

정말 하나님의 사람으로 매일매일 성숙되는 곳입니다. 정말 하나님의 사람으로 만들어지는 곳입니다. 그것이 교회입니다. 세상 권력, 모든 좋은 것들이 탈 신성화되는 곳이 교회입니다. 그것을 되게 하는 일이 목회자와 성도 여러분입니다. 남의 일이 아닙니다. 오늘도 교회를 통해서 하나님이 역사하십니다. 좋은 나무를 만드십니다. 거듭난 자를 만드십니다. 새롭게 출생하게 하십니다. 정말 복음적인 사람이 되게 하십니다. 그러면서 믿음으로 승리하도록 만들어 가십니다.

기 도

전지전능하신 하나님 아버지, 살아 계신 하나님의 놀라운 구원의 역사와 복음의 역사에 진심으로 감사를 드립니다. 오직 복음을 믿음으로 하나님 자녀되게 하시고, 복음적 생각과 방식을 따라 살게 하시며, 교회가 그리스도의 몸이며 하나님의 전임을 고백케 하심을 진심으로 감사드립니다. 진정 하나님께서 말씀하시고 기록된 성경 말씀대로 오늘도 교회를 세우시고, 교회를 교회되게 하심을 진심으로 감사드립니다. 이 일에 부름 받은 하나님의 자녀로서 예수 그리스도를 사랑하여 교회에 헌신하며, 하나님을 경외함으로써 교회의 책임 있는 구성원이 되어 하나님의 뜻을 이루며, 진실로 이 세상을 향하여 살아 계신 하나님과 예수 그리스도와 성령의 역사를 나타내는 복음의 증인으로 살 수 있도록 늘 함께하여 주시옵소서. 우리 주 예수 그리스도의 이름으로 간절히 기도드리옵나이다. 아멘.

20장

교회는 예수의 몸이다

> 그의 능력이 그리스도 안에서 역사하사 죽은 자들 가운데서 다시 살리시고 하늘에서 자기의 오른편에 앉히사 모든 통치와 권세와 능력과 주권과 이 세상뿐 아니라 오는 세상에 일컫는 모든 이름 위에 뛰어나게 하시고 또 만물을 그의 발 아래에 복종하게 하시고 그를 만물 위에 교회의 머리로 삼으셨느니라 교회는 그의 몸이니 만물 안에서 만물을 충만하게 하시는 이의 충만함이니라(엡 1:20-23).

남편을 일찍 잃고 어린 딸을 어려운 가운데 홀로 기르는 어머니가 있었습니다. 유일한 희망이었던 딸이 어머니의 기대대로 잘 자라서 성장하여 대학교수가 되었습니다. 그 어머니의 사랑, 희생, 정성, 그것을 기억하고 항상 그 은혜에 감사했던 딸이 어느 날 어머니에게 물었습니다. "어머니, 소원이 무엇입니까? 제가 어머니의 소원은 꼭 이루어 드리겠습니다." 그때 어머니는 평소 신앙생활을 열심히 했기에 이렇게 대답했습니다. "나는 바라는 것 없다. 네가 나와 함께 교회만 다니면 나는 그것으로 만족한다. 그게 내 소원이다." 그래서 딸이 기꺼이 그 소원을 들어 드리겠다고 약속했고, 주일이 되어서 교회에 갔습니다. 그런데 불행하게도 이 지성인인 딸의 눈에 마음에 안 드는 장면들이 너무나 많았습니다. 교회에서 서로 싸우는 모습, 다투는 모습, 온통 사업 얘기, 정치 얘기 등 세상 이야기로 가득 찬 모습을 보게 되었습니다.

예배 후에 딸이 어머니에게 말했습니다. "어머니, 죄송합니다만 저는 도저히 교회에 다닐 수 없습니다. 다시는 교회에 나오지 않을 겁니다." 그러면서 자신이 눈으로 본 그 사건을 조목조목 어머니에게 말씀드렸습니다. 그때 어머니가 이렇게 말씀하시더랍니다. "사랑하는 딸아, 엄마는 수십 년 교회 다니면서 예수님 얼굴밖에는 보지 못했는데, 너는 하루 동안에 참 많은 것을 보았구나." 참 교훈적인 이야기입니다. 이 사건을 깊이 한번 생각해 보시기 바랍니다.

인간이 기준이 된 교회

성도 여러분, 오늘날 교회의 위기를 교회 안과 밖에서 수없이 말합니다. 문제의 해결 방안까지도 말해 줍니다. 한번 생각해 보십시오. 여러분은 교회의 위기가 어디에 있다고 생각하십니까? 성경은 말씀합니다. 인간이 모든 것의 기준이 되었기 때문입니다. 그래서 교회가 타락하는 것입니다. 하나님의 기준으로 하나님의 교회가 서야 하는데, 하나님의 교회까지도 자꾸 인간의 기준으로 채워집니다. 그래서 교회가 교회되지 못합니다. 이것을 분명히 알아야 합니다.

철학자 니체(Friedrich Nietzsche)를 기억하십니까? 그는 세계적으로 유명한 철학자로 무신론자입니다. 아주 철저한 무신론자입니다. 그런데 그의 성장 배경이 흥미롭습니다. 그는 당시에 아주 독실한, 나름대로 존경받는 목사의 아들이었습니다. 그런데다가 뛰어난 천재였습니다. 그래서 세계적인 철학자가 되었습니다. 하지만 철저한 무신론자였던 그는 말합니다. "나는 교회에서, 그리고 그리스도인을 통해서 참 기쁨을 한 번도 본 적이 없다." 그리고 교회를 떠납니다. 인간의 기준으로써는 말이 됩니다. 그러나 그는 하나님의 기준을 몰랐습니다. 무엇이 참 교회인지를 알지 못했던 것입니다.

성도 여러분, 교회는 인간의 힘과 지혜와 능력으로 세워진 것이 아닙니다. 교회는 하나님께서 세우셨습니다. 너무도 당연한 얘기 같지만 이것을 항상 기억해야 합니다. 그것을 성경에서 확인해 보십시오. 예루살렘에 많은 사람들이 모여 있어도 하나님께서 버리십니다. 이건 교회가 아닙니다. 하나님의 교회가 아닌 것입니다. 아무리 하나님을 예배해도 아닌 것입니다. 그리고 예수님을 통해서 초대교회가 태동됩니다. 그것이 교회의 뿌리요, 본질입니다. 사도행전에 보면 자세히 기록되어 있습니다. 특별히 그 처음 시작이 사도행전 2장입니다. 여기서 인간적 기준으로 보면 베드로가 너무나 훌륭합니다. 베드로가 명 설교를 하고 거기에 감동을 받아서 3천 명이나 되는 사람이 갑자기 회심을 합니다. 그 공동체가 교회가 되었습니다. 그러나 영적인 눈으로 보면, 하나님의 기준으로 보면 아닙니다. 같은 내용이지만 베드로가 아니라 하나님께서 세우셨습니다. 성령의 역사로 세워졌습니다. 베드로는 단지 고용되었을 뿐입니다.

만일 베드로가 세워서 교회가 태동됐다면 벌써 없어졌습니다. 로마의 압제가 엄청났습니다. 다 죽여 버렸거든요. 그런데 하나님이 세우신 교회는 계속, 아니 영원무궁할 것입니다. 그러나 사람 위에 세워진 교회는 없어집니다. 오늘날도 유럽에 가서 보십시오. 엄청난 교회들이 있습니다. 밀라노의 두오모 성당이라든지, 베니스의 마리아 성당, 마태 성당은 그 자체로 다 하나의 박물관입니다. 수백 년 동안 지은 엄청난 교회입니다. 하지만 이제 예배는 더 이상 안 드립니다. 참 교회가 무엇입니까?

에베소서의 교회론_하나님이 세우심

에베소서는 심오한 교회론에 관한 하나님을 아는 지식이 충만히 계시되어 있습니다. 성도 여러분, 교회가 무엇입니까? 교인은 어떠한 삶을 살아야 합니까? 교회의 가치와 권세와 통치가 무엇입니까? 그 질문이 있으면 또는 그런 부분에 의문이 있다면 에베소서로 돌아오십시오. 에베소서는 처음부터 끝까지 교회가 무엇인지를 알려 줍니다. "하나님께서 세우셨다." 이것이 대주제입니다. '하나님께서 세우신 것이다. 사람은 고용되었을 뿐이다.'

특별히 오늘 성경 본문이 성경 전체에서 교회에 대한 정의의 가장 극치입니다. 이렇게 시작합니다. "그의 능력이." 하나님의 능력을 말합니다. 그 앞 문장을 보면 이렇게 되어 있습니다. '그의 힘의 강력함으로 엄청난 강력한 힘으로 교회를 세우셨다. 교회를 세우고 계신다.' 이것이 하나님의 선포입니다. 그러면서 그 강력한 힘이 무엇인가를 아주 강력하게 예증 몇 개로 표현하고 있습니다. "죽은 자를 살리셨다." 어느 인간이, 과학기술이 죽은 자를 살릴 수 있습니까? 예수 그리스도 안에서 죽은 자를 살리셨습니다. 그리고 "부활 승천하여 하나님 우편에 앉으셨다." 어느 인간이 이런 일을 할 수 있습니까? 마귀도 못합니다. 오직 하나님의 강력한 능력이 이를 행하셨음을 한 번 더 말씀합니다. 그리고 "만물을 복종케 하셨다." 창조주시니까요. 그 능력이 교회를 세우셨음을 선언하며 계속 설명해 나갑니다.

여기에 바로 오늘 교회의 위기가 있습니다. 이 진리를 믿지 않습니다. 그냥 추상적인 것으로 받아들입니다. 내 신앙적, 체험적 고백이 되지 못합니다. 그러다 보니 자꾸 인간의 노력과 힘으로, 열심으로 교회를 세웁니다. 그 목적이 잘못됐습니다. 어느 순간 부지불식간에 세속적인 교회가 되어버립니다. 오늘날 부끄러운 일이지만, 신학 교수들 또는 목회자들이 교회론에 관한 책을 쓰면서 사람들이 교회에 오지 않는 이유를, 어떻게 해야 사람들이 교회에 올지에 대한 질문을, 교회의 위기가 무엇인지에 대한 물음을 설문조사를 통해 세상 사람들에게 묻습니다. 이것이 교회의 오늘날의 현주소입니다. 어림도 없는 얘기입니다. 한마디로 엄청난 능력으로 세워진 하나님의 교회로서 세상에서 하나님의 은혜와 진리를 밝혀야 되는데, 도무지 영향도 못 주고 거꾸로 세상이 교회에 들어옵니다. 세상의 지식과 방법이 전부 다 교회로 들어옵니다. 오히려 세상이 교회에 영향을 줍니다. 자꾸 인간의 판단으로, 기준으로 채워지는 것입니다. 이게 곧 교회의 위기입니다.

그러다 보니 하나님의 말씀이 바르게 선포되지 않습니다. 여기서 '바르게'란 예수님처럼 선포해야 된다는 뜻입니다. 사도들처럼 증거해야 됩니다. 성경의 수많은 설교문과 그들의 말씀이 있습니다. 그런데 그것은 별로 말하지 않고 다른 말이 더 많습니다. 세상 얘기가 더 많습니다. 더 나아가서 성경의 권위도 없습니다. 이제는 교회에서 성경이 필요 없습니다. 제가 한

6개월 동안 여러 교회를 다녀보았는데, 나중에는 저도 성경을 안 들고 가봤습니다. 왜냐하면 스크린에 다 나오니까요. 성경이 필요가 없습니다. 대신 프로그램과 이벤트, 수많은 광고가 난무합니다. 첨단장비를 활용한 볼거리들만 눈에 보입니다.

왜 이렇게 된 것입니까? 간단히 생각해 보십시오. 인간의 기준으로 하고 있는지 하나님의 기준으로 하고 있는지 성경으로 확인해 보십시오. 깜짝 놀랄 일입니다. 성도 여러분, 성경으로 돌아와야 됩니다. 하나님께로 돌아와야 됩니다. 우리는 주일에 교회에서 예배를 드립니다. 교회가 무엇이고, 하나님의 교회는 어떤 교회인지 성경으로 돌아와서 깨닫고, 고백하고, 그걸 믿음으로 지켜나가야 됩니다.

교회의 증언_예수 그리스도

오늘 성경은 말씀합니다. "교회는 그리스도인의 몸이라." 이는 하나님의 선언입니다. "교회는 예수님의 몸이다." 이것은 결코 추상적 진리가 아닙니다. 믿는 자에게는 신비요, 실제입니다. 교회는 예수님의 몸입니다. 이제 생각해 보십시오. 여러분은 이 사실을 믿습니까? 교회 올 때마다 '교회는 예수님의 몸이다. 예수님을 만나고, 예수님의 말씀을 듣고, 예수님의 권세를 경험하고, 예수님의 충만함을 갈망하는 그런 곳이다'라는 마음으로 교회에 나오고 신앙생활을 하며 예배드리십니까? 그리고 그 교회를 알지 못하는 세상에 그 교회를 증거하고 있습니까? '교회는 그리스도의 몸이다. 예수 그리스도의 몸이다.' 이것을 나타내고 있습니까?

저명한 크리스천 작가이며 목사인 마크 애터베리(Mark Atteberry)가 「어리석은 크리스천」(The 10 Dumbest Things Christian Do)이라는 책을 저술했습니다. 이 책에서 그는 오늘날 교회의 증언이 예수님이 되어야 되는데, 이미 그것이 부차적인 것이 되었다고 말합니다. 예수님에 대해서 말은 하지만, 세상 얘기를 더 많이 한다는 것이죠. 이것이 잘못되었음을 지적하면서 요한복음 14장 6절을 인용합니다. "예수께서 이르시되 내가 곧 길이요 진리요 생명이니 나로 말미암지 않고는 아버지께로 올 자가 없느니라."

그리고 그는 예수님은 교회의 머리이시므로 다음 세 가지 것이 핵심 증언이 되어야 한다면서 책을 씁니다. 첫째, 사람들은 교회가 아니라 예수님이 길이라는 것을 알아야 된다고 합니다. 교회가 길이 아닙니다. 예수님이 길입니다. 예수님을 모르는 사람들이 교회에 왔습니다. 믿음이 약한 자들이 교회에 왔습니다. 그들은 길을 찾을 것입니다. 하나님을 만나는 길, 복 있는 자의 길은 예수님밖에 없습니다. 그 길은 예수입니다. 교회 자체가 아닙니다. 그런데 너무나 많은 프로그램들, 모임들이 이것이 길이라고 말합니다. 어림도 없는 얘기하지 마십시오. '그 길이신 예수'를 이야기해야 됩니다.

둘째, 사람들은 교회가 아니라 예수님이 진리라는 사실을 알아야 된다고 합니다. 이 세상에 진리 같은 것이 많이 있지만, 다 부분적 진리이거나 거짓입니다. 참 진리는 예수 그리스도 안에 있습니다. 오직 그 진리를 믿음으로 하나님께 나아갈 수 있습니다. 이것을 전해야 됩니다.

셋째, 사람들은 교회가 아니라 예수님이 생명이라는 사실을 알아야 된다고 합니다. 그 길이신 예수를 따르며, 그 진리이신 예수님을 믿을 때 우리는 영생을 얻습니다. 영원한 생명을 얻습니다. 이 생명은 교회가 주는 것이 아니라, 교회의 본질이시요 머리이신 예수님이 주십니다. 그 예수님을 나타내야 됩니다.

성도 여러분, 예수님과 교회는 절대 분리될 수가 없습니다. 내가 다니는 교회가, 내가 아는 교회가 예수님으로부터 좀 멀어졌다고 생각하는 순간 그건 종교기관이 되어가고 있는 것입니다. 그 공동체에 예수님에 관한 증거가 없다면, 그것이 가감된다면 점점 종교기관으로 전락하는 것입니다. 영성신학자인 헨리 나우웬이 다음과 같이 고백했습니다. "우리 시대에 영적으로 가장 커다란 위험은 예수님과 교회를 분리시키는 일이라는 것을 나는 확신한다. 교회는 주님의 몸이다. 예수님 없이는 교회도 있을 수 없고, 교회가 없이는 우리가 예수님께 연합해 있을 수 없다. 교회를 떠남으로 예수님께 더 가까워졌다는 사람을 아직 나는 만나보지 못했다."

예수 그리스도_교회의 머리

예수 믿고 나 홀로 구원받는 것은 없습니다. 그럴 수가 없습니다. 교회를 떠나서 바른 신앙생활을 한다는 것은 가당치 않은 이야기입니다. 오늘 성경을 통하여 하나님께서 교회가 무엇인지를 우리에게 계시해 주십니다. 그 첫 번째 말씀이 이것입니다. "교회의 머리로 삼으셨느니라." 하나님께서 창조적인 능력으로 예수님을 교회의 머리로 삼으셨습니다. 이것을 믿고, 고백하고, 지켜나가는 곳이 교회입니다. 다시 말해서 교회의 권세는 예수님입니다. 교회의 영광, 교회의 통치는 예수님입니다. 어떤 인간이 만든 조직이나 사람이 아닙니다. 절대 아닙니다.

예수님의 권세가 서지 않기 때문에 교회가 무너집니다. 종교개혁이 바로 이것을 말합니다. '오직 성경으로'를 외치면서 '교회는 오직 예수 그리스도다. 성경을 봐라. 교회의 머리로 예수 그리스도를 주셨다'는 것을 말합니다. 그런데 그 당시나 지금이나, 그 교회의 머리가 교황이 되었습니다. 교회 제도가 되었습니다. 아무리 화려하고 그럴듯해도 성경에는 그런 직분이 없습니다. 선지자, 사도, 복음 전하는 자, 교사, 목사가 있지 그런 직분은 없습니다. 세속적인 직분입니다. '아니다. 절대 아니다. 예수 그리스도께로 돌아와야 된다.' 이것이 종교개혁입니다. 그 신앙 위에 오늘의 교회가 있습니다.

성도 여러분, 머리이신 예수님으로부터 지혜가 나오고, 힘이 나오고, 능력이 나오고, 은혜가 나오고, 사랑이 나옵니다. 오직 예수 그리스도로부터가 아니면 교회에 다닐 필요가 없습니다. 교황도 추기경도 아니고, 목사도 선교사도 장로도 아닙니다. 오직 예수 그리스도로부터 지혜와 은혜와 능력이 나옵니다. 그래서 저는 말합니다. "교회는 오직 말씀과 성령의 역사뿐이다." 그렇게 초대교회가 출발했거든요. 예수님의 말씀, 예수님의 영인 성령의 역사, 그것이 곧 머리이신 예수 그리스도입니다. 그리고 그 실체가 교회입니다. 그런데 인간의 지식과 기준과 판단, 이것이 자꾸 조금씩, 조금씩 밀려옵니다. 아무리 칭찬받고, 존경받고, 많은 사람이 모이고, 영향력을 끼친다 하더라도 이것은 교회의 위기요, 타락일 뿐입니다. 오직 살아 계신 예수 그리스도, 그분이 머리가 되어야 합니다.

예수 그리스도_그 분께 순종하는 성도

　그리고 성경은 말씀합니다. "교회는 그의 몸이라." 여기서 교회는 건물이 아닙니다. 물론 장소를 포함하고 있지만, 중요한 것은 성도들의 공동체를 얘기합니다. 교회는 그의 몸입니다. 몸은 머리의 지시를 따라 전적으로 순종합니다. 교회에 소속된 교인은 머리에 전적으로 순종합니다. 그것을 훈련하는 것이 교회입니다. 왜냐하면 세상에서 자꾸 이 진리를 잊어버리기 때문입니다. 그런즉 교회에 와서 머리이신 주님의 말씀을 듣고 기뻐하며 순종하고 그 은혜에 참여해야 합니다. 이 교회에는 나의 뜻, 자아성취, 소원성취, 이런 것이 없습니다. 오직 주님의 뜻, 그 안에서 하나되는 것입니다. 그럴 때 구하지 아니한 복도 받습니다.

　이것이 하나님의 방법입니다. 머리 없는 몸이 있습니까? 교인 한 사람 한 사람이, 교회 전체가 '오직 예수만이 구세주다. 구주시다'라고 고백하게 되고, 그 체험 속에 하나님의 교회가 나타납니다. 그런데 머리가 실종됐습니다. 다 주인입니다. 심지어 복음이 실종됐습니다. 하나님의 말씀이 실종됐습니다. 성경의 권위가 나타나지 않습니다. 남은 것은 이제 인간의 열심이요, 봉사뿐입니다. 이는 하나님의 교회가 아닙니다.

　머리와 몸은 인격적 관계를 맺고 있습니다. 생명적 관계입니다. 교회의 정체성은 예수 그리스도가 교회의 머리시고, 교회는 그의 몸이라는 것뿐입니다. 분리될 수 없습니다. 영적 연합, 그 신비 속에, 그 신앙고백 속에 교회가 교회되어 가는 것입니다.

　예수소망교회 교인들은 교회 이름만 생각해도 간단합니다. '예수소망' 교회에서 신앙생활 잘하는 것은 예수소망, 그것뿐입니다. 예수소망으로 다른 역사가 나타납니다. 다른 것을 구해서는 응답 못 받습니다. 오직 예수소망, 예수님께 초점을 맞추고 머리이신 예수님을 바라볼 때 은밀한 중에 계시는 하나님께서 역사하십니다.

예수 그리스도_교회에 충만함

그리고 오늘 성경은 더 놀라운 선포를 합니다. "교회는 예수 그리스도의 충만함이라." 23절 말씀입니다. "교회는 그의 몸이니 만물 안에서 만물을 충만케 하시는 이의 충만함이라." 단지 예수님의 충만함만이 아니라, 이미 하나님 우편에 앉아 계시고 모든 세상과 만물을 다스리신 권세를 주신 그분의 충만함이 교회 안에 있다는 것입니다. '만물을 충만케 하시는 이의, 살아 계신 그리스도의 충만함이 교회에 있다. 이것을 믿으라.' 성경은 말씀합니다.

생각해 보십시오. 인간의 충만이 아닙니다. 사람이 많이 모이고, 열심이 있고, 사람이 보기에 좋은 그런 것이 아닙니다. 그게 본질이 아닙니다. 건물이 화려하고, 제도가 좋고, 프로그램이나 이벤트가 충만한 것, 그런 것이 아닙니다. 그런 것은 하나도 없어도 됩니다. 그리스도의 충만, 그것을 갈망하고 기뻐하며 이해하는 것입니다. 믿고 자랑하는 것이 교회입니다. 예수 그리스도의 말씀, 예수 그리스도의 사랑과 은혜, 예수 그리스도의 임재, 예수 그리스도의 통치, 성경 말씀 그대로가 믿어지고 기뻐하는 것입니다. 그것이 교회입니다. 여기에 그리스도인의 고백, 신앙적 체험이 있습니다. 이 이적이 우리의 믿음 속에서 체험됩니다. 그럴 때 교회가 교회됩니다.

교회가 교회되는 것은 오직 이 믿음 속에서 영적인 눈을 떠야 되고, 영적인 마음으로 주의 말씀을 받아들이고 인정하며 기뻐할 때 이루어져 갑니다. 그리고 그 사실을 모르는 자에게 말할 수밖에 없습니다. 세상은 모르니까요. 믿음이 연약한 자도 모릅니다. '교회란 그리스도의 몸이다. 그리스도의 충만함이 있는 곳이다'라고 말씀합니다. 그것이 선교요 전도인 것입니다. '예수 믿어라. 우리 교회 와라' 이것이 전도의 전부가 아닙니다. 정말 내가 믿음으로 확신하고 체험하는 예수 그리스도를 교회를 통해서 증거하는 것입니다.

오래 전에 미국에서 있었던 일입니다. 목사 안수를 받은 지 얼마 안 되는 젊은 목사님이 한 도시의 중형교회 담임목사로 부임했습니다. 그래서 환영식이 있었는데, 한 교인이 와서 슬그머니 이렇게 말했습니다. "목사님, 우리 교회 교인이 무려 700명이나 되는데, 갓 신학교 졸업하신 목사님께서 이 700명의 요구를 다 만족시킬 수 있으시겠습니까? 경험도 없으신데 어찌 이렇게 무모할 만큼 용기를 내셔서 이곳에 담임목사님으로 오셨나요?"

그때 젊은 목사님이 웃으면서 이렇게 답했답니다. "성도님, 제가 이곳에 온 것은 이 700명의 사람을 기쁘게 해주기 위해서 온 것이 아닙니다. 저는 단 한 분만을 기쁘게 해드릴 것입니다. 그러면 그분이 모든 것을 해결하실 것입니다."

성도 여러분, 목사뿐만 아니라 그리스도인은 한 사람 한 사람이 예수 그리스도 안에서 말씀을 믿고 오직 예수 그리스도를 바라봅니다. 머리이신

늘 헤매는 한 노릇

예수 그리스도, 오직 그분으로부터만 지혜와 능력이 나오고, 사랑과 긍휼이 나옵니다. 내 마음을 아시고, 나를 위로하시고, 바른길로 인도하시는 그 고백, 그 신앙고백 위에 교회가 교회됩니다.

예수님께서 십자가를 지시기 전날 밤, 특별하게 아주 귀한 비유의 말씀을 주십니다. 바로 요한복음 15장에 나오는 포도나무 비유입니다. 우리가 잘 아는 비유지요. "나는 포도나무요 너희는 가지라 그가 내 안에, 내가 그 안에 거하면 사람이 열매를 많이 맺나니 나를 떠나서는 너희가 아무 것도 할 수 없음이라"(요 15:5).

그리고 예수님께서 말씀하십니다. "너희가 나를 떠나서는 아무 것도 할 수 없느니라." 정말 아무 것도 할 수 없다는 것이 고백되는 곳이 교회입니다. 그 회복이 교회에서만 이루어집니다. 예수님께서 말씀하십니다. "내 안에 거하라. 풍성한 열매를 맺기 위하여 내 안에 거하라." 이것이 믿음으로 인한 신앙적 연합입니다. 교회는 그리스도의 몸입니다. 내가 믿든지 믿지 않든지, 세상이 뭐라고 하든지 교회는 그리스도의 몸입니다. 예수 그리스도 안에서 하나님의 은혜와 진리가 충만히 나타나는 곳입니다. 가르쳐지고, 깨우쳐지고, 믿음으로 영접되고, 고백되고, 기뻐하는 곳이 교회입니다.

다른 것으로 채워지는 것이 아닙니다. 이것만이 하나님의 기준이기 때문입니다. 그리고 이 사실을 세상에 나아가서 말합니다. '나는 비록 죄인으로 살아가고, 구원받았음에도 연약한 죄인이지만 중요한 것은 나는 교회에서 그리스도의 충만함을 갈망하며 맛본다. 하나님의 은혜와 진리를 깨닫는다.' 그것이 교회가 증거하는 것입니다. '나 같은 죄인을 성령께서 함께하시고, 예수 그리스도께 인도하신다.' 이 진리 안에서 이 사실을 말하는 것입니다.

내 인격에 대한 것이 아닙니다. 내가 어떻게 된 것, 또는 성공한 것도 아닙니다. 내 안에 계신 예수 그리스도를, 성령님을 증거하는 것입니다. 오직 믿음으로만 가능합니다.

믿음이란 단지 '내가 믿는다'라는 것이 아닙니다. 그건 자기 확신이고, 성경에서 말씀하는 믿음은 무엇을 믿는 것(believe in)입니다. 객관적 대상과 객관적 진리를 믿는 것입니다. 하나님과 하나님의 말씀을 그대로 믿는 것입니다. 이 믿음으로만 교회가 교회될 수 있습니다. 그래야 그 교회를 통해서 내가 복 받는 것입니다. 하나님의 자녀가 복 받는 것입니다. 그 교회 안에서만 신령한 세계를 바라볼 수 있고, 하나님의 은혜와 진리를 충만히 깨달을 수 있고, 그 교회를 통해서 내가 성경의 사람이 됩니다. 성경에 귀를 기울이고, 성경을 집중해서 연구하고, 성경 안에서 하나님과 나와의 비밀한 경건의 시간을 갖게 됩니다. 그 사람이 복 있는 사람입니다. 그 인생을 통하여, 그 신앙인을 통하여 하나님께서 영광을 받으십니다.

기도

전지전능하신 하나님 아버지, 구제 불능한 죄인이지만 주의 부르심과 선택 가운데 예수 그리스도를 믿어 구원받게 하시고, 또한 우리에게, 더 나아가 이 험악한 세상 안에 하나님의 교회를 세워 주심을 진심으로 감사드립니다. 하나님의 교회가 교회되게, 오직 믿음으로 그리스도의 몸된 교회를 고백하고 기뻐하며, 그리스도의 충만함을 갈망하며, 이 교회 안에서 주의 말씀을 들으며, 주의 음성을 들으며, 기도의 응답을 들으며, 주께 영광 돌리는 삶이 결단될 수 있도록 주여 우리에게 복을 내려 주시고 함께하여 주시옵소서. 우리 주 예수 그리스도의 이름으로 간절히 기도드리옵나이다. 아멘.

21장

성경과 메시지

또 우리에게는 더 확실한 예언이 있어 어두운 데를 비추는 등불과 같으니 날이 새어 샛별
이 너희 마음에 떠오르기까지 너희가 이것을 주의하는 것이 옳으니라 먼저 알 것은 성경
의 모든 예언은 사사로이 풀 것이 아니니 예언은 언제든지 사람의 뜻으로 낸 것이 아니요
오직 성령의 감동하심을 받은 사람들이 하나님께 받아 말한 것임이라(벧후 1:19–21).

교훈적인 유머 하나를 소개하겠습니다. 지구가 창조될 때 과연 무슨 일
이 일어났는지를 알려고 많은 전문가들이 한 자리에 모였다고 합니다. 오
랜 기간에 걸쳐서 필요한 정보들을 수집했고 또 많은 연구와 심혈을 기울
여 자료들을 분석했습니다. 그리고 최종정보와 자료들을 컴퓨터에 모두 입
력했습니다. 마침내 모든 준비가 끝났습니다. 다 한 자리에 모였습니다. 이
제 버튼을 눌러 컴퓨터를 작동시켰고, 모두들 결과에 주목했습니다. 그런
데 이렇게 메시지가 찍혀 나왔습니다. "창세기 1장 1절을 보라."

그리스도인에게 있어서 성경

성도 여러분, 얼마나 성경을 믿고 의존하며 살아갑니까? 나 스스로 내가 그리스도인이라 할 때, 그리스도인됨은 어떤 것입니까? 그리스도인은 성경의 사람입니다. 의심할 여지가 없습니다. 성경을 믿고 의존하며 살아갑니다. 성경을 통해서 하나님의 말씀을 듣고, 깨닫고, 고백하며 기뻐하는 가운데 하나님의 사람으로 변해갑니다. 오직 성경을 통해서만 하나님의 뜻을 분별하게 됩니다. 하나님의 뜻을 분별하는 것이 열심을 내고 순종하는 것보다 먼저입니다. 잘못된 열심은 멸망에 이르기 때문입니다.

간단히 생각해 보십시오. 세상 사람들은, 불신자들은 이 진리를 알지 못합니다. 주변에 성경이 널려 있지만, 그게 하나님의 말씀이라고 생각하지 않습니다. 믿지를 않습니다. 그렇기에 보지를 않습니다. 그러나 그리스도인은 믿거든요. 그래서 성경 말씀 가운데 오늘을 살아가게 되는 것입니다.

그리고 교회와 성경 또한 절대적 관계에 있습니다. 성경적으로 교회는 성경을 하나님의 말씀으로 인정하고, 그 말씀 속에서 메시지를 받아 바르고 권세 있게 선포하고, 그것을 기뻐하고, 그 말씀에 순종하기를 약속한 공동체입니다. 그 밖의 다른 것으로는 교회가 교회되지 않습니다. 오직 성경 말씀이 말씀되는 곳이 교회입니다. 그런데 이 말씀을 떠나거나, 말씀을 혼합하거나, 말씀 위에 있는 순간 교회는 교회되지 못합니다. 예일대 총장을 지낸 펄프 박사는 이런 신앙고백을 남겼습니다. "나는 대학교육이 얼마나 중요하다는 것을 잘 알고 있습니다. 그러나 성경교육이 없는 대학교육보다는 대학교육 없는 성경교육이 인간을 더 고귀하게 만든다는 사실을 확실히 알고 있습니다."

이것이 옳습니다. 분명 모든 그리스도인은 이 고백에 아멘으로 응답해야 합니다. 성경은 영어로 'Bible'인데, 그 본래적 의미는 'The Book'입니다. 세상에 유일한 책입니다. 얼마나 귀한 것입니까? 수억 수만 수천 개의 책이 있어도 유일한 '그 책'은 성경입니다. 그것을 인정하고 받아들이는 공동체가 교회요, 각 개인이 그리스도인입니다.

우리가 잘 아는 미국의 트루먼(Harry Truman) 대통령의 유명한 일화가 있습니다. 그는 어렸을 때 겁이 많아서 친구들과 잘 어울리지도 못하고, 운동도 잘 못하고, 공부도 그렇게 우수하지 못했습니다. 그런데 후에 그가 대통령이 되었을 때 그 사실을 아는 사람들이 그에게 물었습니다. "아니, 어떻게 해서 당신이 대통령이 된 거요?" 그가 남긴 말입니다. "나를 이렇게 용기 있게 하고, 강하게 하고, 쓸모 있게 한 것은 바로 성경이었습니다. 성경이 오늘의 나를 만든 겁니다."

이건 모든 신앙인의 고백입니다. 시간이 흐르고 나이가 들면서, 또 신앙생활을 하면서 결국은 성경이 나를 오늘의 이 모습을 만들어 가고 있다고 고백해야 될 것입니다. 이 성경을 묵상하는 자가 하나님의 사람입니다.

묵상_순종할 때까지 반복하는 것

'묵상'이라는 것은 그냥 좀 깊이 생각하는 정도가 아닙니다. 성경에서 말씀하는 묵상이라는 용어는 하나님의 말씀에 순종할 때까지 계속 반복하는 것입니다. 그 말씀이 나를 사로잡아서 말씀이 나의 삶에 영향력을 끼칠 때까지 계속 깊이 생각하는 것입니다. 그래서 시편은 이렇게 선언하지 않습니까? "복 있는 사람은 오직 여호와의 율법을 즐거워하며 그 율법을 주야로 묵상하는 자로다." 하나님의 말씀을 즐거워하며 묵상하지 않는 자는 복이 있을 수 없습니다. 결국은 망할 겁니다. 하나님의 말씀을 묵상하는 자로 이 시대에 복 있는 삶을 살아가야 할 것입니다.

우리는 이것을 분명히 인정하고 인식해야 합니다. 성경의 권위는 분명 하나님의 권위입니다. 왜냐하면 성경에 하나님의 말씀이 계시되어 있기 때문입니다. 절대 진리의 계시가 성경입니다. 디모데후서 3장 16절은 말씀합니다. "모든 성경은 하나님의 감동으로 된 것으로 교훈과 책망과 바르게 함과 의로 교육하기에 유익하니."

여기에 "아멘!" 하는 그곳이 교회요, 그들이 그리스도인입니다. 성경은 사람에 의해 저술된 것이 아닙니다. 사람은 단지 기록자입니다. 하나님께서, 성령께서 성경의 저자이십니다. 그 사실을 인정하고, 그렇게 성경을 대해야 됩니다. 오늘 성경은 이렇게 말씀합니다. "어두운 데를 비추는 등불과 같다." 이것이 성경입니다.

'어두운 데'란 세상을 말합니다. 하나님을 알지 못하고 하나님을 높이지도 않습니다. 하나님께 거역합니다. 불순종하며 삽니다. 하나님과 아무런 관계가 없습니다. 어두운 곳입니다. 자기가 어디로부터 와서 어디로 가는지를 모릅니다. 잠시 후면 하나님 앞에서 심판받아야 되는데 아무 것도 모릅니다. 깜깜한 어둠입니다. 그런데 이 어둠 속의 등불이 바로 성경이라고 성경은 증거합니다. 성경은 어둠 속의 등불입니다. 진리의 빛, 하나님의 빛입니다. 그 빛을 알고, 기뻐하며, 그 빛을 따라갈 때 그 사람은 저절로 변하는 것입니다.

이런 이야기가 있습니다. 어느 점심식사 자리에서 한 사람이 친구한테 갑자기 "우리 부부 이혼할 거야"라고 말했답니다. 그 친구는 평상시 그 집을 잘 알기에 "왜 그러냐?"고 물었더니 그 친구의 대답이 "결혼할 때부터 내 아내가 나를 변화시키려고 애를 썼다"고 말하는 것입니다. 어떻든 간에 아내 덕분에 술과 담배도 끊었고, 잘 모르던 고전도 알고, 예술도 알고, 미술품도 알게 됐고, 옷도 좀 세련되게 입게 되었다고 하는 것입니다. 여러 가지로 많이 변했다는 것이지요. 그래서 그 친구가 다시 물었습니다. "그건 모두 잘된 것 아니야? 그게 그렇게 괘씸해?"라고 했더니, 이 사람이 그러더랍니다. "아니, 그건 괘씸하지 않은데, 아내 덕분에 이렇게 변하고 보니까 이제는 아내가 형편없어 보여."

성도 여러분, 정말 성경을 믿고 그 빛 아래 있으면 믿기만 해도 변합니다. 생각이 변합니다. 깜깜한 세상 속에서 성경으로 생각해야 합니다. 성경이 진리의 빛이니까요. 성경으로 판단하고, 하나님의 관점으로 보기 시작해야 합니다. 그렇게 해서 믿음이 자라납니다. 관점, 생각이 변합니다. 그래서 거듭났다는 것입니다. 다시 태어났다는 것입니다. 이것은 모든 그리스도인에게 주어진 하나님의 선물입니다.

하나님의 말씀_최종 결론

성경은 하나님의 말씀인고로 최종 결론입니다. 이것을 잊지 마십시오. 이것은 논쟁거리가 아닙니다. 세상은 논쟁거리로 삼을지 몰라도 그리스도인에게는 하나님의 말씀이므로 최종 결론입니다. "하나님이 천지를 창조하셨느니라. 아멘." 이것이 최종 결론입니다. 그리고 생각하는 것입니다. 묵상하는 것입니다. 물론 다 알 수 없고 경험할 수 없어도 말입니다.

생각해 보십시오. 지구가 돈다고 믿고 생각해도 그것을 얼마나 이해하고 있습니까? 어떻게 이렇게 앉아 있거나 서 있는 것이 가능합니까? 과학적 지식이 부족하니 충분히 이해하기는 어렵습니다. 그러나 믿고 생각합니다. 마찬가지로 종말이라는 것도 있다고 믿고 생각하는 것입니다. 성경은 최종 결론입니다. '예수만이 유일한 구세주요 구주다'라고 하면 나머지는 다 가짜입니다. 믿고 생각하면 이해됩니다. 최후의 심판이 있고 천국과 지옥이 있다고 믿고 생각하는 것입니다. 그 생각에 따라 이제 살아가는 것이거든요.

성경은 세상 지식과 판단, 나의 경험과 뜻으로 이러쿵저러쿵할 그런 내용이 아닙니다. 아예 그런 생각을 싹 제거하십시오. 성경은 결론입니다. 예수님이 재림하실 때까지, 종말까지 등불의 역할을 합니다. 그래서 오늘 성경은 이렇게 표현합니다. "날이 새어 샛별이 너희 마음에 떠오르기까지." 은유적 표현입니다. 재림, 예수님이 오시는 그날까지 성경은 등불입니다. 오신 다음에는 없어질 것입니다. 하나님을 직접 만나고, 예수님을 직접 대면하기 때문입니다. 하나님을 만나고 예수님을 만나기 전까지 성경은 등불로 역사 속에 있는 것입니다.

그래서 성경의 권위를 믿고, 최종 결론으로 받아들이고, 묵상하며 살아가야 합니다. 그 사람이 복 있는 사람입니다. 그리고 세상을 향하여 말하게 됩니다. 세상이 성경을 모르니까 성경을 증거하는 것입니다. 성경이 나를 이렇게 변화시킵니다. 나도 몰랐지만 성경이 내 생각을, 내 마음을 변화시키고 있다는 그 체험적 신앙고백 자체가 전도요 선교인 것입니다.

성경과 메시지

무엇보다도 성경 안에서 메시지를 들어야 합니다. 하나님의 말씀을 들어야 합니다. 주의 뜻을 분별해야 됩니다. 성경을 아무리 많이 통독해도 메시지를 못 들으면 헛것입니다. 달달 외워도 헛것입니다. 문자 자체가 메시지가 아니기 때문입니다. 문자 속에, 성경 속에 하나님의 말씀이 숨겨져 있거든요. 그것이 나타나야 됩니다. 성경 안에서 유대인을 생각해 보십시오. 그들은 오늘날의 교인들과는 비교도 안될 만큼 정말 성경 중심으로 살려고 했습니다. 최초로 하나님의 말씀을, 기록된 말씀을 받은 민족입니다. 귀중하게 여기고 순종하며 말씀을 깊이 연구하고자 정말 몸부림쳤던 것 같습니다. 성경이 그것을 기록합니다. 그런데 메시지를 잘못 알았습니다. 그래서 망하게 됩니다.

대표적인 사람이 사도 바울입니다. 그가 사울이었을 때, 오늘날로 따지면 성경학자요 최고의 권위 있는 성경 지식을 가진 사람이었습니다. 다 그렇게 인정했습니다. 그런 열심이 있었습니다. 그런데 메시지를 잘못 받았습니다. 교회를 핍박하고 교인을 죽이려고 했습니다. 그러나 예수 믿고, 부활하신 예수님을 만나고 나서 완전히 정반대의 인물이 됩니다. 예수님을 위해서, 교회를 위해서 순교하지 않습니까? 중요한 것은 메시지입니다. 결국은 메시지입니다. 무엇이 하나님의 뜻인지 이것을 먼저 분별해야 합니다. 그래서 오늘 성경은 이렇게 말씀합니다. "먼저 알 것은 성경의 모든 예언은 사사로이 풀 것이 아니니"(벧후 1:20).

그리고 베드로후서 3장 16절에서 말씀합니다. "또 그 모든 편지에도 이런 일에 관하여 말하였으되 그 중에 알기 어려운 것이 더러 있으니 무식한 자들과 굳세지 못한 자들이 다른 성경과 같이 그것도 억지로 풀다가 스스로 멸망에 이르느니라."

또한 갈라디아서 1장 8절에서 말씀합니다. "다른 복음을 전하면 저주를 받을지어다." 결국은 메시지입니다. 이 말씀 안에서 오늘 우리의 모습을 살펴보십시오. 오늘의 교인들, 죄송합니다만 너무 성경을 모릅니다. 너무 바쁩니다. 다른 지식은 많이 아는데, 과거에 비해서 오히려 성경을 모릅니다. 잘못된 것이지요. 그런데 더 부끄러운 것은 제가 목사로서 고백합니다. 목사의 설교가 잘못되었습니다. 메시지가 잘못되었습니다. 비록 성경을 연구하고 성경으로 돌아가자고 얘기하지만, 메시지를 들으면 잘못 되었습니다. 어떻게 분별합니까? 먼저는 그 주에 주시는 본문이라는 것이 있습니다. 그 본문 안에서 깊은 묵상을 통해 하나님의 말씀을, 메시지를 발견하고 그것을 전해야 합니다.

그런데 성경을 읽었지만 온통 다른 얘기만을 합니다. 정작 그 본문의 말

늘메의 바 노릇

씀은 단지 인용하는 것으로 끝납니다. 메시지에서 벗어났습니다. 아니 메시지를 잘못 찾았습니다. 그러니까 대신 채우는 것이 세상 이야기, 덕담입니다. 간증입니다. 체험, 성공스토리, 유명인의 이야기입니다. 그리고 만들어 낸 것이 예수 믿으면 부와 건강을 얻고, 자아성취하고, 소원성취를 한다는 것입니다. 그런 본문만 몇 가지 찾아내서 인용합니다. 문자는 하나님의 말씀이 아닙니다. 문자 속에서 메시지를 들어야 되는데 잘못된 것입니다.

성도 여러분, 교회는 성경을 믿고, 성경 안에서 메시지가 선포되고, 전하는 자나 듣는 자나 그것을 확인하며 아멘으로 응답합니다. 단지 설교했기 때문에 하나님의 말씀인 것은 아니거든요. 그리고 그 말씀에 교회가 순종하고, 듣는 자가 순종하며 오늘을 살아가야 합니다. 여기서 빗나가면 아무 것도 없습니다.

미국의 저명한 목회자로 존 맥아더(John MacArthur)라는 목사님이 있습니다. 제가 여러 번 그에 대해서, 그의 책에 대해서 언급했습니다. 제 개인적으로 존경하는 분인데, 그의 저서 중에 「나는 왜 성경을 믿는가?」(Why believe the Bible?)라는 책이 있습니다. 그런데 그 책 안에서 아주 고귀한 성경적 지식을 우리에게 줍니다. 하나님의 말씀을 듣기 위한 필수조건으로서 바른 마음과 태도가 반드시 필요하다고 합니다. 그리고 그것을 다섯 가지로 설명합니다. 함께 생각해 보십시오.

첫 번째는 거듭남이 있어야 된다는 것입니다. 하나님의 말씀을 들으려면 하나님께 속해야 됩니다. 이것이 절대조건입니다. 그러려면 성령이 역사해야 됩니다. 그런데 거듭나지 않으면 아무리 높은 철학적, 인문학적 지식을 가져도 성경을 통해서 메시지를 발견할 수 없습니다. 절대 들을 수 없습니다. 그 자체가 이적입니다. 눈에 보이는 신비인 것이지요.

두 번째는 진리의 진정한 열망이 이어야 합니다. 하나님의 말씀을 갈망하는 자가 그리스도인입니다. 그 열망이 있어야 성경을 집중하여 연구할수 있습니다.

세 번째는 지속적인 성실함을 말합니다. 생각은 많은데, 정말 간절함은있는데 행함이 없습니다. 성경을 펴지 않습니다. 하나님과 나만의 은밀한경건의 시간을 갖지 않습니다. 그러면 아무 소용이 없잖아요?

네 번째는 실제적인 거룩함입니다. 거룩하신 하나님 앞에서 죄와 허물이있어서는 하나님 말씀을 못 듣습니다. 그러니까 항상 성경책을 펼 때는 회개를 먼저 해야 됩니다. 그래야 사유의 은총과 함께 하나님의 말씀이 펼쳐집니다.

다섯 번째는 기도입니다. 기도하지 않고는 절대 하나님과 교제할 수 없고 하나님의 말씀을 들을 수가 없습니다. 한마디로 경건한 마음과 태도를가져야 합니다. 왜냐하면 하나님의 말씀이니까요.

성경을 해석하는 기준_성경과 성령

그리고 이 성경을 통해서 우리가 메시지를 구합니다. 모두가 마찬가지입니다. 그럴 때 결국은 성경 말씀을 해석하는 것입니다. 그 해석을 위한 성경적인 보편적 진실 두 가지가 있습니다. 수많은 것이 있겠지만 이 두 가지는 절대적입니다. 그리고 나서야 성경 안에서 하나님의 말씀을 들을 수 있습니다. 이건 제 간증이기도 하고 역사적인 사실입니다.

첫 번째로 성경은 성경으로 해석해야 됩니다. 항상 기억하십시오. 성경은 성경으로 해석해야 됩니다. 예를 들어 세상에 법이 있는데 여러 전문가도 있어서 이 법을 해석합니다. 변호사, 검사 등 여러 사람이 있습니다. 그런데 의견이 서로 다른 경우 최종 결정은 누가 합니까? 대법원에서 합니다. 즉 성경 자체가 대법원입니다. 그래서 성경 자체로 성경을 해석합니다. 다시 말해서 성경 전체의 메시지로 부분 부분을 해석하는 것입니다. 부분 부분을 가지고는 하나님의 뜻인지 아닌지를 정확하게 알 수가 없기 때문입니다. 그런 식으로 하면 한 달이 지나고 일 년이 지나면 같은 성경에서도 정반대의 메시지가 나옵니다. 한 분이신 하나님이신데 그건 잘못된 것입니다.

마태복음 4장에 보면 예수님께서 광야에서 기도를 하시는 중에 시험을 받으십니다. 우리가 잘 아는 본문입니다. 그때 마귀가 겁도 없이 예수님을 유혹합니다. 우리 정도는 그냥 추풍낙엽으로 유혹에 넘어가겠죠. 그런데 이 마귀가 성경을 인용하여 예수님을 유혹합니다. 아시겠습니까? 성경을 통하여 잘못된 메시지로 예수님을 유혹한 것입니다. 오늘도 마찬가지입니다. 성경을 통해서 잘못된 메시지로 교회를 무너뜨리고, 그리스도인을 유혹합니다. 그런데 예수님께서도 똑같이 성경을 인용하십니다. 이건 바른 메시지지요. 마귀를 물리치십시오. 그 외에 다른 길이 없습니다.

그리고 두 번째 해석적 방편은 성령의 도우심입니다. 왜냐하면 성령께서 성경의 저자이기 때문입니다. 오늘 본문 21절은 이렇게 말씀합니다. "예언은 언제든지 사람의 뜻으로 낸 것이 아니요 오직 성령의 감동하심을 받은 사람들이 하나님께 받아 말한 것임이라."

　성령의 감동으로 된 것이기 때문에 성령의 감동을 받았을 때만 성경을 바르게 해석할 수 있습니다. 성령께서 어떻게 감동시키십니까? 이것은 아주 분명합니다. 성령은 예수 그리스도를 기억나고, 생각하고, 바라보게 합니다. 이것이 성경 전체가 주는 메시지입니다. 특별히 십자가와 부활에 초점을 맞추게 합니다. 거기에 완전한 하나님을 아는 지식이 있으니까요. 그러면 어떻게 됩니까? 예수 그리스도 안에서 창세기부터 요한계시록까지 재해석하는 것입니다. 그것도 예수님의 십자가와 부활 안에서, 밝은 계시 안에서 성경의 부분 부분을 재해석하는 것입니다. 그것을 복음적 해석이라고 합니다. 거기에 하나님의 뜻이 있습니다.

　이것은 복잡한 것이 아닙니다. 이 기억대로, 이 말씀대로 해보십시오. 예수 그리스도는 하나님의 유일한 계시자입니다. 글자로는 예수 그리스도가 안 나와도 말씀 깊은 곳에서는 예수 그리스도 안에서 하나님을 만날 수밖에 없습니다. 그리고 성경 전체를 알려고 애쓰지 마십시오. 그건 신성모독입니다. 다 알 수 없습니다. 저도 다 알 수 없습니다. 중요한 것은 이미 깨달은, 내게 주신 말씀이라도 붙들고 살아가면 되는 것입니다.

　하나님의 사람 마틴 루터(Martin Luther)의 놀라운 신앙고백이 있습니다. 그 자신도 설교하고 그 많은 핍박에도 성경으로 돌아가자고 외치지 않았습니까? 그리고 훗날 내가 어떻게 해서 하나님 말씀에서 메시지를 얻었는지 생각하고 그것을 가르칩니다. 그는 세 가지를 말합니다. 저는 전적으로 동의합니다. 항상 그 생각을 하고 살아가고요. 그것은 첫째는 기도, 둘째는 묵상, 셋째는 고난입니다. 특별히 고난을 강조합니다. "고난이 없이는 하나님의 말씀을 온전히 깨달을 수 없다."

우리도 한번 생각해 보면, 내가 병들었을 때와 건강했을 때 중 언제 하나님의 말씀이 더 가까이 다가옵니까? 언제 더 귀하게 들려옵니까? 너무나 분명하게도 병들었을 때입니다. 역경 중에 있을 때 이것을 더욱 분명히 알게 됩니다. 성도 여러분, 하나님의 뜻은 분명합니다. 그리스도인은 하나님의 뜻대로 살게 되어 있습니다. 성경의 사람으로 변하게 되어 있습니다. 그렇지 못하면 하나님께서 치실 것입니다. 그것이 그에게 복이니까요. 결국은 성경의 사람으로 만들어 가실 것입니다. 이는 우주적 진리입니다. 한 사람도 예외가 없습니다. 그리고 그 삶을 통해서 하나님께서 영광을 받으십니다. '나를 나 되게 하신 분은 하나님이시다. 아니 이 성경이다.' 그 자체가 살아 있는 복음이요, 강력한 증거입니다.

성경에서 하나님의 말씀을 듣는 복음적 그리스도인

교회는 오직 성경을 하나님의 말씀으로 인정합니다. 아무리 유명한 책이든, 또는 유명한 사람의 말이든 그것을 하나님의 말씀으로 생각하지 않습니다. 오직 성경뿐입니다. 그리고 그 성경 속에서 메시지를 발견하고 선포합니다. 그리고 모든 교회가, 모든 성도가 그것을 기뻐합니다. 그대로 살겠다고 결단합니다. 순종합니다. 그런 과정을 통해서 교인은 성경의 사람이 되어 갑니다. 매주 말씀을 들으면서 성경의 사람으로 변해 갑니다. 생각이 변하고, 기도가 변하고, 소망이 변하게 됩니다. 세례 받았느냐, 직분이 뭐냐, 봉사를 얼마나 했느냐, 이런 것은 다른 종교에도 많습니다. 기독교인만, 그리스도인만 있는 것은 성경의 사람입니다. 그리고 그 성경을 증거하는 것입니다. '나는 비록 죄인이고, 아직도 죄인이지만, 이 성경은 진실하다. 역사적 사실이다.' 그것을 증거하는 것입니다.

　복음적인 사람은 성경 안에서 분명 하나님의 말씀을 듣습니다. 그 메시지에 끌려갑니다. 그리고 기뻐합니다. 왜냐하면 최종 결론이기 때문입니다. 그래서 그 말씀을 묵상하며 오늘을 살아가게 됩니다. 예배 중에 설교를 통해서 듣는 것만큼 강력한 메시지는 없습니다. 저도 그렇고 여러분도 그렇습니다. 이 시간에 오늘 주어진 성경 본문을 통하여 성경 안에서 내게 주시는 하나님의 말씀을 들어야 됩니다. 그 말씀을 성경에서 확인하세요. 성경 말씀 안에서 '아, 그렇구나. 고귀한 말씀이구나. 아멘!' 하고 응답하면서 이제 주중에 그 말씀을 묵상하는 것입니다. 언제까지냐 하면, 말씀이 내게 영향력을 끼쳐서 말씀에 순종할 때까지입니다. 그런 과정을 통해서 나와 함께하시는, 동행하시는 하나님을 고백하게 됩니다. 하나님의 말씀 안에 살아갈 때가 하나님과 동행할 때거든요.

　성도 여러분, 하나님과 동행하는 삶을 건너뛰고 하나님께 영광 돌리는 것은 없습니다. 그것은 자기 스스로 속고 결국 하나님을 속이는 자가 되는 것입니다. 그런 것 없습니다. 결국은 말씀 안에서 살아갈 때, 말씀을 사모할 때 그 자체가 하나님과 동행하는 것이며, 성령의 능력으로 하나님께 영광 돌리게 되는 것입니다. 그리고 이제 고백할 것입니다. 이 모든 것이 성경 말씀을 통해 성령의 역사로 내게 주어진 하나님의 은혜임을 말입니다. 이 신앙고백 속에 승리하는 삶을 살아가시기 바랍니다.

기 도

전지전능하신 하나님 아버지, 하나님의 자녀에게 주의 몸된 교회에 하나님의 말씀인 성경을 선물로 주심을 진심으로, 진심으로 감사드립니다. 그러나 믿음이 연약하고, 잘못된 메시지에 이끌리어 성경의 권위를 무시하고, 성경 안에서 아직도 하나님의 말씀을 분별치 못하는 죄인을 용서하여 주시옵소서. 성령이시여, 진정 성경이 하나님의 말씀임을 인정하며, 그 말씀 속에서 하나님을 아는 지식을 갈망하는 자로 우리를 변화시키어, 하나님의 뜻을 분별하고 기뻐하고 찬송하며 주와 동행하는 삶을 통해서 하나님께 영광 돌리는 복 있는 자의 삶을 살아갈 수 있도록 우리와 함께하여 주시옵소서. 우리 주 예수 그리스도 이름으로 간절히 기도드리옵나이다. 아멘.

22장

성령이 충만한 증거

주여 이제도 그들의 위협함을 굽어보시옵고 또 종들로 하여금 담대히 하나님의 말씀을 전하게 하여 주시옵고 손을 내밀어 병을 낫게 하시옵고 표적과 기사가 거룩한 종 예수의 이름으로 이루어지게 하옵소서 하더라 빌기를 다하매 모인 곳이 진동하더니 무리가 다 성령이 충만하여 담대히 하나님의 말씀을 전하니라 믿는 무리가 한마음과 한 뜻이 되어 모든 물건을 서로 통용하고 자기 재물을 조금이라도 자기 것이라 하는 이가 하나도 없더라 사도들이 큰 권능으로 주 예수의 부활을 증언하니 무리가 큰 은혜를 받아 그 중에 가난한 사람이 없으니 이는 밭과 집 있는 자는 팔아 그 판 것의 값을 가져다가 사도들의 발 앞에 두매 그들이 각 사람의 필요를 따라 나누어 줌이라(행 4:29-35).

하나님의 사람 마더 테레사(Mother Teresa)의 일화입니다. 그녀는 자신의 삶을 가난한 사람 중에서도 가장 가난한 사람들을 돕는 데 한평생 헌신했습니다. 한 기자가 그녀가 하는 일에 깊은 관심을 갖고 그 일을 체험하러 인도 캘커타로 갔습니다. 캘커타의 더럽고, 병들고, 고통 받는 사람들 사이에서 수녀님이 일하는 모습을 깊이 관찰한 그는 이렇게 말했습니다. "나는 세상의 돈을 다 준다 해도 당신이 지금 하는 일을 도저히 할 수 없습니다. 아니, 하고 싶지 않습니다."

그때 테레사 수녀님이 웃으면서 이렇게 말씀하더랍니다. "나도 못해요." 그러면서 이렇게 덧붙였습니다. "그러나 세상의 모든 돈보다 더 값진 것을 하나님으로부터 받았기에 나는 그 일을 할 수 있었습니다. 그것은 바로 하나님의 은혜와 사랑입니다." 성도 여러분, 이 일을 깊이 생각해 보시기 바랍니다.

거듭남의 역사

성도 여러분, 하나님의 복음은 하나님의 지혜요, 하나님의 능력이요, 하나님의 은혜입니다. 이것은 추상적인 지식이 아닙니다. 그래서 하나님의 복음을 믿음으로 하나님의 자녀가 되는 것이요, 하나님의 복음을 영접할 때 그 복음이 그 사람을 변화시킵니다. 인격적 변화가 일어나기 시작합니다. 이것을 성경은 구원받았다고 말하고, 거듭남의 역사가 나타났다고 말합니다.

또한 성경에서는 '중생'이라고 표현합니다. 영어로 보면 'born again'입니다. 'Regeneration' 다시 출생하는 것입니다. 완전히 새로운 피조물이 되는 것입니다. 이때 가장 먼저 일어나는 변화는 바로 하나님의 존재와 역사에 대한 믿음과 확신입니다. 예수 믿기 전에는 '하나님이 어디 있어? 어디 있다고 그래?' 이런 막연한 하나님에 대한 존재인식이 있었습니다. 또한 '하나님의 역사가 뭐야? 성경에서 얘기하지만 구체적이지 않고 추상적이야. 내가 경험할 수 없는 일이야. 믿을 수 없어!' 이렇게 표현할 수밖에 없었습니다. 그러나 구원받은 사람은 하나님의 존재와 역사에 대한 바른 인식이 생깁니다. 이것을 정확히 표현하면 바로 이성의 변화입니다.

종교개혁자 마틴 루터(Martin Luther)는 이성에 대해서 이렇게 선언합니다. "이성은 신앙의 적이다." 이것이 옳습니다. 인간의 이성은 그 한계가 있어서 보이지 않는 세계를 믿을 수 없고 추리할 수가 없습니다. 신령한 세계를 생각할 수 없습니다. 하나님을 상상할 수 없습니다. 왜냐하면 이성적 한계 때문입니다. 그런데 구원받은 이성, 중생한 이성은 다릅니다. 하나님을 인식하고 하나님의 역사를 깨닫게 되었습니다. 그래서 이성적으로 추리하고, 판단하고, 생각하고, 상상하기 시작했습니다. 이것은 완전히 다른 것입니다. 이런 일이 계속 지속됩니다.

성도 여러분, 바로 이 일이 성령의 역사입니다. 성령은 하나님의 영이요, 그리스도의 영입니다. 그분이 실제로 오늘 역사하셔서 이처럼 사람을 변화시킵니다. 이성이 변화되고, 감성이 변화되고, 의지가 변화됩니다. 성령은 항상 말씀과 함께 그 사람을 변화시킵니다. 하나님의 사람이 되게 하십니다. 그리고 하나님의 사람으로 살게 하십니다. 모든 그리스도인은 이 일에 증인입니다. 이런 놀라운 일이 내 안에서 일어나고 있습니다. 내게 준 이성을 통해서 이것이 생각되고, 분별되고, 판단됩니다. 성도 여러분은 지금 이일에 증인으로 오늘을 살아가고 계십니까?

성령의 존재와 역사

성령의 존재와 역사가 없이는 그리스도인이란 존재하지 않습니다. 교회도 없고, 기독교도 없습니다. 하나님의 이름으로 교회라는 간판을 걸고 종교기관은 될 수 있어도, 타종교와 같이 종교인이 될 수는 있어도, 구원받은 하나님의 자녀됨은 없습니다. 이것은 오직 성령의 역사로 가능합니다. 성경은 이렇게 진술합니다. 귀를 기울이고 들으시기 바랍니다. 로마서 8장 9절 말씀입니다. "만일 너희 속에 하나님의 영이 거하시면 너희가 육신에 있지 아니하고 영에 있나니 누구든지 그리스도의 영이 없으면 그리스도의 사람이 아니라."

수십 년을 교회 다니며 스스로 구원받았다고 하지만, 착각하지 마십시오. 성령이 내 안에 없으면 나는 그리스도의 사람이 아닙니다. 로마서 8장 14절의 말씀입니다. "무릇 하나님의 영으로 인도함을 받는 사람은 곧 하나님의 아들이라."

성령이 계속 그리스도인을 인도해 갑니다. 그래서 그리스도인의 삶이 이루어지는 것입니다. 이 고백과 체험이 없다면 아직 종교인입니다. 로마서 8장 16절에서 말합니다. "성령이 친히 우리의 영과 더불어 우리가 하나님의 자녀인 것을 증언하시나니."

성령이 복음 안에서, 하나님의 은혜와 진리 안에서 내가 누구인지를, 하나님의 자녀되었음을 날마다 각인시킵니다. 그 속에 진정한 감사와 찬양과 기쁨이 있습니다. 그런고로 그리스도인은 항상 성령의 존재와 역사를 인식하고 성령 안에서 기도하며 성령 안에서 살아가야 합니다.

성령 충만한 그리스도인

오늘 성경 말씀에 성령 충만한 그리스도인의 삶이 기록되어 있습니다. 우리가 이미 읽었고 들은 바입니다. 다시 말해서 그리스도인이 가장 사모하는 성령 충만한 삶이 무엇인가를 명백하게 보여 줍니다. 이 말씀을 통해서, 이 사건을 통해서 우리에게 주신 하나님의 말씀을 듣기를 바랍니다. 오늘 본문 31절 말씀에 보면 "빌기를 다하매 모인 곳이 진동하더니 무리가 다 성령이 충만하여 담대히 하나님의 말씀을 전하니라"고 기록되어 있습니다.

성도 여러분, 이것은 역사적 사건을 기록한 것입니다. 누군가 이런 것을 생각하다가 '그래, 이런 것을 적어야 겠다'고 해서 적은 것이 아닙니다. 이 것은 또한 계시적 사건입니다. 사건 속에서 하나님께서 말씀하십니다. 성도 여러분, 이 말씀을 그대로 믿으십니까? 이것이 믿어져야 됩니다. 이성적으로는 이것이 말이 안 되고, 이성의 한계로 인해 추상적인 것으로 들립니다. 그러나 중생한 이성은 이 사건이 그대로 믿어집니다. 모인 곳이 진동하더니 모든 사람이 성령 충만해지는 사건이 있었다는 것을 그대로 믿어야 합니다.

이것은 이성의 한계를 넘어 신비를 경험하는 것입니다. 성령 하나님은 항상 사람을 쓰십니다. 사람을 고용하십니다. 성경의 위대한 하나님의 사람들, 사도들, 오늘날의 하나님의 자녀들은 다 성령께서 인치셨습니다. 성령께서 고용하셨습니다. 그를 통하여 하나님의 뜻을 이루십니다. 그것은 하나님의 역사를 나타내게 하기 위함입니다. 오늘도 성령은 이와 같이 하나님의 사람을 통하여 하나님의 뜻을 이루고 계십니다. 여기에 그리스도인의 산 증거가 있습니다.

오늘 성경에 보면 "저들이 빌기를 다하매"라는 말씀이 있습니다. 이것은 기도했다는 것입니다. 성도 여러분, 성령은 그리스도인으로 하여금 기도하는 사람으로 오늘을 살게 변화시키십니다. 기도할 때마다 항상 성령 안에서 기도해야 됩니다. 먼저 성령께 '성령님, 정말 하나님 안에서 기도하게 해주세요. 내 말을 하는 것이 아니라, 하나님의 음성을 들으며 하나님의 뜻 안에서 일치하는 기도를 하게 해주세요'라고 기도해야 됩니다. 그래야 바른 기도를 할 수 있습니다. 당시 이들은 위협과 박해 속에 있었습니다. 그게 오늘 본문의 상황입니다. 이때 합심하여 살아 계신 하나님 앞에서 기도합니다. 정말 하나님의 존재와 역사에 대한 확신으로, 일치된 마음으로 기도했습니다. 이것이 성령의 역사입니다.

그리고 기도 내용이 29절과 30절에 나타납니다. 물론 여러 가지 기도를 했겠지요. 그러나 핵심은 이 내용이었기에 이것을 기록했습니다. 오늘 성경 말씀도 깊이 살펴보면 오직 하나를 구했습니다. 한 가지 소원이었습니다. 서로 다른 사람들이 한 가지 소원을 두고 기도했습니다. 그것은 '담대히 하나님의 말씀을 전하게 해주세요. 그래서 예수님의 이름이 나타나고, 예수님께 영광 돌리게 해주세요'라고 기도한 것입니다. 이 한 가지를 기도했다고 성경은 기록합니다.

자, 이 사건을 깊이 생각해 보십시오. 큰 박해가 있고, 불이익이 있고, 위협이 있었습니다. 그런데 '박해를 없애 주세요. 위협을 없애 주세요' 이런 기도를 안 했습니다. 더욱이 지금 이들은 선행을 베풀었습니다. 또 복음을 증거했습니다. 그럼에도 불구하고 대제사장들과 종교지도자들이 탄압을 했습니다. 이쯤 되면 '하나님, 저들을 손봐주세요'라고 기도해야 할 겁니다. 그들은 악인이니까요. '하나님, 심판해 주세요. 살아 계신 하나님, 정의를 나타내 주세요.' 이렇게 기도할 것 같지만, 그렇게 하지 않았습니다. 이성적 차원으로는 '박해를 없애 주세요. 저들 손봐주세요. 정의를 나타내 주세요'라고 기도하는 것이 맞습니다. 도덕적 차원에서도 그렇습니다.

그러나 성령은 항상 이성을 넘어 하나님의 은혜 안에서 기도하게 하십니다. 이것이 다릅니다. 성령은 항상 예수 그리스도를 바라보며 십자가 안에서 기도하게 하십니다. 하나님의 뜻에 일치하는 기도를 하도록 우리를 인도하십니다. 그래서 오늘 기도 내용에도 보면 원망과 불평이 없습니다. 자신은 선한 일을 했습니다. 그런데 돌아오는 것은 박해요, 위협입니다. 그러나 원망하거나 불평하지 않습니다. 어떻게 이런 모순된 세상이 있습니까? 그럼에도 비난하지 않습니다. 더욱이 우리의 소원을 들어 달라거나 성취해 달라며 자기 유익을 구하지도 않습니다. 이것을 분명히 알아야 합니다.

성령의 인도함을 받는 기도

오늘날 보면 기독교 안에 참으로 잘못된 기도가 많습니다. 그런데 사실 종교적으로 보면 모든 종교에 기도가 있거든요. 간혹 불교방송을 보면 그것도 조금 괜찮은 스님들은 이렇게 말하더라고요. 불자가 기도 똑바로 해야 된다고요. 너무 기도 잘못하고 있다고요. 그거 맞는 말이더라고요. 왜냐하면 불교도 부처님 뜻대로 기도해야 될 것 아닙니까? 성도 여러분, 내 뜻대로 구하는 것은 바른 기도가 아닙니다. 성령 안에서 기도할 때는 하나님의 뜻 안에서 기도하게 됩니다. 성경에는 그런 모범사례가 많이 기록되어 있습니다.

저는 개인적으로 생각할 때마다 이 일의 책임이 먼저는 목회자에게 있다고 생각합니다. 목회자가 잘못 기도해서 그렇습니다. 잘못 기도하는 모습을 너무 많이 보여서 그렇습니다. 기독교 TV나 라디오와 같은 방송에서 특별히 어려운 상황에 있는 분들, 사업에 실패하거나 무서운 질병으로 고통받거나 또는 죽음의 위기에 있거나 가정에 문제가 생긴 분들의 기도를 부탁받았을 때 대부분의 목사님들이 이렇게 기도하더라고요. "그대로 되길 바랍니다." 다 이루어져야 돼요. 그러나 그건 다 부도수표죠. 또 "믿기만 하세요. 믿으면 될지어다." 자기에게도 안 이루어지면서 그런 말을 합니다. 심지어 어떤 분은 발음까지 이상하게 합니다. "'쭈씨'옵소서." 그런 장면을 볼 때마다 '이런 사기꾼들이 있나!'라는 생각을 합니다. 항상 성경으로 판단하십시오. 내 주관적인 것으로 판단하지 마십시오. 그가 누구든 성경에는 그런 쇼가 없습니다. 가장 인격적인 방법이어야 됩니다. 성령은 예수 그리스도 안에서, 하나님의 은혜와 진리 안에서 기도하도록 계속해서 우리를 변화시키십니다.

이런 얘기가 있습니다. 한때 이름을 날리던 도둑이 감옥에 갇혔는데 동료 죄수들에게 이런 말을 하더랍니다. "나는 어렸을 때 하나님께 자전거를 달라고 간절히 기도했습니다. 그런데 얼마 지난 다음에 하나님께서 안 주실 것을 알았습니다. 이 기도가 절대 응답될 수 없다는 것을 알았습니다. 그리고 그때부터 방법을 바꿨습니다. 그랬더니 자전거를 주시더라고요."

동료들이 궁금해 "아, 어떻게 기도해야 되는데? 그 방법 좀 알려줘"라고 물었습니다. 그러자 이렇게 간단히 대답하더랍니다. "먼저 자전거를 훔치고 나서 '하나님, 용서해 주세요' 그러면 됩니다."

잘못된 기도는 다 이와 같습니다. 수단과 방법을 가리지 않고 내 욕망과 내 뜻을 이루어야 됩니다. 무조건, 어떤 세상적 방법으로라도 그것만 이루면 됩니다. 그리고 기도합니다. '하나님, 나머지 해결해 주세요.' 저도 한 번 이상 이런 잘못된 기도 속에 살았습니다. 그런데 성령은 이것을 회개하게 하십니다.

오늘 성경의 성령 사건을 보면 지금 기도하고 응답받았습니다. 그래서 성령 충만함이 나타나는 것입니다. 그러나 이 사건을 잘 해석해야 됩니다. 잘못 해석하면 기도의 응답, 그러니까 '성령 충만을 주시옵소서. 주시옵소서'만을 매일 기도하게 됩니다. 성경은 어떻게 말씀합니까? 기도 내용에 '성령 충만함을 주시옵소서'라는 것이 없는데, 성령 충만함이 나타났다는 것입니다. 이것이 하나님의 뜻입니다. 그러면 어떻게 기도했기에 그렇습니까? 하나님의 뜻대로 했습니다. '하나님이 가장 기뻐하시는 일, 복음이 나타나게 해주세요. 예수 그리스도가 영광을 받게 해주세요. 우리가 담대히 복음을 증거하게 해주세요.' 그랬더니 이 일을 이루기 위해서 꼭 필요한 일을 하나님께서 주셨습니다. 구하지 않았는데도 말입니다. 이것이 하나님의 섭리요, 은총입니다.

성령의 임재와 성령의 충만

깊이 생각하십시오. 살아 계신 하나님께서 우리를 왜 모르시겠습니까? 성령 충만은 하나님의 선물이요 하나님의 주권적 역사입니다. 그래서 신학적으로 '성령 임재'와 '성령 충만'을 구별할 필요가 있습니다. 이것을 혼동하면 항상 잘못된 신앙생활을 하게 됩니다. '성령의 임재'는 누구에게나 항상 있습니다. 그래야 구원받습니다. 하나님의 자녀가 됩니다. 이것은 구원론적인 것입니다. 절대적인 것입니다. 그러나 '성령 충만'은 항상 있는 것이 아닙니다. 내가 아무리 구해도 없을 때가 많습니다. 이것은 하나님의 뜻이 이루어질 때, 하나님께서 주권적으로 강하게 역사하는 특별한 사건입니다. 그것이 오늘 성경에 기록되었습니다. 그래서 성경에 보면 '성령 충만하였다. 성령께 사로잡혔다. 말씀에 사로잡혔다'라고 표현하는데, 항상 있는 것이 아닙니다. 특별히 박해나 시련 속에 이런 은총이 주어지더라고요.

예를 들어서 사도행전 2장에 보면 초대교회 때의 사건을 기록합니다. 어느 날 갑자기 성령 충만한 역사가 나타났습니다. 그리고 베드로에게 임해서 베드로가 설교합니다. 그 설교를 듣고 남자만 세었을 때 3천 명이 회심합니다. 여성이나 가족까지 다 합치면 1만 명이 될 것입니다. 하루에 그런 일이 일어납니다. 이것이 성령 충만입니다. 사람으로는 불가능한 것이지요. 이것이 부흥이라는 것입니다. 하나님이 하신 것은 '부흥'입니다. 사람이 하는 것은 '성장'입니다. 모든 종교에 성장이 있잖아요? 그러나 부흥이 없습니다.

부흥이란 'Revival' 곧 새로워지는 것입니다. 완전히 새로운 사람이 되는 것입니다. 새로운 의식이 열리는 것입니다. 부흥은 성령 충만함으로 이루어지는 거거든요. 그런데 베드로가 항상 이렇게 지냈나요? 아니거든요. 성령의 임재 가운데 설교했는데 어느 날은 핍박받고, 감옥에 갇히고, 그의 말을 아무도 안 믿습니다. 내 마음대로 되는 것이 아닙니다. 이 사실을 분명히 기억해야 합니다.

모든 그리스도인은 성령의 임재 속에 있습니다. 그것을 성경 말씀에서 깨닫고 그 증거들을 찾아나가면서 확증해야 합니다. 그러나 성령 충만은 더 큰 하나님의 뜻이 강하게 역사하기 위한 하나님의 은총입니다. 오늘 성경에 보면 성령이 충만한 증거들이 보편적으로 기록됩니다. 성경으로 판단하십시오. 왜 이것이 중요하냐 하면 오늘날 '나는 성령 충만을 경험했다. 성령 충만으로 이러한 삶을 살았다'는 수많은 간증들이 있는데 대부분 엉터리이기 때문입니다. '실패했다가 부자가 됐다. 죽을 뻔했다가 병이 나았다. 기적을 체험했다. 소원이 성취됐다' 전부 다 이런 얘기입니다.

그러나 성경에는 그런 얘기가 없습니다. 이것은 불신앙입니다. 왜인지 아십니까? 성령께서 하실 수도 있지만, 중요한 것은 사탄도 이런 일을 합니다. 예수만 안 믿는다면, 하나님을 무시할 수만 있다면 사탄이 부와 건강을 더 많이 줄 것입니다. 그래야 하나님을 안 믿으니까요. 그렇지 않습니까?

성령 충만함의 증거_용기와 복음 증거

오늘 성경에 나타난 성령 충만함의 증거 첫 번째가 용기입니다. 성경은 말씀합니다. "담대히 하나님의 말씀을 전하니라." 담대함이 생깁니다. 지금 위협이 있습니다. 박해가 있습니다. 평범한 사람들로 불이익을 당합니다. 감당할 용기가 없습니다. 두려움 때문에, 절망 때문에요. 그런데 성령 충만함이 임하면 담대해집니다. 그런 어려움들이 별로 중하게 여겨지지 않습니다. 오직 하나님만을 바라보게 됩니다. 그래서 순교할 수 있었던 것입니다. 자신의 타고난 용기가 아닙니다. 무모한 용기도 아닙니다. 성령이 주는 용기입니다. 오늘도 복음을 증거할 때 무시당할 수 있고, 핍박당할 수 있고, 조롱당할 수도 있습니다. 그러나 그것을 개의치 않습니다. 용기가 생깁니다. 담대함이 생깁니다. 이것이 성령의 역사입니다.

두 번째는 복음 증거입니다. 오늘 성경에 보면 "하나님의 말씀을 전하니라", "담대히 하나님의 말씀을 전하니라"고 기록됩니다. 오늘 이 시대에 벙어리 교인이 너무나 많습니다. 복음의 증인이 아닌 사람처럼 살아갑니다. 이것을 회개해야 합니다. 그리고 성령 충만함을 구하십시오. 그러면 복음의 증인으로 살아갈 수 있습니다. 성령은 항상 하나님의 말씀과 함께 역사하십니다. 이것은 절대적인 것입니다. 보편적인 것입니다.

그러므로 교회가 무엇입니까? 눈에 보이는 것으로는 건물이고, 십자가가 달린 곳이고, 예배당입니다. 그러나 그것이 아닙니다. 영적으로는 말씀이 있고, 성령의 역사가 있는 곳입니다. 이 두 가지가 항상 같이 가야 됩니다. 말씀이 있고 성령의 역사가 있어야 교회입니다. 그게 없으면 단지 종교기관일 뿐입니다.

그리고 하나님의 말씀을 증거하는 목적은 하나님께 영광 돌리는 데 있습니다. 나의 영광이 나타나는 것이 아닙니다. 우리는 여기서 시험을 많이 받습니다. 복음을 전하는데 즉시 효과가 안 나타나거든요. 한 사람을 놓고 10년을 기도하면서 복음을 증거하는데, 이 사람이 복음을 받아들이지 않습니다. 이럴 때 실망합니다. 절망합니다. 효과가 안 나타나니까요. 더욱이 주변에서 인정하지도 않고 칭찬도 안 합니다. 그래서 더 낙망합니다.

이럴 때 조심해야 됩니다. 지금 나는 열매를 따먹는 사람이 아닙니다. 내가 복음을 증거하는 것은 하나님께 영광 돌리는 것입니다. 그것으로 된 것입니다. 우리에게는 예수 복음을 전해서 누군가로 믿게 할 수 있는 능력이 없습니다. 단지 전하는 것입니다. 믿게 하시는 분은 성령 하나님이십니다.

성령 충만함의 증거_하나됨

그리고 또 하나의 증거는 하나됨입니다. 오늘 성경에 이런 말씀이 있습니다. 믿는 무리가 한마음과 한 뜻이 되었다고 합니다. 세상을 생각해 보면 이 일은 기적 중에 기적입니다. 이렇게 다양한 사람이 어떻게 하나가 됩니까? 어떻게 갑자기 아무 훈련 없이 하나가 되는 것입니까? 한마음이 됩니까? 이것이 복음의 능력입니다. 성령의 역사입니다. 교회와 그리스도인은 오직 성령 안에서, 복음 안에서 하나됩니다. 그 외의 길을 보지 마십시오.

오늘날 세상에서 '연합해야 합니다. 하나되어야 합니다'라고 외치면서 하는 방식이 무엇입니까? 조직을 만드는 것입니다. 조직을 갖추고 활동해서 확장해 나갑니다. 그러나 이것은 항상 실패합니다. 간단히 정치를 보십시오. '하나되어야 합니다. 우리 하나됩시다.' 이렇게 말하며 모이지만 시간 지나보십시오. 서로의 이익이 다르면 그냥 깨집니다. 원수가 됩니다. 그런데 불행하게도 이런 인위적인, 인간적인 방법이 교회와 기독교 안에도 있습니다. '모든 교회는 하나입니다. 하나가 되어야 합니다.' 그렇게 외치면서 조직부터 갖추다 보니까, 조직이 만들어지면 싸우고 또 다시 분리되고를 반복합니다. 이것이 교파입니다. 역사를 보면 이런 것입니다. 계속 이 일을 거침없이 하나님의 이름으로 합니다. 이것은 큰 죄악이지요. 성도 여러분, 오직 복음 안에서, 성령 안에서만 하나될 수 있습니다.

제가 이 얘기를 할 때마다 질문을 받습니다. "그럼 어떻게 해야 합니까?" 싹 없애 버려야 합니다. 조직이건 전통이건 다 없애 버려야 합니다. 그러면 예수 그리스도만 남을 것이고 복음만, 또 성령만 남을 것이며 그러면 하나가 됩니다. 이것이 하나님께서 원하시는 것이거든요. 성도 여러분, 무엇보다 중요한 것은 화평, 하나됨을 얘기할 때 사랑에 속지 마십시오. '사랑으로 하나되어야 합니다. 온 세상이 사랑으로 하나되어야 합니다. 하나님의 사랑으로 하나되어야 합니다.' 그거 사탄의 유혹입니다. 왜지 아십니까? 사랑은 사실 본질적으로 용납하고, 양보하고, 타협하는 것이거든요. 그러나 서로 다른 사람이 사랑 안에서 하나되는 것 보셨습니까? 그때뿐입니다. 예수님과 바리새인이 하나되겠습니까? 예수님과 빌라도가, 가야바가, 로마 황제가 하나될 수 있겠습니까? 안 됩니다. 아무리 사랑해도 안 됩니다.

사랑하려면 예수님도 하나님의 복음을 포기해야 됩니다. 양보해야 됩니다. 이것은 무서운 죄입니다. 그러면 어떻게 하나됩니까? 기독교는 믿음 안에서 하나됩니다. 복음을 믿음으로, 성령을 믿음으로 하나됩니다. 오늘 성경도 믿는 무리가 한마음, 한 뜻이 되었다고 합니다. 믿어야 하나됩니다.

불신자와 구원받은 사람이 하나될 수 없습니다. 어떤 제도나 어떤 모습으로, 자신의 인격으로는 하나되는 것 같지만, 진정한 평강은 없습니다. 하나될 수가 없습니다. 그리스도인은 항상 예수 그리스도 안에서, 성령 안에서 하나됩니다. 이것이 성경 말씀입니다.

성령 충만함의 증거_청지기의 삶

그리고 또 하나는 청지기의 삶을 살아가게 됩니다. 이것이 성령 충만입니다. 예수 믿기 전에는 소유 중심적 가치관에 매여서 살았습니다. 그것이 행복인 줄 알았습니다. 그러나 구원받고 나니까 변했습니다. 존재 중심적 가치관에 살아갑니다. 그것을 조금 더 명확하게 정의내리면, 에리히 프롬(Erich Fromm)이 「소유냐 존재냐」(To have or to be?)에서 이것을 이렇게 표현합니다. "소유 중심적 가치관이란 재산, 지식, 지위, 명예, 권력 등에 집착하는 것이다." 돈만을 말하는 것이 아닙니다. 지식도 들어가고, 명예도 들어갑니다. 여기에 집착하면 그게 소유 중심의 삶이 됩니다. 그런가 하면 "존재 중심적 가치관은 자기의 능력을 능동적으로 발휘함으로써 삶의 기쁨을 확신하는 것이다." 이것은 차원이 다른 것입니다. 여기에 그리스도인의 삶이 있습니다.

그래서 성경에 보면 성령 충만함으로 재물관이 바뀝니다. 사실 예수 믿고 이것부터 바뀌어야 됩니다. 그런데 돈에 대한 문제가 가장 늦게 변합니다. 아직 성령 충만함을 못 입어서 그렇습니다. 성경에 보면 이렇게 말씀합니다. "자기 재물을 조금이라도 자기 것이라 하는 이가 하나도 없더라." 어떤 교육에 의해서 이렇게 된 것이 아닙니다. 성령 충만함으로 이렇게 되었습니다. 왜냐하면 모든 것이 하나님의 것이기 때문입니다. 하나님께서 내게 선물을 주셨습니다. 내 노력으로 된 것이 아니라 하나님의 은총으로 되었습니다. 하나님의 뜻을 이루기 위하여 말입니다. 세상을 향하여, 이웃을 향하여, 하나님의 뜻을 이루기 위하여 내게 주신 선물입니다. 재물관이 확 바뀝니다. 이것이 구원받은 그리스도인의 자연스러운 삶, 의식의 변화입니다.

또한 "그 중에 가난한 사람이 없으니", 이제 그 소유를 가지고, 재물을 가지고 긍휼을 베풉니다. 이웃에게, 가난한 자에게 긍휼을 베풉니다. 한마디로 선행을 합니다. 그런데 오늘 성경 말씀을 자세히 보면 다 자발적으로 했습니다. 그게 성령의 역사입니다. 누가 강하게 동기부여를 해서, 무슨 큰 사건을 일으키고 설명을 잘해서, 감동을 줘서 일시적으로 이런 것이 아닙니다. 오늘 성경에 이렇게 표현됩니다. "사도들이 큰 권능으로 주 예수의 부활을 증언하니 무리가 큰 은혜를 받아." 큰 은혜를 입어서 이렇게 됐다는 것입니다. 말씀과 성령의 역사로 큰 은혜를 입어서, 그래서 자발적으로 선행을 행했더라는 것입니다. 이것이 인격적 역사입니다. 특별히 동기가 중요합니다. 선행에 있어서 항상 그 동기가 중요합니다. 하나님 앞에서는 그렇습니다. 지금 이들은 보상을 기대하고 하는 것이 아닙니다. 전혀 그런 말씀이 없습니다.

오늘날 기독교에서 얘기하는 말 중에 선불 십일조라는 것이 있습니다. 십일조를 먼저 내고 그리고 열 배, 백 배를 기대하는 것입니다. 그래서 '하나님, 주실 것을 믿습니다'라고 기도합니다. 이건 사기꾼입니다. 그렇잖아요?

하나를 내고 열 배 이상을 받을 것을 믿는다니요? 거래를 한다는 그 마음이 우상숭배입니다. 성령의 사람은 이런 마음이 없습니다. 하나님의 은혜와 사랑이 너무나 커서, 큰 은혜를 받아서, 이미 받았으므로 선을 행하는 것입니다.

하나님의 사람 리빙스턴(David Livingstone)은 한평생 아프리카 선교사로 지낸 사람입니다. 어느 날 그에게 친구로부터 편지 한 통이 왔습니다. 그 내용은 '그 아프리카 오지에서, 야만족속 가운데서 얼마나 고생이 많았느냐? 얼마나 큰 희생을 치렀느냐? 정말 존경스럽다!' 하는 것으로 사람이 할 수 있는 가장 큰 찬사가 적혀 있었습니다. 큰 영광이죠. 그런데 리빙스턴이 기도하고 이런 답장을 썼답니다. 이것이 성령의 사람의 고백입니다. "희생이란 것이 건전한 행동과 선한 일을 하고 있다는 의식, 마음의 평화, 내세의 행복에 대한 희망 등을 갖고 있다는 점에서 이미 보상받은 것이 아닌가? 그런고로 그런 말을 하지 말게나. 보상을 기대하고 이 모든 일을 했다면 나는 희생한 것이 전혀 없는 사람이네."

그리스도인은 성령의 사람

성도 여러분, 분명 그리스도인은 성령의 사람입니다. 그런데 우리가 신앙생활을 하다 보면 세상일에 바빠서 혹은 성경 말씀을 열심히 듣고 봉사하다가도 성령을 잊어버립니다. 그게 마귀의 역사입니다. 이제 성령의 존재와 역사 없이 그리스도인이 되지 않았다는 사실을 성경을 통해서 안다면, 믿는다면 매일 매일 의도적으로 아침에 일어나자마자 기도해야 합니다. "성령 하나님, 오늘 나와 함께해 주소서." 예배 중에도 "성령이시여, 이 자리에 오셔서 함께해 주소서" 기도해야 합니다. 그렇지 않으면 예배도 아무 쓸모없는 것이 됩니다. 그냥 내 마음만 편한 것입니다. 하나님께 영광이 되지 못합니다.

성령이 있어서 그리스도인은 거듭나고, 신령한 세계를 바라보고, 이성의 한계를 넘어 새로운 가치관을 가지고, 깨닫고, 소망하게 됩니다. 그래서 성령을 통하여 복음적인 사람으로 이 시대를 살아가는 것입니다. 성도 여러분, 분명 성경 전체는 말씀합니다. 성령 하나님은 존재하시고 역사하심을 말입니다. 이제 선택은 내게 있습니다. 믿느냐 안 믿느냐만 남은 것입니다. 나와 상관없이 성령 하나님은 계십니다. 그런고로 그리스도인은 성령 하나님을 항상 인식하고, 성령 안에서 기도하고, 성령의 사람이 되기를 간구하고, 성령 충만하여 하나님의 뜻을 실천할 수 있기를 소망해야 합니다.

우리는 하나님의 뜻대로 살기를 바랍니다. 정말 하나님의 뜻대로 되기를 열망할 때가 많습니다. 그런데 그게 잘 안 되죠. 저도 안 됩니다. 안 될 때가 많습니다. 그런데 가능한 길은 하나입니다. 성령께 기도해야 됩니다. 성령이 내게 인치시고, 성령 충만함이 내게 임하면 그건 쉬운 것입니다. 다른 것이 안 보입니다. 성령만 보입니다. 어떤 불이익도, 어떤 비난도 안 보입니다. 오직 성령만 보입니다. 그래서 하나님의 뜻을 이루게 됩니다.

하나님의 사람 무디(Dwight Moody) 목사는 성령의 사람입니다. 역사적 인물입니다. 그가 영국에서 큰 집회를 인도하고, 이제 대서양을 건너는 배를 타고 미국으로 돌아올 때의 일입니다. 큰 풍랑을 만납니다. 그래서 선원이며 배에 있던 모든 사람들이 다 죽었다고 생각했습니다. 겁을 먹고 공포에 떨며 밥도 못 먹고, 잠도 못 자고, 걱정 근심 속에 있는데 이 목사님만은 쿨 쿨 주무시고 계셨습니다. 사람들이 깨웠습니다. "목사님, 어떻게 이 상황에서 주무실 수 있습니까?" 그랬더니 하는 말씀이 "무슨 일이 있어?"라는 것입니다. "아니, 무슨 일이라니요? 지금 거센 풍랑 속에서 다 죽게 됐습니다." 사람들이 불안에 떨며 말하자 목사님이 이러더랍니다. "복음 안에서 잘 생각해봐. 이대로 죽으면 천당, 만일 살면 미국으로 가는 거야." 그리고 다시 주무시더랍니다.

성도 여러분, 이것은 성령의 사람은 누구나 가능한 것입니다. 성령이 함께 계시면 담대함을 주십니다. 그리고 오직 하나님만 바라보게 하고, 천국을 소망하며 예수 그리스도 안에서 살기를 열망하며 살아가게 합니다. 그래서 그리스도인은 항상 성령 안에서 기도해야 됩니다. 성령의 임재를 구해야 됩니다. 때로는 하나님의 뜻을 이루기 위해서 성령 충만함을 기도해야 합니다. 그와 함께 하나님의 역사가 나타날 것입니다.

기 도

전지전능하신 하나님 아버지, 우리에게 하나님의 복음을 믿게 하시고, 듣게 하시고, 깨닫게 하시어 성령의 사람으로 인식되고, 이 일의 증인으로 이 시대를 살게 해주심을 진심으로 감사드립니다. 진정 자신의 지식과 경험을 넘어, 이성의 한계를 넘어, 하나님의 세계를 바라보며, 깨닫고, 영접하는 복음적인 사람이 되도록 우리를 긍휼히 여겨 주시옵소서. 성령의 사람임을 확증하며, 하나님의 자녀됨을 기뻐하며, 성령의 인도하심 속에 기도하며, 하나님께 영광 돌리는 삶을 살아갈 수 있도록 붙들어 주시옵소서. 우리 주 예수 그리스도의 이름으로 간절히 기도 드리옵나이다. 아멘.

23장

교인의 표지

주 안에서 항상 기뻐하라 내가 다시 말하노니 기뻐하라 너희 관용을 모든 사람에게 알게
하라 주께서 가까우시니라(빌 4:4-5).

그리스 신화에 나오는 레테 호수에 관한 이야기를 소개하겠습니다. 한 여인이 레테 호수를 건너려고 하자 뱃사공이 말했습니다. "호수의 물을 마시고 건너지 않겠습니까?" 여인은 물었습니다. "물을 마시면 어떻게 됩니까?" 뱃사공은 말합니다. "지난날의 괴로웠던 일을 모두 잊게 됩니다." 이 말을 듣고 여인은 "기꺼이 물을 마시겠습니다"라고 답합니다. 그러자 뱃사공이 한 마디 더합니다. "그러나 한 가지 명심할 것은 과거의 기쁜 추억도 모두 잊게 된다는 것입니다." 여인은 이 말을 듣고 한참 망설이다가 이렇게 답했습니다.

"그렇다면 물을 마시지 않겠습니다. 왜냐하면 기쁨과 사랑의 무게는 슬픔과 괴로움의 무게와는 비교할 수 없기 때문입니다." 깊이 생각해 보시기 바랍니다.

사람의 마음과 삶의 태도

성도 여러분, 이 세상에서 사는 중에는 항상 시련이 있고, 역경이 있고, 고통이 있고, 유혹이 있습니다. 그게 살아간다는 것입니다. 그러나 그것만으로 끝나지 않고 그 속에서 사랑과 감사와 기쁨과 소망을 체험합니다. 이것이 인생입니다. 그런고로 인생에서 가장 중요한 문제는 그 사람의 마음과 삶의 태도입니다. 각 상황 속에서 무엇을 생각하고 어떻게 대처하며 무엇을 실천하느냐에 그의 인생이 달려 있습니다.

저명한 철학자 소크라테스의 일화를 하나 말씀드립니다. 그는 결혼 전 몇몇 친구들과 함께 살았는데, 시간이 지나면서 한 사람 한 사람 결혼해서 떠났습니다. 그러자 그는 홀로 있을 때 아주 외로움을 많이 느꼈는데도 자기 스스로에게 이렇게 말하며 살았답니다. "혼자 조용히 지내니 집중해서 책도 읽고 참 좋구나." 항상 즐거운 마음을 가지고 살았던 것입니다.

그리고 몇 년 후 건물의 가장 아래층에 살게 됐는데, 문제는 위층에서 자꾸 무엇을 던져서 아주 골치가 아팠습니다. 그러나 그는 긍정적으로 생각하려고 노력하며 이렇게 말했습니다. "1층에 사니 계단을 올라가지 않아 좋고, 공터에 꽃도 심을 수 있다. 아, 좋은 점이 참 많구나!" 그리고 1년 후에 건물 꼭대기로 이사를 가게 되었습니다. 그는 오르락내리락 하기 참 불편한데도 항상 즐겁게 살았습니다. 사람들이 물었습니다. "선생님, 꼭대기에 사는데 뭐가 그렇게 즐겁습니까?" 그는 이렇게 답했다고 합니다. "위층에 아무도 없으니 방해받지 않아서 좋고, 계단을 오르내리며 운동이 되니 건강에 좋지요. 게다가 햇볕이 잘 들어서 책을 볼 때 아주 편하답니다."

이것이 바로 철학적 지혜입니다. 긍정적 생각과 사고를 가지고 주어진 삶을 적극적으로 살아가는 것, 참 귀한 것입니다. 성도 여러분, 여러분은 어떤 마음과 생각을 가지고 오늘을 살아가고 계십니까?

그리스도인의 마음과 태도는 세상 사람들과 달라야 합니다. 세상의 불신자들과 분명히 구별되어야 합니다. 이 질문에 대한 하나님의 말씀이 답으로 오늘 우리에게 주어졌습니다. 오늘 본문은 그것입니다. 두 가지 인생의 교리를 우리에게 말씀해 주십니다. 이건 보편적 진리입니다. 기쁨과 관용입니다. 여기에 그리스도인의 삶의 표지가 나타납니다. 바로 성도의 표지입니다.

성도의 표지_주 안에서 기뻐함

먼저 성경은 말씀합니다. "주 안에서 항상 기뻐하라." 이것이 첫째 교리입니다. 주 안에서 항상 기뻐하라고 합니다. 이 기쁨은 영원한 기쁨이요, 영적 기쁨입니다. 그러면서 실제적인 것입니다. 중요한 것은 그리스도인만이 누릴 수 있는 기쁨입니다. 그리스도인 아닌 사람이 누리는 기쁨과 차원이 다릅니다. 그래서 예수님께서는 요한복음 16장 22절에서 십자가를 지시기 전날 밤 이렇게 말씀하십니다. "너희 기쁨을 빼앗을 자가 없느니라." 이건 새로운 차원의 기쁨을 말합니다. 이 기쁨은 하나님께서 주시는 선물입니다. 한마디로 성령의 열매입니다. 이미 그리스도인에게 주셨습니다. 언제 주셨습니까? 하나님의 복음을 믿음으로 구원받았을 때, 그 믿음 안에 덤으로 주신 기쁨입니다. 그래서 선물로 받는 것입니다. 이것을 항상 기억해야 합니다. 그래서 로마서 14장 17절은 말씀합니다. "하나님의 나라는 먹는 것과 마시는 것이 아니요 오직 성령 안에 있는 의와 평강과 희락이라."

곧 기쁨이라 말씀합니다. 이는 세상에서 주는 것이 아닙니다. 또한 그리스도인으로서 내가 노력하여 열심히 살아서 어떤 보상으로 주어지는 것도 아닙니다. 그런 기쁨은 세상 사람들도 똑같이 갖고 있지 않습니까? 이는 다른 것입니다. 그렇다고 철학적인 기쁨도 아닙니다. 이는 예수님이 복음 안에서 우리에게 주시는 영적 기쁨입니다. 구원받은 자는 한 번이라도 이 기쁨을 받아보았습니다. 이것을 알고 있습니다. 문제는 오늘 이 기쁨이 내게 없다는 것이지요. 어떻게 해야 항상 이 기쁨을 유지할 수 있습니까?

오늘 성경은 답을 줍니다. "주 안에서 기뻐하라"(Rejoice in the Lord). 주밖에는 이 기쁨이 없습니다. "주 안에서 항상 기뻐하라." 내가 아무리 노력하고, 철학적 지혜를 얻고, 세상에서 큰 교훈을 받고, 아무리 수고해도 그 기쁨은 잠시 있다가 없어집니다. 본문은 이런 차원을 말하는 것이 아닙니다. 하나님의 선물로 주 안에서 주시는 은혜입니다.

주 안에서 기뻐하라, 그 의미를 알아야 합니다. 이것은 내가 예수 그리스도께 속한 것을 기억하고 기뻐하라는 것입니다. 내가 예수 그리스도와 연합한 자임을 잊지 말고 생각할 때 내 안에 기쁨이 넘칩니다. 이것이 복음이거든요. 그리고 예수님의 십자가를 바라볼 때 하나님의 은혜와 사랑을 깨닫습니다. 기쁩니다. 그러나 그것을 망각하면 그 기쁨이 없어집니다.

우리가 예수 믿기 전에는 하나님과 대적하는 관계였습니다. 하나님의 진노의 대상이었습니다. '하나님은 없다'고 말하는 그런 인생을 살았습니다.

이런 기쁨을 한 번도 누려본 적이 없었습니다. 그런데 이제는 하나님과 화목해졌습니다. 예수 그리스도 안에서 하나님의 자녀가 되었습니다. 이 사실이 얼마나 기쁩니까? 그리고 하나님의 약속들을 생각할 때마다 기쁨이 넘칩니다. 하나님의 은혜를 기억할 때마다 정말 기쁩니다. 천국을 생각할 때마다 기쁨이 솟아오릅니다. 천국을 믿고 천국을 향해 나아갈 때마다, 천국의 영광을 생각할 때마다 정말 기쁩니다. 여기에 그리스도인의 삶이 있습니다. 그래서 '주 안에서 항상 기뻐하라'고 말합니다.

심리학자 폴 투르니에(Paul Tournie)가 쓴 Escape from Loneliness라는 책이 있습니다. 우리나라에서는 「고독」이라는 제목으로 번역됐는데, 이 책에서 큰 교훈을 줍니다. 사람들이 자기 삶에 대하여 만족하지 못하고 계속 불평하고 요구만 할 때는 우리 안에 큰 해로움이 세 가지로 나타난다고 합니다. 첫째, 피로와 권태를 가져옵니다. 기쁨이 없으니 그걸로 끝나는 것이 아니라 더 큰 해로움인 스트레스를 받습니다. 둘째, 자신을 올바르게 판단하는 데 방해가 됩니다. 셋째, 불평과 요구는 자기 연민에 빠지게 합니다.

성도 여러분, 우리는 죄의 상태, 죄의 결과를 추상적으로만 알고 무시하면서 소홀히 여기는 경우가 많은데 분명히 기억하십시오. 죄의 결과는 기쁨이 없는 삶입니다. 내 안에 하나님께서 주신 복음적 기쁨이 사라졌습니다. 약화됐습니다. 희미해졌습니다. 왜냐하면 죄 중에 있기 때문입니다. 죄의 결과입니다. 하나님과 바른 관계가 깨어졌기 때문에 주께서 말씀하시는 그 기쁨을 누릴 수가 없습니다. 이것을 분명히 진단해야 합니다.

그런데 기쁨만 없어지는 것이 아닙니다. 이것이 지속될 때 엄청난 손실을 겪게 됩니다. 먼저는 내 마음이 굳어집니다. 기쁘지 않습니다. 즐거운 일을 봐도 무감각합니다. 마음이 딱딱해졌습니다. 더 나아가서는 이기적인 사람이 됩니다. 자기 사랑밖에 모릅니다. 온통 자기애와 자기 집착에 사로잡혀 있습니다. 자기만을 위한 사랑, 이것이 죄의 결과입니다. 그리고 분별력이 없어집니다. 옳고 그름의 분별력이 없습니다. 지혜가 없습니다. 이 모든 것이 죄의 결과임을 우리는 기억해야 합니다.

추석과 같은 명절이 되면 뉴스를 통해 아직도 이러한 질문들을 하냐 싶은 마음이 들 때가 있습니다. 오래간만에 식구들을 만나니 반가운데도 서로 대화하다가 기분이 상하게 되는 경우가 종종 있다고 합니다. 자녀들을 보고 "너 반에서 몇 등하니? 결혼은 언제 하냐? 애는 언제 낳을 거냐? 너 연봉이 얼마냐?"와 같은 질문을 하는 것이지요. 이 좋은 시간, 내 안에 있는 기쁨을 나누고 서로 덕담을 나누면 좋은데 그렇지 않은 것입니다. 이러한 질문은 누구도 좋아하지 않습니다. 이는 그리스도인답지 못합니다. 그러다 보니 인터넷에 떠도는 얘기 중에 이런 것들도 있습니다. '명절 때 스트레스 주는 어른들의 공격 대처법' 그 첫 번째가 이번에 누가 결혼할 차례냐고 물으면 어른들에게 이렇게 말하랍니다. "다음에는 누가 돌아가실 차례에요?" 두 번째는 나이가 몇이냐, 시집은 언제 가냐, 애는 언제 낳을 거냐고 물으면 이렇게 대답하랍니다. "대통령도 못한 것을 왜 시키십니까?"

영적인 기쁨이 사라지는 이유

성도 여러분, 분명히 예수 믿는 사람에게는 성령께서 영적 기쁨을 주셨습니다. 무엇이 이것을 막고 있는 겁니까? 그 장애물이 무엇입니까? 분명히 알아야 합니다. 먼저는 믿음이 잘못된 것입니다. 다시 말해서 현재적 믿음이 없습니다. 복음에 대한 과거적 믿음만 있습니다. 현재적 믿음이 없어서 복음의 기쁨을 누리지 못합니다. 이것을 회복해야 합니다.

그리고 하나님의 은혜와 사랑이 작아졌습니다. 이것을 소홀히 여깁니다. 인식하지 못합니다. 그럴 때 기쁨이 없습니다. 정말 하나님의 은혜 안에 내가 살아감을 고백해야 됩니다. 하나님께서 은혜와 기쁨을 내게 주십니다. 또한 죄와 함께 있을 때 하나님과의 관계가 깨집니다. 이런 죄를 지을 수밖에 없지 않느냐고 할 수 있습니다. 맞습니다. 그러나 관계가 깨지는 건 다른 차원의 문제입니다. 즉시 회개함으로 하나님과의 관계를 회복해야 합니다.

또한 하나님의 말씀에 불순종할 때 우리 안에 기쁨이 사라집니다. 분명히 하나님의 말씀을 압니다. 용서해야 되고 인내해야 될 때를 압니다. 그러나 불순종합니다. 결국 우리 안에 기쁨이 사라집니다.

더욱이 환경에 집착하면서 환경에 의존할 때 영적 기쁨은 없어집니다. 소유 중심 삶의 결과가 그것입니다. 항상 불평과 원망 중에 살아가게 되거든요. 하나님이 주신 복이 사라집니다. 성경은 말씀합니다. "항상 기뻐하라." 상대적이고 일시적인 것이 아닙니다. 그래서 항상 예수 그리스도 안에서 살아가야 합니다. 우리의 마음과 생각이 예수 그리스도를 향하여 있어야 된다는 말입니다. 그럴 때 성령께서 우리에게 기쁨을 회복시켜 주십니다.

성도의 표지_관용

두 번째 위대한 교리는 "너희 관용을 모든 사람에게 알게 하라"라는 말씀입니다. 깊이 생각하십시오. 관용이 없는 기쁨은 이기적인 겁니다. 나만의 기쁨입니다. 도무지 주변 사람들을 배려할 줄도 모릅니다. 또한 기쁨이 없는 관용은 더 무서운 것입니다. 이건 위선입니다. 주변 사람이 보기에 '아, 훌륭하다! 인격적이다!' 하지만 자기 안에 기쁨이 없습니다. 이건 철저하게 계산된 것입니다. 위선입니다.

"주 안에서 항상 기뻐하라." 이 말씀은 하나님께 대한 응답입니다. 하나님 앞에서 항상 기뻐하라는 것입니다. 반면에 너의 모든 관용을 모든 사람에게 알리라는 것은 이웃에 대한 말씀입니다. 성도 여러분, 이 첫 번째와 두 번째 중에 어느 것이 더 어렵습니까? 두 번째가 더 어렵습니다. 하나님 앞에서는 기뻐할 수 있습니다. 찬송하며 기도하고 예배를 드립니다. 그런데 사람을 놓고 관용을 베풀기는 어렵습니다. 아니 이건 예배 중에도 힘듭니다. 그야말로 시험받는 것입니다. 그러나 정말 내게 기쁨이 있다면 관용은 저절로 베풀어지는 것입니다. 정말 성령의 열매가 내 안에 있다면 관용이 나타납니다. 특별히 모든 사람에게 알게 하라는 것은 참으로 불가능한 일입니다. 그러나 이것이 그리스도인의 삶의 표지입니다.

예수님께서 십자가 지시기 전날 밤 새 계명을 주십니다. 요한복음 13장 34절의 말씀입니다. "새 계명을 너희에게 주노니 서로 사랑하라 내가 너희를 사랑한 것 같이 너희도 서로 사랑하라."

참 오묘한 말씀입니다. 아무도 못 지킬 말씀입니다. 사랑하기 싫은데, 심지어 미워 죽겠는데 사랑하랍니다. 그렇잖아요? 그래서 복음입니다. 내가 너희를 사랑한 것같이 사랑하라고 합니다. 여기에 집중해야 됩니다. "하나님이 나를 사랑한 것같이", 이것이 충만해지면 사랑할 수 있습니다. 내 안에 은혜가 없으면 내가 좋아하는 사람은 사랑할 수 있을지 몰라도, 싫어하고 미워하는 사람은 절대 사랑할 수가 없습니다. 그러나 주께서 말씀하십니다. "내가 너희를 사랑한 것같이 내 사랑을 받았느냐? 내 사랑을 느끼느냐?" 그 사랑을 베풀라는 것입니다. 이것이 관용입니다.

이런 재미난 유머가 있습니다. 한 노부부가 나들이를 갔는데 한참 걷다 보니 다리가 아픕니다. 특히 할머니가 피곤해졌습니다. 더 이상 못 걷겠어서 할아버지한테 말했습니다. "여보, 나 좀 업어줘." 할아버지가 정말 싫은데 안 업어줬다가는 하루 종일 잔소리를 할 것 같아서 억지로 업어줬답니다. 그때 할머니가 업혀서 좀 미안한지 이렇게 물었답니다. "여보, 나 무겁지?" 그러자 할아버지가 아주 볼멘소리로 그러더랍니다. "무겁지. 머리는 돌이지, 얼굴은 철판이지, 간은 부었지." 그런데 이제는 돌아오는 길에 할아버지가 다리를 다쳤습니다. 할아버지가 "나 좀 업어줘" 하니 할머니가 거절할 명분이 없습니다. 아까 업어줬으니까요. 그래서 할 수 없이 정말 억지로 업고 갔답니다. 그러자 미안해진 할아버지가 '나 무겁지?' 하면 자신과 똑같이 대답할 것 같으니까 반대로 물었답니다. "나 가볍지?" 그랬더니 할머니가 그러더랍니다. "가볍지. 머리는 비었지, 양심은 없지, 허파에는 바람만 가득 들어가 있지." 도무지 관용이 없습니다. 그리스도인에게 하나님께서 말씀하십니다. "모든 사람에게 관용을 알게 하라."

관용이 무엇입니까? 참 어려운 말입니다. 이것을 헬라어로는 '에피에이

케이아'라고 하는데, 성경에 이 말이 여러 단어로 번역되어 있습니다. 친절, 온화, 인내, 부드러움, 겸손, 관용 등으로 번역되어 있습니다. 국어사전을 찾아보니까 '너그럽게 받아들이거나 용서하는 것'이라고 합니다. 설명이 좀 애매합니다. 그런데 성경에서 말씀하는 관용이라는 것은 헬라어 원뜻에 그 의미가 나타납니다. 직역하면 '법 이상의 것'을 말합니다.

자, 다툼이 있거나 어려운 일이 있을 때 법은 최종 결론입니다. 그래서 법에 호소하는 것입니다. 그런데 관용은 무엇입니까? 법에 호소하는 것 이상의 것입니다. 이것이 관용입니다. 다시 말해서 공정 이상의 더 좋은 것, 이것이 관용입니다. 성경에 보면 요한복음 8장에 간음한 여인이 예수님 앞에 잡혀옵니다. 당시 율법대로 하면 돌로 쳐죽여야 됩니다. 이 상황에서 예수님께서 이렇게 말씀하십니다. "죄 없는 자가 먼저 돌로 치라." 성경은 기록합니다. 그 말에 다 양심에 찔림을 받았습니다. 그래서 돌을 놓고 그 자리를 떠났습니다. 예수님께서 말씀하십니다. "나도 너를 정죄하지 아니하노니 가서 다시는 죄를 범하지 말라." 이것이 관용입니다. 한마디로 은혜입니다. 법 이상의 것입니다. 정의라는 것은 옳고 그름입니다. 관용은 옳고 그름 이상의 것을 나타내라는 것입니다.

누가복음 15장에 나오는 탕자의 비유가 관용입니다. 둘째아들은 아버지 살아생전에 그 유산을 얻어서 먼 도시로 떠나 허랑방탕하게 다 낭비했습니다. 이제 집으로 돌아옵니다. 그런데 아버지가 뛰어 나가서 맞이해 주고 잔치를 베풉니다. 가락지를 끼우면서 아들로 회복시킵니다. 아무 말도 하지 않습니다. 비난도 하지 않습니다. 그냥 기뻐합니다. 이것이 관용입니다. 한마디로 은혜입니다. 이 은혜를 알게 하라는 것입니다.

은혜 받은 하나님의 자녀

성도 여러분, 우리 모두는 예수 그리스도의 은혜를 받아 하나님의 자녀가 되었습니다. 내 것을 전하는 것이 아니라, 나를 통해서 하나님의 은혜를 유통하라는 것입니다. 우리는 물을 겁니다. 어떻게 그게 가능합니까? 왜 그래야만 합니까? 오늘 성경이 그 답을 주십니다. "주께서 가까우시니라"(The Lord is near). 주께서 가까이 계신다고 말씀합니다. '믿음의 눈을 떠봐라. 주께서 약속하시지 않았느냐? 땅 끝까지 너희와 함께 있으리라.' 부활하신 주님께서 그리스도인과 함께하신다고 약속하셨습니다. '이 약속을 믿고 주님을 바라봐라. 주께서 함께하시느니라. 가까이 계시느니라. 그리고 주께로 나아가는 것이다. 천국에 가서 주님을 만나야 한다. 그런고로 관용을 베풀라.' 이것이 성경 말씀입니다.

사도 바울은 지금 감옥에 있습니다. 감옥에서 큰 고통을 받고 있습니다. 죄를 지어 감옥에 간 것이 아닙니다. 복음 전하는 것, 그 이유로 감옥에 갔습니다. '예수는 주시다' 그 한 선언으로 감옥에 가서 지금 큰 고초를 당하고 재판 중에 있습니다. 언제 죽을지 모릅니다. 이런 죽음의 위기 속에서 그는 말합니다. 그를 통하여 하나님께서 말씀하십니다. "항상 기뻐하라. 주 안에서 기뻐하라. 모든 관용을 모든 자에게 알게 하라. 주께서 가까우시니라. 주가 함께하시니라." 믿음으로 주의 은혜와 사랑을 나타내라 말씀합니다.

하나님의 사람 링컨 대통령, 그는 자신과 대립관계에 있는 사람을 단 한번도 공적으로 비난하거나 정죄한 적이 없습니다. 그는 기도하며 한 가지

생활철학, 생활신조를 가졌기 때문입니다. 왜 그러한 신조를 갖게 되었을까요? 살다보면 나와 안 맞는 사람도 있고, 불편한 사람도 있고, 나를 비난하는 사람도 있고, 별별 사람 다 있잖아요? 그의 신조는 이겁니다. "원수는 우리 마음에서 없애야 한다." 그것에 대해 주변에 있는 사람들이 아주 못마땅하게 여깁니다. "비현실적입니다. 그렇게 하면 안 됩니다. 원수는 없애야 합니다." 그때마다 링컨은 이렇게 대답했답니다. "당연히 없애야지요. 그러나 죽여서 없애고, 제거해서 없애는 것이 아니라 마음에서부터 없애야 합니다. 나는 원수를 친구로 만들어 없애버립니다." 참 위대한 신앙인입니다. 그렇기에 하나님께서 그를 쓰셨습니다.

이 세상을 사는 동안 수많은 만남이 있습니다. 불편한 만남, 진실한 만남, 오해가 있는 만남이 있습니다. 그리고 때로는 시련과 역경과 근심, 두려움 그 자체가 존재합니다. 이는 인간 실존의 본성입니다. 항상 대면하고 그 속에서 살아갑니다. 문제는 마음과 생각을 다스리는 것입니다. 그것을 말씀하십니다. 그리스도인은 우리 마음과 생각을 예수 그리스도께 두어야 합니다. '주 안에서 살라. 주가 함께하시니라. 주께서 가까우시니라.' 그 믿음으로 살아갈 때, 성령께서 우리의 마음과 생각을 지켜 주십니다. 이것은 내가 하는 것이 아니라, 내가 정말 복음을 믿을 때 성령께서 우리의 마음과 생각을 지켜 주십니다. 예수님의 십자가로 향하게 합니다. 예수님의 은혜와 사랑으로 우리의 마음이 나아가게 합니다. 영적 눈이 떠지게 합니다.

하나님의 은혜와 사랑을 생각할 때 우리는 은혜의 사람이 됩니다. 사랑의 사람으로 변합니다. 그래서 사도 바울을 통하여 하나님께서 오늘 말씀하십니다. 내게 주시는 하나님의 말씀입니다. "주 안에서 항상 기뻐하라 내가 다시 말하노니 기뻐하라 너희 관용을 모든 사람에게 알게 하라 주께서 가까우시니라"(빌 4:4-5).

기 도

전지전능하신 하나님 아버지, 오직 하나님의 복음을 믿음으로 신령한 눈을 뜨게 하시고, 새로운 차원의 삶을 지향하며 하나님 자녀답게 이 시대를 살게 해주심을 진심으로 감사드립니다. 그러나 주께서 복음 안에서 주신 그 크신 영적 기쁨과 은혜의 기쁨을 잃어버리고, 또 다시 세상 차원의 기쁨을 찾고자 세상일에 집중하며, 원망과 불평과 근심과 염려 중에 살아가는 죄인을 주여 불쌍히 여겨 주시옵소서. 성령이시여, 복음을 믿는 주의 자녀를 기억하시고 복을 주셔서 우리의 마음과 생각을 지켜 주시옵소서. 그리하여 항상 주 안에서 기뻐하며 우리의 관용을 모든 사람들에게 알게 하여 하나님께 영광 돌리는 승리의 삶을 살도록 지켜 주시옵소서. 우리 주 예수 그리스도의 이름으로 간절히 기도드리옵나이다. 아멘.

24장

그리스도와의 연합

> 그런즉 우리가 무슨 말을 하리요 은혜를 더하게 하려고 죄에 거하겠느냐 그럴 수 없느니라 죄에 대하여 죽은 우리가 어찌 그 가운데 더 살리요 무릇 그리스도 예수와 합하여 세례를 받은 우리는 그의 죽으심과 합하여 세례를 받은 줄을 알지 못하느냐 그러므로 우리가 그의 죽으심과 합하여 세례를 받음으로 그와 함께 장사되었나니 이는 아버지의 영광으로 말미암아 그리스도를 죽은 자 가운데서 살리심과 같이 우리로 또한 새 생명 가운데서 행하게 하려 함이라 만일 우리가 그의 죽으심과 같은 모양으로 연합한 자가 되었으면 또한 그의 부활과 같은 모양으로 연합한 자도 되리라(롬 6:1-5).

「탈무드」에 나오는 이야기를 하나 소개하겠습니다. 한 교수가 강의를 하던 중 학생들에게 다음과 같은 질문을 했습니다. "만일 두 개의 머리를 가진 아이가 태어났다면 이 아이를 한 사람으로 세어야 하느냐, 아니면 두 사람으로 세어야 하느냐?" 한 학생이 이렇게 대답했습니다. "머리가 둘일지라도 몸이 하나 아닙니까? 그러니까 한 사람으로 간주해야 합니다." 이어 다른 학생이 다른 대답을 했습니다. "몸이 하나지만 머리가 둘 아닙니까? 머리 하나를 한 사람으로 계산해서 이 아이를 두 사람으로 보아야 합니다."

그러자 교수는 다음과 같이 답해 주었습니다. "만약 한 쪽 머리에 뜨거운 물을 부었을 때 다른 쪽의 머리도 비명을 지른다면 한 사람이고, 다른 쪽의 머리가 아무런 표정이나 고통을 느끼지 않는다면 그건 두 사람이다." 깊이 생각해 보시기 바랍니다.

거듭남_예수 그리스도와의 인격적 연합

성도 여러분, 예수님과 나와의 관계는 어떤 관계입니까? 예수님을 나의 구주로 고백하고 믿는다는 것은 예수 그리스도 안에서 내가 작아지고 없어지며 오직 예수 그리스도가 나의 주인으로, 하나님으로 자리 잡아 가는 것입니다. 예수 그리스도 안에서 예수 그리스도와 내가 인격적 연합을 맺어가는 것입니다. 예수 믿기 전에는 예수님과 나는 별개였습니다. 그런 분이 있다고 아는 정도였습니다. 그러나 이제 예수 그리스도를 믿는다는 것은 생각과 차원이 다릅니다. 예수 그리스도 안에서 연합된 것입니다. 구원에 이르는 믿음은 바로 이런 것입니다. 그래서 우리는 예수 소망, 예수 천국, 예수 진리, 예수 생명을 말하지 않습니까? 그리고 예수님께 순종하는 삶을 살아가게 됩니다. 사도 바울은 갈라디아서 2장 20절에서 이렇게 유명한 신앙고백을 합니다. "내가 그리스도와 함께 십자가에 못 박혔나니 그런즉 이제는 내가 사는 것이 아니요 오직 내 안에 그리스도께서 사시는 것이라 이제 내가 육체 가운데 사는 것은 나를 사랑하사 나를 위하여 자기 자신을 버리신 하나님의 아들을 믿는 믿음 안에서 사는 것이라."

이것이 거듭난 그리스도인의 바른 신앙고백입니다. 이것이 믿음이요, 이 신앙고백 속에 나의 나됨, 나의 정체성, 나의 신분, 미래 모든 것이 약속되어 있습니다. 항상 기억해야 합니다.

얼마 전 멕시코시티를 방문했는데, 멕시코는 1억 2천만 명이나 되는 거대한 나라로 수도 멕시코시티에만 무려 2천 4백만 명이 삽니다. 그곳에서 20년 넘게 목회하고 선교하신 분들과 의미 있는 대화를 나누고 교제를 가졌는데, 하루는 그곳에서 25년간 선교하신 목사님이 저에게 반드시 가야 될 곳이 있다며 한 곳을 말씀하시더라고요. "나머지는 목사님의 계획대로 하시면 되지만, 이곳은 반드시 가셔야 합니다!" 그래서 따라갔지요. 그곳은 과달루페(Guadalupe) 성당이었습니다. 1년에 수천만 명이 그곳을 방문합니다. 멕시코는 90% 이상이 가톨릭인 국가이니 1억 명 이상의 가톨릭 신자가 있는 나라입니다. 1531년 12월에 갈색 피부 성모가 기적같이 출현했다고 해서 그곳을 세 번 체험한 후안 디에고(Juan Diego)에 의해서 그 장소가 성지가 됩니다. 과달루페 성당은 바로 그 성지 위에 지어진 거대한 성당입니다.

과달루페 여인은 멕시코의 수호신입니다. 그래서 그 교회 안팎으로 많은 그림과 상이 있는데 상에는 '과달루페 성모 마리아'라고 쓰여 있습니다. 잘 들으십시오. 예수님의 어머니 성모 마리아가 아닙니다. 갈색 피부를 가진 과달루페라는 이름을 가진 성모 마리아입니다. 그곳 사람들은 그 성모 마리아를 통해서 하나님의 복을 받고 천국에 갈 것을 믿습니다. 물론 예수님도 크게 중심에, 강대상 뒤에 자리 잡고 있습니다. 특별히 십자가를 보면서 제가 그 작품성에 놀랐는데, 여러 겹으로 아주 세밀하고 정교하게 만들었습니다. 온통 금으로 씌워져 있는데 매우 훌륭합니다. 그러나 이것이 하나님의 교회 맞습니까? 더욱이 광장에는 교황 바오로 2세의 큰 동상이 있습니다. 오래 전에 그가 방문했다고 해서 그걸 만들고 수많은 사람들이 그 밑에서 기도하고 복을 구합니다.

성도 여러분, 예수님은 이런 교회들과 아무런 관계가 없습니다. 몇 천만 명이 모였든 아니든, 이는 하나님의 교회가 아닙니다. 예수님의 사역을 훼손하는 것이요, 복음을 파괴하는 것입니다. 이것을 분명히 알아야 합니다.

예수 그리스도와의 연합의 표시_세례

오늘 성경에는 우리에게 주시는 고귀한 하나님의 말씀이 있습니다. 그리스도와의 연합에 관한 계시적 말씀이 강조되고 반복적으로 진술됩니다. 그리스도와의 연합, 이것은 복음의 진수요 절대 진리입니다. 한번 상상해 보십시오. 예수 그리스도와 연합되었다는 것이 얼마나 신비롭고 장엄합니까? 성도 여러분, 그리스도인은 이 진리를, 이 선포를 먼저 믿어야 합니다. 이것은 현실적으로는 분명 믿을 수 없는 내용입니다. 이성적으로, 경험적으로, 세상적으로는 도저히 믿을 수가 없습니다. 그냥 추상적일 뿐입니다. 그러나 그렇지 않습니다. 그대로 믿어야 합니다. 모든 성경 말씀은, 특별히 복음은 항상 영적입니다. 이성적 차원에서, 내 경험에서, 세상적 판단에서 이해될 수 있는 것이 아닙니다. 철저하게 영적입니다. 그대로 믿어야 됩니다. 이를 믿는 사람이 하나님의 사람입니다.

그리고 그 믿음 안에서 깊이 묵상하며 이 진리를, 이 사건을 깨달아야 됩니다. 그럴 때 이 말씀이 내게 성취되는 것을 고백하고 체험하게 됩니다. 그래서 오늘 본문 3절 말씀은 이렇게 말합니다. "무릇 그리스도 예수와 합하여 세례를 받은 우리는 그의 죽으심과 합하여 세례를 받은 줄을 알지 못하느냐." 알아야 된다는 것입니다. 반드시 알아야 됩니다. 그리스도인은 예수 그리스도 안에서 살고, 예수 그리스도 안에서 하나님의 영광의 자녀가 됩니다.

이것을 오늘 성경은 세례로 표현하고 있습니다. 이제 생각해 보십시오. 예배에 참석하는 많은 분들이 세례를 받았습니다. 성도 여러분, 세례란 나에게 어떤 의미입니까? 오늘 나에게 세례란 어떤 기억을 주고 있습니까? 성경의 답은 이것입니다. 세례란 그리스도와 연합된 표식입니다. 이것이 궁극적 의미입니다.

세례는 두 가지 차원이 있습니다. 하나는 세례 행위이고 또 하나는 세례의 의미입니다. 세례 행위는 교회 안의 성도들 앞에서 예수 그리스도의 이름으로 내 믿음을 공적으로 선포하는 것입니다. 나만의 비밀이 아닙니다. 공개하는 것입니다. 매우 중요한 것이지만 세례의 의미와 비교할 수는 없습니다. 중요한 것은 메시지입니다. 세례의 의미는 내가 그리스도와 함께 연합됐다는 신앙고백입니다. 그래서 마틴 루터는 이것을 신학적으로 'daily baptism'으로 표현합니다. 매일매일 나는 세례를 받았다는 것입니다. 왜냐하면 그 당시 수많은 박해와 억압과 시련이 있었습니다. 위기와 고통과 근심이 있었습니다. 그때마다 생각합니다. '나는 세례 받았다. 예수 그리스도와 연합했다.' 이 믿음으로 극복하는 것입니다. 그 믿음 속에 하나님의 지혜와 능력이 나타납니다. 그 믿음 속에 내가 용기의 사람으로 변화될 수 있습니다.

성도 여러분, 예수 그리스도와 연합된 존재와 삶, 이 놀라운 신비가 어떻게 가능해지는 것입니까? 성경은 분명히 말씀합니다. 수없이 반복합니다. 오직 하나님의 복음을 믿음으로 됩니다. 이것이 성령의 역사입니다. 이것이 성령 충만의 역사입니다. 아무리 '나는 예수님과 함께한다. 예수님과 동행한다. 예수님과 연합됐다'고 말하고 노력해도, 내 지식과 선행으로 이것을 말한다고 해도 이것은 가짜입니다. 자신이 압니다. 그건 고통일 뿐입니다. 어떤 좋은 교회 프로그램에 참여하고 특별한 안수를 받아도 이것은 안 되는 것입니다. 오직 예수 그리스도의 복음과 성령의 역사로 이루어지는 하나님의 은총입니다.

예수 그리스와의 연합_죽음 그리고 살아남

예수 그리스도와 연합했다는 것이 과연 무슨 뜻입니까? 이것을 오늘 성경은 우리에게 밝히 보여 줍니다. 두 가지 차원을 말씀합니다. 먼저는 "그의 죽으심과 합하여"입니다. 예수님의 죽으심과 연합했다는 것입니다. 십자가의 죽음을 말합니다. 예수님께서 십자가에 죽으셨습니다. 그 사건을 믿는 자는 그 십자가 사건에서 같이 죽은 것입니다. 다시 한 번 생각하십시오. 예수님은 2천 년 전에 돌아가셨습니다. 십자가에 죽으신 예수님이십니다. 그런데 '내가 저기에 죽었다. 십자가에 매달렸다'고 아무리 울고불고 해도 그것은 추상적인 감상일 뿐입니다. 지금 그런 얘기가 아닙니다. 예수님께서 실제로 십자가에 죽으셨습니다. 그리고 그 죽으심에 우리가 연합했다고 여겨 주십니다. 이 사건을 믿음으로 그렇게 인정해 주신다는 것입니다. 이것이 은혜입니다. 그 속에 놀라운 신비의 약속, 은총이 나타납니다.

사도 바울이 고백합니다. '나는 그리스도와 함께 십자가에 못박혀 죽었다.' 실제 일어난 사건이 아닙니다. 이는 예수님이 죽으신 사건을 그대로 믿음으로 성령의 역사 가운데에 하나님께서 그렇게 인정해 주신다는 것입니다. 그 신앙고백을 하는 것, 이것이 그리스도와 함께 연합됐다는 신앙고백입니다.

'내가 십자가에 못박혀 죽었다!' 이 말은 율법은 끝났다는 것입니다. 내가 아무리 율법을 지키고, 하나님을 사랑하고, 예수님을 사랑해도 그것으로는 하나님께 나아갈 수가 없습니다. 천국에 가지 못합니다. 하나님의 복을 받지 못합니다. 그게 끝났다는 것을 선포하는 것입니다. 내 의가 끝났고, 내 죄가 끝났고, 내 힘과 노력이 끝난 것입니다. 세상적인 방법, 그 어떤 것도 끝났음을 선언하는 것입니다. 그러면 어떻게 예수님의 십자가의 죽음과 연합할 수 있습니까? 오직 복음을 믿음으로 그런 세계가 열린다는 것을 오늘 성경은 말씀합니다.

그리고 오늘 성경에 더 귀한 말씀이 하나 더 있습니다. "죄에 대하여 죽은 우리가"라는 말씀입니다. 이는 2절과 11절에도 있습니다. 다시 생각해 보십시오. 여기서 "우리"는 그리스도인입니다. 그리스도인도 항상 죄 중에 살고 죄 안에 삽니다. 그런데 '죄에 대하여 죽은 우리'라고 말합니다. 이것이 십자가의 역사라는 것입니다. 우리가 십자가를 믿고 그리스도를 믿는다는 것은 하나님의 이 선언을 인식하는 것입니다. '죄에 대하여 나는 죽었다'

이것이 칭의(稱義)입니다. 아브라함도 계속 죄인으로 살았고, 다윗도 그리고 사도들도 죄인으로 살았습니다. 그러나 하나님의 역사를 믿을 때, 복음을 믿음으로 하나님께서 이렇게 여겨 주신다는 것입니다. 그래서 성경은 말씀합니다. '네 스스로 죄에 대하여 죽은 자로 여길지어다.' 그것이 그리스도와 연합한 삶입니다. 십자가의 은총입니다.

그리고 두 번째 차원의 의미는 이 말씀입니다. "그리스도를 죽은 자 가운데서 살리심과 같이." 5절에서는 이렇게 표현합니다. "그의 부활과 같은 모양으로 연합한 자도 되리라." 이는 부활 생명(Eternal life)을 말합니다. 영생을 받았고 누릴 것임을, 사후에 천국에서 영원한 생명의 삶이 약속되었음을 말합니다. 예수 그리스도가 부활하신 것과 같이, 예수 그리스도가 오늘 살아 계신 것같이 예수 그리스도와 연합된 자에게는 이러한 삶이 나타납니다. 나 같은 구제 불능의 죄인에게도 이 엄청난 신비와 하나님의 약속이 성취된다는 것입니다. 그래서 그리스도인은 고백합니다. 나의 본향은 천국이지 이 세상이 아니라고 말입니다. 이 세상에서는 나그네로 사는 것입니다. 결국은 그 고백 속에 천국에 갈 것입니다. 이 세상에서의 삶은 잠깐 지나가는 것입니다.

오래 전 미국에서 있었던 아주 교훈적인 이야기입니다. 나이아가라 폭포는 물줄기가 엄청 거세고 굉장합니다. 거기서 어쩌자고 두 청년이 보트를 타고 있었는데, 이 물결에 휩쓸려서 배가 확 뒤집혔습니다. 이제 죽게 됐습니다. 떠내려갑니다. 그런데 사람들이 강가에서 그 장면을 보고 급하게 밧줄을 던져 줬습니다. 다행히 두 사람 다 잡았는데, 한 사람은 이것을 꽉 잡아 그 밧줄에 의해 강변으로 건져져서 살아났습니다. 그런데 다른 사람은 이것을 꽉 잡고 보니 옆에 큰 통나무가 떠내려가고 있는 것입니다. 그래서 밧줄을 놓고 통나무를 잡았습니다. 그게 더 크고 더 안전해 보인 것입니다. 결국 통나무와 함께 폭포 속에 휩쓸려가 죽었습니다. 이유는 간단합니다. 그 통나무는 강변에 연결되어 있지 않았기 때문입니다.

성도 여러분, 이 세상의 어떤 것도 그것이 아무리 훌륭해 보이고, 그럴듯하게 보이며, 맞는 것 같아도 결국 그것으로는 천국 못갑니다. 하나님의 복을 받지 못합니다. 오직 예수 그리스도입니다. 예수 그리스도와 연합된 자만 예수 그리스도께서 부활하시어 천국에 가 계신 것처럼 함께 갑니다. 이것이 복음의 역사입니다. 여기에 예수 그리스도의 역사가 있습니다. 과거에도, 오늘도, 미래에도 이 일을 계속 행하고 계십니다. 아무리 세상에 좋은 전통이 많이 있고 제도와 지식이 있어도, 훌륭한 성자와 영웅이 있어도 아닙니다. 그런 것들은 하나님과 아무 상관이 없습니다. 예수님과 아무 상관이 없습니다. 오직 예수 그리스도와 연합된 그 사람만이 하나님의 은총을 누리며 찬송하고 그 영광을 누리게 됩니다.

오직 예수 그리스도 안에 있는 구원과 은혜

예수 믿고 구원받았다는 것, 그것은 내 꿈이 이루어지는 것이 아닙니다. 자아성취를 하는 것도 아닙니다. 부와 건강과 번영이 나타나는 것도 아닙니다. 예수 믿고 구원받았다는 것은 하나님의 약속이 예수 그리스도에게 나타난 것처럼 그대로 이루어진다는 것입니다. 성도 여러분, 이 엄청난 구원의 역사, 복음의 역사가 우리에게 은혜로 주어집니다. 이것이 은혜입니다. 이 외의 것은 주변적인 것입니다. 이 은혜, 이것은 하나님이 행하시는 것입니다. 선물로 주셨습니다.

그러나 세상의 종교는 어떻습니까? 내가 노력해야 됩니다. 많은 지식을 얻고, 선행을 하고, 도덕적 의를 쌓아야 됩니다. 불교를 보십시오. 아주 고급종교입니다. 그러나 다 자기가 노력해야 합니다. 자기 선행, 자기 고행, 자기 연단, 자기 지식, 자기 의, 자기 헌신을 통해서 극락에 이르고 부처님의 복을 받는다고 합니다. 불교만 그런 것이 아닙니다. 세상 종교가 다 그렇습니다. 그러나 기독교는 아닙니다. 오직 예수 그리스도입니다. 그 외에 어느 것도 교회 안에, 우리 신앙 안에 자리 잡아서는 안 됩니다.

그리스도인에게 주어진 이 세상에서의 시련과 위기, 고통과 고난의 목적은 여기에 있습니다. 하나님은 살아 계시고 역사하십니다. 바로 오늘 말씀입니다. 그리스도와 연합한 자로 만드시기 위해서 필요한 것입니다. 하나님이 주신 신령한 복을 깨닫고, 그 안에서 하나님을 자랑하고, 하나님의 사람으로 담대히 살아갈 수 있게 하기 위해서 시련이 있고, 고통이 있고, 위기가 있습니다. 그래서 시편에서 다윗은 말합니다. "고난 당한 것이 내게 유익이라 이로 말미암아 내가 주의 율례들을 배우게 되었나이다"(시 119:71).

성도 여러분, 정말 그렇습니다. 그 당시는 고통스럽고 현재적으로는 힘들지만, 신앙인은 점점 세월이 지나갈수록 이것 하나는 분명히 알아야 됩니다. 말씀이 내게 성취되고 있는 것임을 말입니다. 그리스도와 연합했다는 것을 잠시 깨달을 수는 있어도, 이것을 삶에서 고백하고 내 삶의 간증으로 하기에는 수많은 사건과 시간이 필요합니다. 하나님의 사람은, 진정 하나님의 사람에게는 이 말씀이 믿음대로, 고백대로 이루어질 것입니다. 그리스도와 연합했다는 것은 한마디로 '나는 은혜 안에 살아간다'는 것입니다. 왜냐하면 그 모든 것이 하나님의 은혜였습니다. 이것이 거듭난 자의 신앙고백입니다.

물론 내게 열심이 있고 선하게 사는 것도 중요합니다. 하지만 그것으로는 열매를 맺지 못합니다. 내 기분만 좋아지고 남에게 조금 칭찬을 듣는 것뿐입니다. 오히려 시험받습니다. 그러나 은혜 안에서는 그런 것이 다 사라집니다. 한마디로 하나님의 은혜가 왕 노릇해야 됩니다. 그 은혜가 내게 왕 노릇해야 됩니다.

생각해 보십시오. 우리가 하나님을 알고, 예배하고, 죄사함을 받고, 하나님의 자녀되고, 진리를 깨닫고, 하나님의 사람으로 기도하고 하는 이 모든 것은 은혜로 됩니다. 은혜 외에 어떤 방법으로 그 길을, 그 영적인 세계를 알아갈 수 있다는 말입니까? 그것은 다 착각이고 위선입니다. 정말 예수 그리스도, 그 자체가 은혜입니다. 그 은혜가 왕 노릇해야 됩니다. 신앙생활을 한다는 것은 바로 이것입니다. 점점 더 예수님을 알아가고, 신앙생활을 하고, 교회생활을 하는 것입니다. 점점 더 나이 든다는 것은 점점 은혜가 내 안에서 왕 노릇해 간다는 것입니다. 이런 저런 판단을 내리겠지만, 하나님의 은혜 앞에서는 아무 것도 아니거든요. 내가 하나님의 사람이 되고 하나님과 연합한 자가 되는 것은 오직 은혜 안에 살아갈 때뿐입니다. 그래서 그 은혜의 깊은 세계를 알아갑니다.

처음 예수님을 믿고 그 복을 받았을 때 잠깐 그 은혜를 맛봅니다. 그러나 깊은 은혜의 세계로 나아가는 것은 수많은 사건과 시간을 지나 말씀이 내게 이루어지는 것을 통해서입니다. 더 분명하게, 더 밝게, 명쾌하게 나타납니다. 모호하지 않습니다. 분명히 선언합니다. 오직 은혜, 그 은혜가 나를 만들어 가고 있습니다. 은혜가 왕 노릇해야 됩니다. 그때 내 안에 기쁨이 있고, 감사가 있고, 만족이 있습니다. 그 안에서만 하나님께 영광을 돌릴 수 있고, 은혜의 증인으로 오늘을 살아갈 수 있습니다.

내가 누구인지, 나의 미래가 어떤지, 나의 운명이 어떤지는 세상이 보는 나를 통해서 나타나지 않습니다. 내가 아는 나에 대한 것도 불명확합니다. 오직 예수 그리스도 안에서, 하나님의 은혜 안에서만 진정 내가 바라고 원하는 내가 나타납니다. 그것이 새 사람의 신앙고백이요, 삶이요, 운명입니다.

「크리스마스 캐럴」과 「올리버 트위스트」와 같은 유명한 작품을 쓴 영국의 소설가 찰스 디킨즈(Charles Dickens)의 마지막 고백입니다. 그는 신실한 크리스천이었습니다. 많은 세상의 영광도 누렸습니다. 그러나 마지막 그 한마디, 그의 유언이 「런던 타임즈」에 실려 우리에게 아직도 기억됩니다. "나는 이제 나의 영혼을 하나님께 맡깁니다. 그리고 나의 사랑하는 아이들이 신약의 가르침을 받아서 겸손하게 되어 우리 구세주 예수 그리스도를 따를 것을 당부하는 바입니다."

정말 예수님을 믿는 복음의 사람은 시간이 갈수록 더욱더 하나님의 크신 은혜 안에서 기뻐하고 찬미합니다. 날마다 내가 누구인지를 그 은혜 안에서만 확증하고 찬송할 수 있습니다. '그리스도와 연합되었다'는 것은 이미 예수님께서 십자가에서 이루시고 부활로 약속하신 것입니다. 이 말씀이 내게 이루어져야 됩니다. 오직 하나님의 은혜로 시작된 이 삶이 하나님의 은혜로 완성될 것입니다. 그 외에는 이런 놀라운 신비를 체험하고 맛보며 기뻐하고 찬양할 수 없습니다. 자꾸 찬양거리를 찾고 기뻐할 거리를 찾으려고 헤매지 않습니다. 복음은 완전합니다. 살아 계신 하나님께서 예수 그리스도 안에서 약속하셨고 이루셨습니다. 오직 믿음으로, 영적인 믿음으로 예수 그리스도와 연합한 자의 존재의식을 갖고 고백하며 하나님께 영광 돌리는 삶을 살아가야 할 것입니다.

기 도

전지전능하신 하나님 아버지, 오직 하나님의 복음을 믿음으로 하나님 자녀되게 하심을 진심으로 감사드립니다. 그러나 이 놀라운 신비의 세계에 대한 불확실함과 하나님의 크신 은혜에 대한 온전치 못한 믿음으로 인하여 그 은혜를 망각하고, 은혜를 소홀히 여기며, 아직도 기뻐하지 못하고, 감사하지 못하고, 만족하지 못하고, 헌신하지 못하는 어리석은 삶을 불쌍히 여겨 주시옵소서. 진실로 예수 그리스도 안에서 연합된 자의 존재의식을 통하여 이 신앙고백 속에 하나님의 은혜가 내 안에 왕 노릇하여 모든 것을 주의 은혜로 바라보며, 생각하며, 은혜의 판단 속에 은혜의 영광의 증인으로 이 시대를 살아갈 수 있도록 주여 역사하여 주시옵소서. 우리 주 예수 그리스도의 이름으로 간절히 기도드리옵나이다. 아멘.